AF870184

novum premium

MARTIN ANDRÉ STEINERT

Martin André Steinert – der lange Weg zu mir selbst

Von Martina zu Martin – die Biografie meiner Leidenszeit

novum premium

Bibliografische Information
der Deutschen Nationalbibliothek:

Die Deutsche Nationalbibliothek
verzeichnet diese Publikation in
der Deutschen Nationalbibliografie.
Detaillierte bibliografische Daten
sind im Internet über
http://www.d-nb.de abrufbar.

Alle Rechte der Verbreitung,
auch durch Film, Funk und Fernsehen,
fotomechanische Wiedergabe,
Tonträger, elektronische Datenträger
und auszugsweisen Nachdruck,
sind vorbehalten.

© 2021 novum Verlag

ISBN 978-3-99130-001-4
Lektorat: Dr. Annette Debold
Umschlagfoto: Martin André Steinert,
Park-Studio – Andrea Park
Umschlaggestaltung, Layout & Satz:
novum Verlag
Innenabbildungen:
Martin André Steinert;
Martina Steinert;
Unsplash/Casey Horner (S. 201)
Autorenfoto: Martin André Steinert,
Park-Studio – Andrea Park

Gedruckt in der Europäischen Union
auf umweltfreundlichem, chlor- und
säurefrei gebleichtem Papier.

www.novumverlag.com

Widmung

Nach meinem „Coming-out" im Februar 2020 kam sehr schnell der große Wunsch in mir auf, das „Wunder" meines Lebens zu beschreiben. **Vor allem aus riesengroßem Dank meiner einzigartigen Therapeutin gegenüber,** *meinem Engel. Ihr möchte ich dieses Buch widmen, denn ihre Leistung ist für mich von unschätzbarem Wert.* Ich glaube, mehr Entgegenkommen, Annahme und Fürsorge gibt es nicht. Sie hat für mich all ihre Kräfte mobilisiert und dabei so viel mit mir durchgemacht auf meinem langen harten Weg. Sie hat mich aus meinem Käfig geholt, meine tiefsten Qualen der Vergangenheit gelöst, mich auf meinen Weg gebracht und mir dabei nicht nur einmal mein Leben gerettet. Durch sie allein habe ich zu meinem „wahren Ich" gefunden, durfte mein „Coming-out" erfahren und jetzt meinen glücklichen und befreienden Weg als Transmann gehen. Meine tiefste Hochachtung und mein Dank ihr gegenüber werden nie enden … Sie ist und bleibt *mein Engel!*

Inhaltsverzeichnis

Warum habe ich dieses Buch geschrieben?

Ich habe schon immer sehr gerne geschrieben und versucht meine Gefühle in Worte zu fassen. An meine Biografie aber habe ich mich zunächst nur schwer getraut, weil mich der Berg an Dokumenten und Schriftstücken meiner Vergangenheit zu erdrücken schien.

Nach meinem „Coming-out“ kam dann aber sehr schnell der große Wunsch in mir auf, das „Wunder“ meines Lebens zu beschreiben.

Mein größtes Ziel war es, mein Leben offen und ohne Scham so tief wie möglich zu erzählen, um auch für viele weitere Menschen, die sich in einem ähnlichen Identitätskampf befinden, Verständnis zu fordern. Ich möchte dabei mein Leid auf keinen Fall als das schlimmste bezeichnen. Zumal es sich für mich zu einem wundervollen, neuen Leben wendete. Ich denke vielmehr an alle, deren Schicksal noch viel größer ist und die niemals daraus einen Weg finden und erlöst werden können.

Aber vielleicht ist meine wahre Geschichte auch eine Aufforderung, niemals aufzugeben, immer wieder versuchen aufzustehen und vor allem sich selbst zu finden. Entgegen zahlreichen kritischen und schmerzlichen Äußerungen. Getragen durch motivierende Stimmen seiner Umwelt und ein neues Vertrauen in sich selbst.

Es ist nie zu spät, eine Umkehr zu wagen, in sein Herz zu hören und auch an Wunder zu glauben. Ich möchte mit meiner Autobiografie ein Zeichen setzen, dass nicht alles in unserer modernen, rational geprägten Welt durch Zahlen und Statistiken erklärbar ist. Vieles, das uns im Leben wirklich weiterbringt, kann nur über unseren tiefen Glauben und die Achtung unserer Gefühle erreicht werden.

Dabei können tiefe Empfindungen auch sehr schmerzlich sein. Vor allem gegenüber seinen Mitmenschen. Eine Liebe lässt sich nicht erzwingen. Genauso wenig, wie man sie auch nicht einfach ablegen kann. Man kann aber versuchen, tiefe Empfindungen in seinem Herzen als unversiegbare Kraftquelle zu erkennen, um sich selbst zu finden und neue Wege zu gehen.

Einleitung

Mein spätes Coming-out

(geschrieben im April 2020)

Natürlich stellt sich bei mir sofort die Frage, warum ich erst mit 42 Jahren endgültig die Entscheidung zu meiner „erlösenden“ Hormonbehandlung gefällt habe, obwohl ich doch schon seit meiner Kindheit Junge bzw. Mann sein wollte.

Die klare Antwort liegt in meiner riesigen Angst vor meiner Umwelt bzw. vor meinen Eltern. Ich konnte ihnen nicht erklären, dass mir mit zwölf Jahren meine Pubertät ein immer größer werdender Gräuel wurde und ich meinen Körper als Frau immer mehr hasste! Vor allem meine erste Periode war ein absoluter Schock! Und meine Vorliebe für Mädchen, meine erste Liebe, hielt ich lieber auch geheim!

Mein einziger Ausweg in meiner Hoffnungslosigkeit bestand dann mit zwölf Jahren darin, vor mir selbst und vor allem meinem Körper zu flüchten.

Ich verweigerte jegliches Essen und trieb wie besessen Sport. Ich hungerte mich kontinuierlich auf ein wenigstens für meinen Kopf akzeptables „neutrales“ Niveau und rannte vor mir selber davon …

Eine schwere lang andauernde Anorexie war die Folge mit starken körperlichen Auswirkungen, die mich auch vom Kopf her immer mehr ins Abseits beförderten. Mein Lebensinhalt bestand nur noch darin, Leistung in der Schule, im Studium und Sport zu erbringen, um von außen Anerkennung und Lob zu erringen.

Von mir selbst entfernte ich mich immer mehr …

Das Fatale an meiner Erkrankung war dazu noch, dass ich immer weniger eine Chance hatte, mich zu erkennen und zu outen, weil ich mich völlig abhängig machte von meiner Umwelt, vor allem meinen Eltern!

Unzählige Therapien folgten, eine einzige Berg- und Talfahrt. Aber ich war zäh. Ganz tief in meinem Innern hatte ich ja noch einen Auftrag, „Mann zu werden", was ich zu dieser Zeit noch gar nicht erkannte und zulassen wollte! Und auch meine Psychotherapeuten/-innen wollten gar nichts davon wissen, wie man sich fühlt im falschen Körper geboren zu sein. Ich wurde nie angehört, der Ursprung meiner Erkrankung wurde nie akzeptiert und anerkannt. Ich selbst wurde nicht ERKANNT, nicht mein wahres Ich hinter der harten, ausgehungerten Fassade!

Jedenfalls zog sich meine Anorexie mit allen „Aufs und Abs" so dahin, ohne dass sich meine Gefühlswelt zu mir wesentlich änderte. Ich war in einem Käfig gefangen, besser gesagt in einem nicht enden wollenden Laufrad von mir weg.

Doch es kam noch schlimmer für mich …

Im Jahr 2000 wurde ich im Alter von 23 Jahren bei mir in meiner eigenen Wohnung vergewaltigt. Weil ich glaubte, dass Männer immer nur gute Kumpel zum Reden seien.

Es waren schreckliche Stunden, die mir wie eine Ewigkeit vorkamen. Ich war zutiefst traumatisiert und psychisch wie auch körperlich schwer gezeichnet. Ich verschwieg zu diesem Zeitpunkt alles, obwohl es den endgültigen Super-GAU für meine Gefühlswelt bedeutete.

Von da an war mein Körper, vor allem mein mittlerer Teil, für mich unantastbar, und ich fühlte mich in einem absoluten Vakuum. Mein eh schon „verlorenes Ich" war komplett zerrissen. Im Spiegel sah ich statt meines Bilds den immer wiederkehrenden Film der schrecklichen Erlebnisse, und für meine wahnsinnigen Schmerzen bekam ich zum ersten Mal vom Frauenarzt ein sehr starkes Schmerzmittel „Valoron" verschrieben, damit ich wenigstens wieder sitzen konnte! Was zu weiterer „Abhängigkeit" führte …

Es ist die lange Erklärung für mein so spätes „Coming-out" …

Ohne weitere zähe Details. Eigentlich alles in „Kurzform!"

Doch eigentlich wäre es gar nicht mehr dazu gekommen.

Im Grunde war ich bis zu meinem 40. Lebensjahr so tief gesunken, dass ich bewusst sterben wollte, abschließen mit meinem furchtbaren „Vakuum im Hamsterrad" und den zahlreichen mittlerweile schwerwiegenden körperlichen Folgen. Ich war nicht nur einmal ein medizinisches Wunder am absoluten Limit, vielleicht gerade deshalb, weil ich Gefühle und Bedürfnisse abschalten konnte!

Aber dann kam für mich das WUNDER …

Es klingt zwar wie ein Märchen, doch es ist mein neues Leben, mein Zugang zu mir:

Schon damals konnte ich meine Traumatisierung nur aushalten und überwinden, weil ich mich unsterblich in eine Frau verliebte, die meine ganze Gefühlswelt und mein Leben in einer Form veränderte, wie ich es selbst immer noch nicht richtig fassen kann.

Ich muss auch an dieser Stelle der Aussage widersprechen, „dass man einen anderen Menschen nur lieben kann, wenn man sich selbst liebt“!

Ich hasste mich zunächst noch selbst, aber ich empfand eine so tiefe, unbeschreibliche Liebe in meinem Herzen für diese Frau. Ich war total eingenommen, im positiven Sinn. Mein Denken war nur noch auf diese Frau und mein Herz gelenkt. Ich lebte für sie und für dieses neue einzigartige Gefühl. Es war eine Traumwelt, aber sie half mir durchzuhalten, mein Leben bekam wieder einen Sinn, für diese Frau und dieses Gefühl in meinem Herzen zu leben!

Der erste kleine Schritt aus meinem Gefühlsvakuum war getan.

Und dann kam das eigentliche Wunder:

In Form einer wunderbaren Therapeutin, die meine Lebensretterin ist.

Nur ihr habe ich mein neues Leben zu verdanken, weil sie mich aus meinem Vakuum holte, alle traumatischen Erlebnisse und Verletzungen auf wunderbare Art und Weise entdeckte und löste. Zunächst nur mit dem Kopf durch „Überwindung“ und dann durch meine „Erlösung“, durch mein „Coming-out“!

Kein Mensch auf dieser Welt kannte mich besser, konnte mich so annehmen, fühlte meine Probleme und konnte gerade deshalb mein Sterben nicht zulassen, weil sie meinen „Auftrag als Mann“ erkannte und wusste, dass mein Problem, „im falschen Körper geboren zu sein“ nur durch ein konsequentes umfassendes „Coming-out“ durchbrochen werden und durch ein völlig neues Leben gelöst werden kann!

Dabei war und ist ihre Art unbeschreiblich! Sie besitzt die Feinfühligkeit eines Engels und kann ohne Worte aussprechen, Welten in mir und meinem Herzen bewegen, wie es eigentlich nur himmlische Kräfte vermögen.

Sie ist meine Lebensretterin und *mein Engel* tief in meinem Herzen, weil sie es schaffte, dass ich mich „outete" gegenüber mir und meiner Umwelt, vor allem meinen Eltern!

Ja, und diese tiefste Liebe, Dankbarkeit und Hochachtung zugleich führt jetzt auf meinen Weg zu mir, zu meinem Dasein als bzw. meiner Entwicklung zum Mann. Ihre Leistung und Hilfe sind für mich unbezahlbar. Mit keinen Worten zu beschreiben.

Sie ist *mein Engel* mit himmlischen Gaben. Sie kann Welten in mir bewegen, weil ich jetzt endlich diese Liebe auch zu mir und meinem Körper finden kann.

Dabei ist ihre Ausstrahlung faszinierend, sind ihre Worte mein oberstes Gebot, weil sie mich vorantreiben in ungeahnte Höhen und LEBEN!

Es ist ein spätes Wunder mit 42 Jahren, und diese wundervolle Frau ist der Grund für meine „Auferstehung" im richtigen Körper als Mann!

Sie ist das eigentliche Wunder, sie lenkte, und ich kann und darf ausführen. Um meinen Körper und mein Gefühl zu entwickeln, zu mir selbst und gegenüber meiner Umwelt ohne Scham und Grenzen … Denn das ist „MEIN ICH", mein neues „LEBEN"!

Meine größte Dankbarkeit und Hochachtung gelten ihr, und Worte dafür gibt es nicht!

Ich denke, diese tiefe Gefühlswelt wird mir auch als Mann nicht verloren gehen. Im Gegenteil, sie wird mir „männliche Sensibilität" ermöglichen!

Dieses „Wunder" meines Lebens möchte ich vom ersten bis zum letzten Kapitel dieses Buches beschreiben. Angefangen in meiner Kindheit, über alle „Extreme" meines Leidensweges hinweg bis zum heutigen „Lebensglück".

Meine wahre Geschichte … verfasst in Erfahrungsberichten, Tagebuchaufzeichnungen, eigenen Gedichten und Kommentaren aus meiner heutigen Sicht. Vor allem aber auch eine besondere „Liebesgeschichte" in Briefen.

Meine Kindheit – Die Jahre von 1982 bis 1989

Meine Kindheit und Jugendzeit möchte ich bewusst nicht allzu ausführlich beschreiben. Denn viele Empfindungen und Erfahrungen werden bestimmt anderen Transmännern sehr ähnlich sein.

Meinen Schwerpunkt dieses Buches sollen die Jahre 2016 bis 2020 bilden. Nicht nur weil es die härtesten und wichtigsten Jahre in meinem bisherigen Leben waren, sondern vielmehr, weil sie den Grundstein für mein spätes „Coming-out" im Alter von 42 Jahren legten. Aufgrund der Bedeutung dieser vier Jahre bis Anfang 2020 möchte ich für ihre Beschreibung einen „neuen" Ansatz wagen. Weg von einer Erzählung meiner Vergangenheit hin zu einem Wechsel an Gedichten, Tagebuchaufzeichnungen, Briefen und Berichten. Meiner ganzen Sammlung an eigenen Schreiben aus diesen Jahren. Besonders wichtig sind mir dabei auch meine Kommentare aus heutiger Sicht, nach einem Jahr meines Transmann-Weges, die ich neu geschrieben und dazwischen eingefügt habe.

Aber meine Kindheit und Jugend kann ich trotzdem nicht ganz vernachlässigen, weil mich diese Jahre sehr geprägt haben.

Und ein jeder Weg beginnt mit dem ersten Schritt …

Auch wenn ich in meiner Biografie nicht ganz so weit zurückblicken möchte.

Nach außen hin schien alles klar zu sein. Ich wurde als Mädchen geboren und entsprach damit dem ersehnten Wunsch meiner Eltern. Ich selbst aber fühlte mich von Anfang an als ein Junge. Offen sprach ich darüber nicht, weil ich mich für diese „Gedanken" schämte. Ich verbarg sie möglichst ganz tief in mir. Unter den schönen Kleidern, die meine Mutter sehr liebevoll für ihre Tochter aussuchte und häufig auch selbst nähte oder strickte. Ich wusste, dass sie sich darüber sehr freute, und ich wollte sie auf keinen Fall enttäuschen. Obwohl ich mich in

Meine ersten Schuhe

mädchenhaften Kleidungsstücken sehr unwohl fühlte. Vor allem Strumpfhosen und Röcke hasste ich, die ich dann vor Widerwillen auch nicht mehr häufig tragen musste. Freche Shirts, Jeanshosen und Sportsocken waren mir am liebsten. Sie waren gefragt bei meinen Kumpels aus der Nachbarschaft, und ich wollte zu ihnen gehören. Jungs waren meine besten Freunde, weil ich so dachte und die gleichen Interessen hatte wie sie. Meine Freizeit verbrachte ich am liebsten mit Fußball spielen,

Abenteuerspielen im Freien. Manchmal sogar auch mit waghalsigen Klettertouren oder Zündeln. Ich wollte einfach dazugehören und musste über meine ängstliche Seite, die es häufig auch schon gab, springen. Mädchenfreundschaften dagegen waren mir zu „kitschig". Ich kam mit ihnen absolut nicht zurecht. Und wenn ich eine Freundin gefunden hatte, dann war schnell wieder Schluss, weil es mir keinen Spaß machte, zu malen, mit Puppen zu spielen. Auch außerhalb dieser Klischees spürte ich schon damals, dass ich anders war, anders fühlte und dachte als die Mädchen in meinem Umfeld.

Das bemerkten auch meine Eltern schnell. Und ich bekam das Spielzeug, das ich mir wünschte und das kaum zu einem Mädchen passte. Und wenn ich dann doch einen flotten Puppenwagen mit toller Puppe geschenkt bekam, war ich eben der Puppen-Papa. Ich lernte mich an alle Gegebenheiten anzupassen, um damit meine innere Zerrissenheit von Anfang an möglichst gegenüber meinen fürsorglichen Eltern zu verbergen, die alles für ihre Tochter taten. Und ich hatte ja meine Kumpels aus der Nachbarschaft, zu denen ich dann gehen konnte, wenn mir meine Rolle als Mädchen zu viel wurde.

Einen weiteren Lieblingsort fand ich bei meiner Oma (mütterlicherseits). Zu ihr hatte ich von klein auf ein sehr enges, herzliches Verhältnis, weil ich viel bei ihr war, und ich fühlte mich von meiner Oma zu jeder Zeit voll verstanden. Sie nahm mich an, egal wie ich mich nach außen zeigte. Und sie sah dabei tief in mein Herz und spürte schon sehr bald, dass ich „anders" war. Aus diesem Grund war sie die Person, vor der ich mich am wenigsten zu „verstellen" brauchte. Und wenn ich dann mit ihr spielte und ich ganz ihr „Junge" sein durfte, akzeptierte und mochte sie mich ebenso wie das Mädchen, das ich sonst war.

Ich spürte auch die große Liebe und Fürsorge meiner Eltern, die zu diesem Zeitpunkt noch gar nicht bemerken und wissen konnten, wie ich mich in meinem Innern fühlte. Denn allein die mangelnde Aufklärung machte es für meine Eltern fast unmöglich, mein Verhalten richtig einzuschätzen oder mich gar zu dieser Zeit (in den 80er-Jahren) als „Transident" einzustufen. Zumal ich sie nicht damit verletzen wollte, dass ich mich nicht als Mädchen fühlen konnte. Und ich gewöhnte mir an, nur dann der Junge zu sein, wenn es meine Umwelt und die Situation zuließen und es möglichst wenig auffiel. Denn in den Augen meiner Eltern und auch vor meiner sonstigen Umwelt entsprach mein äußerliches Erscheinungsbild eben dem eines Mädchens. Der Druck, den ich dabei empfand, entsprang MEINEM inneren Gefühl und Bild, das ICH von mir hatte. Meine Umgebung konnte dabei nicht wissen, dass es für mich in meiner Seele zu einem immer größeren Problem wurde, meinen biologischen Vorgaben (eines Mädchens) entsprechen zu müssen.

Niemand anderes als der Betroffene selbst kann nachempfinden, wie es sich anfühlt, im „falschen Körper" leben zu müssen, weil man selbst eine andere Person mit ganz anderen Empfindungen und Blickwinkeln ist. Und alles von außen wird dann als „Druck" empfunden, weil es den krassen Gegensatz der eigenen Erwartungen und des Bilds von einem selbst darstellt. Letztendlich wird dabei der Druck nicht von außen, sondern in einem selbst aufgebaut. Und dennoch sah ich die Welt auch aus meinen Kinderaugen. Und vieles, was im Moment schwer und bedrückend erschien, war im nächsten schon viel leichter oder gar vergessen. Aus diesem Grund gab es auch viele schöne Stunden und Tage, in denen ich die Leichtigkeit und Freude des „Kindseins" erfahren durfte.

Zudem liefen viele Vorgänge bei mir als Kind im Vorschulalter noch unbewusst ab. Und ich lernte „automatisch", wie ich mich nach außen hin zu verhalten hatte. Positiv zeigte sich dies in meiner überwiegend lebendigen, lebensfrohen Art, die meine noch „unbeschwerte" Kindheit widerspiegelte. **Andererseits aber bildete meine Kindheit auch die Basis, über meine Gedanken und Empfindungen zu schweigen und mich vor meiner Umwelt zu verleugnen. Mein Bild von mir wurde zusammen mit meinen Gefühlen, nicht Junge sein zu dürfen, Tag für Tag geschluckt und irgendwo tief in mir abgelegt. Und genau diese Trauer und mein kindliches Unverständnis des großen Zwiespalts in mir entwickelten sich zu einer ungeahnten Zeitbombe der**

Verzweiflung und des Selbsthasses, die meinen Körper in weiter Zukunft fast zu sprengen schaffte.

Zudem versuchte ich meine innere Zerrissenheit und die „Lähmung" meiner wahren Gefühle durch einen großen Bewegungsdrang zu kompensieren. Beim „Sport" konnte und durfte ich noch am ehesten „Junge" sein. Wenn das Wetter es nicht zuließ, mit meinen Freunden aus der Nachbarschaft draußen Fußball zu spielen, wurde das Wohnzimmer zum Spielfeld. Mit meinem Vater boxte ich um die Wette, machte mit ihm Ringkämpfe oder aber wurden Mamas Vasen das Opfer unserer nicht ganz gezielten Softball-Schüsse.

Doch meine „heile Welt" bekam schon ihre ersten kleinen Risse, als ich in die Grundschule kam. Die geforderte Rolle, ein Mädchen zu sein, wurde größer, und ich konnte mich dieser „Realität" immer weniger entziehen. Aber ich war eine sehr gute Schülerin, nahm das Lernen ernst und bemerkte schon bald, dass ich mir durch hervorragende Noten und Leistungen Ansehen erringen konnte. Weniger bei meinen Klassenkameraden/-innen, als vielmehr bei den Lehrer/-innen. Ich bekam zu ihnen schnell einen guten Draht, vor allem Anerkennung von ihnen, weshalb ich meine Rolle als Schüler/-in immer mehr perfektionierte, während ich mich von mir selbst Schritt für Schritt entfernte. Ich erkannte, dass ich durch Leistung und Fleiß all das von außen bekam, was ich mir selbst immer weniger geben konnte. Ich klammerte mich an meine schulischen Erfolge, um meine Fassade am Strahlen zu erhalten. Mein Selbstwertgefühl, Selbstbewusstsein und die Fähigkeit, auf meine innere Stimme zu hören, begannen dagegen unter dem „Rollendruck" langsam, aber sicher zu zerbröseln.

Alles vollzog sich zunächst noch schleichend, mehr oder weniger unbewusst. Zumal ich in der Grundschule noch voll und ganz in der Jungs-Clique aufgenommen war, gute Freunde hatte und durch meine sportlichen Leistungen ein Ventil gefunden hatte, alle negativen Emotionen abzubauen.

Der sportliche Gedanke war auch der Grund, weshalb ich absolut entgegen allen Empfehlungen nicht auf das Gymnasium, sondern in die Realschule nach Uhingen wechseln wollte.

Denn dort gab es ein großes Stadion, ein Hallenbad, und sportliche Fähigkeiten wurden in die verschiedensten Richtungen gezielt gefördert. Genau das wollte ich. Wenigstens meine letzte Lebensfreude am Leben erhalten und zeigen, was der „Junge in mir" draufhat. Vor allem auch endlich eine Sportart entdecken zu dürfen, die ganz zu mir passt. Denn bislang wusste ich nur, dass wenn ich einen Ball oder Schläger in die Hand bekam, ich nicht mehr zu bremsen war.

Mit Mühe und durch die Unterstützung meiner Eltern widersetzte ich mich dem Empfehlungsdruck meiner Umwelt, und ich durfte mit elf Jahren in die Realschule gehen. Ein zusätzliches Argument war die Tatsache, dass ich ja nach der Mittleren Reife auf ein weiterführendes Gymnasium wechseln konnte. Und obwohl ich zu dieser Zeit einen hervorragenden allgemeinen Gesundheitszustand besaß, litt ich häufig unter Stress und Belastungssituationen an migräneartigen Kopfschmerzen. Aus diesem Grund versprach ich mir von der Realschule in Verbindung mit den sportlichen Möglichkeiten auch ein geringeres Überlastungsrisiko.

Doch meine große Freude und die Hoffnung auf eine weitere „entspannte" Schulzeit wurden sehr schnell von der bitteren Realität meines immer stärker werdenden „inneren Identitätskampfes" eingeholt: Die Zeit der Pubertät war für mich eine äußerst niederschmetternde Phase. Meine Kumpels schlossen mich schon im Verlauf des ersten Jahres in der Realschule aus der „Jungs-Clique" aus, weil ich nicht mehr zu ihnen passte und ich mich natürlich entgegengesetzt entwickelte. Freundinnen fand ich kaum, weil ich mich in ihren Kreisen absolut unwohl und nicht zugehörig fühlte. So kam es, dass ich mich immer mehr abkapselte und mich in meine „fremde" Welt zurückzog. Einen letzten sozialen Halt bekam ich lediglich durch eine sehr gute Freundin, die zu mir hielt und mich vor allem auch dann akzeptierte, als sie bemerkte, dass ich nicht dem typischen Mädchenbild entsprach und immer wieder der „Junge" bei mir durchschimmerte.

Ansonsten wurde meine eigene Pubertät zum Ausgangspunkt meiner schweren Erkrankung, die mich über

Jahrzehnte hinweg nicht nur bis ans absolute Limit trieb, mir meine ganze Jugend und noch viele weitere Jahre zerstörte, sondern mehrmals fast mein Leben kosten sollte. Die Basis dafür bildete im Jahr 1989 mit zwölf Jahren eigentlich nur ein einziger Tag, an dem ich meine erste Periode bekam und der ein absolutes Schockerlebnis für mich war. Mein Selbstbild wurde mit einem Schlag komplett zerschmettert. Wie konnte ich weiterleben, wenn ich mich zu einer Frau entwickeln müsste? Dieser Körper musste verhindert werden, egal wie. Und meine Seele wütete in mir und schrie mich an: „Tu was, rette mich vor dem falschen Körper!"

Doch anstatt meine Seele, mein wahres Ich, zu retten, begann ich unaufhaltsam mit eisernem Willen, ihr „Zuhause", meinen Körper auszuhungern. Mein Schritt in die Anorexie, Magersucht (ohne Bulimie), war meine Flucht davor, eine Frau zu werden. Indem ich versuchte, meinen Körper auf ein „neutrales Niveau" auszuzehren, behielt ich die Kontrolle über ihn. Und die „weichen" Formen wichen immer mehr einer stählernen Härte, die nicht nur die Fassade meiner verzweifelten Psyche bildete, sondern tief in mir das Gitter formte, in das ich meine Seele sperrte. Der Hass gegenüber meinem Körper wurde zu einem Selbsthass, der meine eigene Identität vollends begrub. Mein Schweigen mir selbst gegenüber war dabei der Fluchtmechanismus meiner Angst und Scham, der durch meine Anorexie noch verstärkt wurde. Denn umso stärker ich meinen Körper aushungerte, desto mehr verhungerte dabei auch meine Seele in mir.

Und noch bevor ich meine Kindheit richtig verabschieden konnte, verhinderte ich den Übergang in eine „normale" Jugend. Meine Seele erstarrte irgendwo dazwischen. Ihre Wünsche verhallten an den Wänden des Käfigs, der sie in den Tiefen gefangen hielt und lediglich einen verzweifelten Blick in eine unendlich ferne, noch dunkle Zukunft freigab.

So wie ich bin

Ich träume davon,
dass jemand mich annähme,
einfach so wie ich bin,
mit meinen ungereimten Wünschen,
unfertigem Charakter
und alten Ängsten.
Ich träume davon, dass
jemand mich gelten lässt,
ohne mich zu erziehen, mit
mir übereinstimmt, ohne
sich anzustrengen.
Ich träume davon,
dass ich mich nicht
verteidigen muss, nicht
erklären und kämpfen muss,
dass einer mich liebt.

(Otti Pfeiffer)

Meine Jugendzeit – Die Jahre von 1990 bis 2000

Momente

Über mir
ein dichtes Dach aus rauschenden Blättern,
bunte Farben verströmen Wärme und
trennen mich vor der Kühle des Morgens.
Nur Sonnenstrahlen durchbrechen
das schwingende Leben,
dringen hell und strahlend
durch laue Lüfte,
um sich in glitzernden Pfützen
wiederzufinden.
Eine Sehnsucht nach ewiger Ruhe erwacht;
sie besiegt
das schleichende Gefühl von Einsamkeit,
von Bedeutungslosigkeit
inmitten überwältigender Natur,
deren zarte Kräfte die Momente bestimmen;
ich möchte bleiben,
doch es ist mein Weg zur Schule.
(geschrieben von Martina Steinert im Jahr 1996)

Durch meine Anorexie veränderte ich mich sehr. Nicht nur körperlich, indem ich immer dünner wurde. Auch mein Denken und Verhalten wurde von meinen Schulkameraden immer weniger verstanden. Ich zog mich komplett zurück, mied wenn möglich sämtliche Treffen und konzentrierte mich darauf, meine Leistungen erbringen zu können. Dieser enorme Fleiß, den ich mir aneignete, zusammen mit meinen sehr guten Noten in allen Fächern, wurde zu einem Dorn in den Augen meiner Klassenkameraden. Gerade die Jungs in meiner Klasse reagierten mit einem enormen „Mobbing“-Verhalten, das mich häufig bis an meine Belastungsgrenze trieb. Ich wurde noch stärker ausgegrenzt, vielfach beschimpft, niedergemacht, gehänselt („Was bist du eigentlich?!“), und manchmal wurden mir sogar noch meine Arbeiten vor der Benotung gestohlen. Mein einziger Ausweg, alles zu ertragen, war das sehr gute Verhältnis zu meinen Lehrern und Lehrerinnen, das ich mir erarbeitete. Doch dadurch wurde meine Stellung in der Klasse zu einem regelrechten Minenfeld für mich. Aber ich lernte immer mehr, über alles hinwegzusehen, weil ich den Blick fast nur noch auf mein akribisches Lernen gelenkt hatte. Fast, denn es gab ja noch meinen Sport.

Aufgrund meiner zunächst noch vorhandenen Kraft und guten körperlichen Konstitution (46 kg bei 1,57 m) entschied ich mich noch im Jahr 1988 beim Wechsel auf die Realschule für die Leichtathletik. Denn Ballsportarten wurden nicht so intensiv als AG mit Wettkampfziel gefördert. Obwohl ich schon Tennis und Tischtennis ausprobiert hatte, war mein Ziel, mich jetzt innerhalb der Leichtathletik auf Wurfdisziplinen zu konzentrieren. Noch im ersten Realschuljahr vor dem Beginn meiner Anorexie spezialisierte ich mich auf Schlagball-Weitwurf, der dann schnell von Speerwurf und Kugelstoßen abgelöst wurde. Ich trainierte voller Freude und Motivation als zunächst noch wichtigem Gegenpol zu meinem schulischen „Leistungskampf“. Vor allem im Speerwurf erzielte ich durch eine solide Technik schnell gute Leistungen. In der Sportgruppe ging ich voll auf und fand dort nette Kameraden/-innen, die mich auch ohne Neid akzeptierten. Für sie war ich zwar ein Mädchen, aber für mich selbst erschien beim Sport immer mein inneres Selbstbild als Junge vor meinen Augen. Nur in dieser Gruppe gönnte ich mir diesen Gedanken, eine andere Person zu sein. Denn bloß der Sport schenkte mir dazu zunächst noch die nötige Sicherheit, Freiheit und etwas mehr Selbstvertrauen.

Doch mit Beginn meiner Anorexie im Jahr 1989 änderte sich alles schlagartig. Auch meine Beziehung zum Sport. Dies bemerkte ich vor allem im Jahr 1990, nachdem ich mich auf „nur“ noch 40 kg innerhalb eines halben Jahres heruntergehungert hatte. Meine Kräfte, vor allem für den Speerwurf, schwanden von Tag zu Tag. Natürlich bemerkten auch meine Sportkameraden/-innen und mein Trainer, dass etwas nicht mit mir stimmen konnte. Sie schlugen Alarm, redeten auf mich ein. Ich wehrte ab, es sei nur eine Phase. Aber ich erkannte, in welch schrecklichem Dilemma ich steckte, da ich doch eigentlich meinen Sport so liebte, aber immer weniger Leistung erbringen konnte.

Doch die Magersucht hatte mich schon voll im Griff. Sie übernahm das Kommando über mein Handeln. Und ihre Signale waren eindeutig: Umso mehr ich an Gewicht abnehmen würde, desto weniger müsste ich eine Frau werden. Und nichts auf der Welt war mir wichtiger, als das zu verhindern! Meine Sucht wurde zum Mittel, meinem einzigen Ausweg, meine falsche Identität zu erdrücken, meinen Körper immer weiter aufzuzehren, die absolute Kontrolle über ihn zu bewahren. Ich hasste ihn, und er musste leiden, weil er mein Selbstbild immer weiter zerstören würde, wenn er sich frei entwickeln dürfte.

Fataler Weise konnte ich genau zu dem Zeitpunkt im Jahr 1990 im Speerwurf kaum noch gute Ergebnisse erbringen, als ich mit der Schulmannschaft bei „Jugend trainiert für Olympia“ in der Leichtathletik das Landesfinale gewann und wir nach Berlin zum Bundesfinale reisen durften! Doch mein Trainer wusste, was es für mich bedeuten würde, wenn auch „nur“ für meine Psyche. Und ich durfte mit. Allerdings bedeutete dieser Wettkampf und die Reise nach Berlin den absoluten Bruch für mich in dieser Disziplin.

Denn in meinen Gedanken existierte nur noch mein unkontrollierbarer „Wahn“ weiter abzunehmen und ich wusste auch schon wie. Indem ich in den Ausdauersport wechseln wollte.

Ein Wechsel mit weitreichenden Folgen. Denn ab sofort war der Sport keine motivierende „Nebensache“ mehr. Er wurde zur absoluten Pflicht, zu einem täglichen „Muss“, einem MITTEL ZUM ZWECK.

Das Sprungbrett für meinen Wechsel zum Langstreckenlauf bildete dabei der Verein im benachbarten Ort der Realschule, dessen Trainer auch mein Sportlehrer war. Da er mich sehr gut kannte und wusste, wie wichtig mir der Sport war, organisierte er mir die zusätzlichen Trainingsstunden an zwei Abenden in der Woche. Doch die Entscheidung fiel ihm nicht leicht. Denn er verfolgte sehr besorgt meinen Gesundheitszustand, der nicht nur für ihn ein Warnsignal zum Handeln war.

Von meiner ganzen Umwelt wurde ich angesprochen, warum ich so abgenommen hätte, was mit mir los sei. Und dazwischen standen meine verzweifelten Eltern, deren Fragen an mich ebenso unbeantwortet blieben.

Ich spürte, wie der Druck erneut zunahm. Nur diesmal von zwei Seiten. Einerseits von außen, weil sich alle um mich sorgten und eine Therapie immer näher rückte. Andererseits wurde der Druck in mir selbst immer größer. Ich wollte unbedingt mit dem Laufen beginnen. Also musste ich mir noch ein paar Kraftreserven erhalten, meinen Motor nicht ganz abwürgen. Dabei fühlte ich mich aber immer noch viel zu dick. Und mein Wille, weitere Kilos abzunehmen, war fester als alle Bitten meiner Umwelt, umzukehren, bevor es zu spät sei.

Dabei fühlte ich mich zunächst von Tag zu Tag besser, und ich täuschte meinem Umfeld vor, dass es bestimmt wieder besser würde.

Und ich begann mit dem Laufen. Beflügelt, immer leichter, weiter und länger.

Und ich lernte schon nach einem Jahr mit meiner Erkrankung immer besser umzugehen, meine Reserven nicht zu stark zu überfordern. Ich aß zwar sehr wenig, aber nie nichts. Ich lief viel, aber ich wollte mich nicht zu Tode laufen. Und so stand meine Anorexie zu diesem Zeitpunkt nicht mit einer lebensbedrohenden kontinuierlichen Gewichtsabnahme in Zusammenhang, sondern vielmehr mit einer nicht zu durchschauenden Berg- und Talfahrt, deren Ende allerdings in „unendliche“ Ferne rückte.

Und die Jahre meiner Realschulzeit bildeten erst den Anfang meiner Leidenszeit, die mir noch bevorstehen sollte. Es waren die Jahre meiner Schulzeit, in denen ich mich unaufhörlich, mehr oder weniger unbewusst

getrieben, in ein immer dunkleres, einsames Tal manövrierte. Zunächst noch im Wechselbad meiner Gefühle, zwischen Euphorie, Freude, Stolz, tiefster Trauer, Erschöpfung bis hin zu schwerer Depression. Aber der Leistungswille hielt mich auf meinem Weg, bei meinem Plan, auch wenn ich das Ziel noch nicht kannte.

Ein Ereignis allerdings wurde zu meinem absoluten Festtag im Jahr 1991. Einen Tag nach meiner Konfirmation durfte ich mir endlich meine langen Haare abschneiden lassen. Ich konnte sie von jeher nur deshalb ertragen, weil ich sie zu einem engen Zopf zusammenband, der die langen Haare für mich unsichtbar erschienen ließ. Denn mit offenen Haaren fühlte ich mich wie nackt, entblößt, meine falsche Identität nach außen zeigen zu müssen. So war der Tag meiner Konfirmation auch der einzige, an dem ich keinen Zopf hatte. Meine Bilder mit langen, offenen Haaren fand ich zwar schön. Aber das Mädchen auf dem Bild war nicht ich, sondern eine andere Person!

Obwohl meine Realschulzeit für mich keine leichte Zeit war, hielt ich mich tapfer „über Wasser" und klammerte mich an die Anerkennung meiner schulischen Leistungen, die meine Anorexie immer wieder verschleiern konnten.

Ein Wechsel auf ein weiterführendes Gymnasium stand außer Debatte, da ich meine Mittlere Reife im Jahr 1994 mit 1,0 abschloss.

Ich wollte selbst unbedingt weiterlernen, da für mich der Erfolg damals sehr wichtig war, um mir, mehr oder weniger unbewusst, für meine Krankheit mehr Raum und Freiheit zu erkämpfen. Denn nicht alles Wissen kam mir entgegengeflogen. Manches musste ich mir mit viel akribischem Fleiß, einer immer größeren Verbissenheit und Präzision hart erarbeiten. Der Druck meiner Sucht, mir selbst gegenüber immer perfekter werden zu müssen, zeigte sich auch in meinem Leistungswillen.

Aufgrund meiner Lieblingsfächer Biologie und Chemie wechselte ich dann noch im Jahr 1994 auf das Ernährungswissenschaftliche Gymnasium (EG) in Göppingen.

Allerdings in einem gesundheitlich zunehmend bedenklichen Zustand. Nicht aus dem Grund, weil ich vielleicht noch keine richtige Behandlung für mein Suchtproblem gefunden hatte. Im Gegenteil!

Schon im selben Jahr mit dem Ausbruch meiner Anorexie im Alter von zwölf Jahren begann meine zusätzliche Therapie-Odyssee, die ich nur vereinfacht beschreiben kann. Natürlich schickten mich meine besorgten Ärzte und nach Hilfe flehenden Eltern in zahlreiche „spezialisierte" Psychotherapien. Allerdings ohne großen Erfolg und mit stetigem Wechsel, weil nur meine Anorexie im Mittelpunkt stand.

Obwohl ich vor den ersten Therapien große Angst hatte, ging ich bereitwillig hin, weil ich mir tief in meinem Innern doch eine Hilfe versprach. Aber der Schein trügte.

Vielleicht hatte ich wirklich nur Pech. Oder die mangelnde Aufklärung meiner zahlreichen Psychotherapeuten (im ländlichen Raum) in den 90er-Jahren führte zu einer immer stärkeren Abwehr und Frustration bei mir. Von der ersten Therapie an versuchte ich verzweifelt über meine tiefsten Probleme zu reden. Ich wagte sogar den großen, schweren Schritt, mich etwas zu öffnen und meinen Identitätskampf zu erwähnen. Aber ich wurde nie angehört, dagegen vielfach belächelt und sogar als „Neutrum" bezeichnet, welches seinen Fantasien durch den Suchtdruck freien Lauf ließe und nicht gesund werden wolle! Meine Identitäts„krise" wäre nur eine Phase oder aber mein Vorwand, nicht essen zu „WOLLEN". Ich solle einfach mit dem „Hungern" aufhören, wieder zunehmen, dann würden all meine Probleme gelöst. Dabei waren meine Gefühle nicht in Worte zu fassen. Ich entwickelte von Therapie zu Therapie eine größere Abwehrreaktion, nochmals eine zu machen. Meine Trauer, Wut, Enttäuschung und totale Frustration trieben mich immer weiter in meine Sucht, anstatt mir zu helfen. Aber auf der Berg- und Talfahrt meiner Anorexie war es vielfach aus ärztlicher Sicht eine unumgängliche Notwendigkeit, erneut einen Versuch zu unternehmen. Und ich lernte in meiner Verzweiflung das „Spiel" mitzuspielen.

Ich sagte zu allem Ja und willigte ein, alles anders zu machen. Daheim angekommen, ließ ich dann meinem Frust freien Lauf und versprach meiner Seele, dass ich sie nicht mehr weiter dem „Feind“ bloßstellen und meinen Körper weiter quälen würde. Ein Ritual meiner letzten Kontrolle, meines Schutzschildes, das von Therapie zu Therapie immer härter werden musste! Ich rannte nicht mehr nur vor mir selbst weg. Durch die meisten meiner Psychotherapeuten/-innen wurde ich in ein Labyrinth getrieben, in dem ich noch hilfloser umherirrte, als jemals die Chance zu erhalten, aus ihm herauszufinden, zu mir selbst; als einzig richtigem Ausgang!

Meine Therapeuten/-innen machten mir dagegen unmissverständlich klar, dass mein Identitätsproblem eine Folge meiner Sucht sei, und NICHT mein „Gefühl, im falschen Körper geboren zu sein“ die Grundlage meiner Sucht! Diese Meinung traf mich am härtesten. Ich fühlte mich wie eine junge Schildkröte, die ihren Hals immer wieder vorsichtig und noch sehr ängstlich ausstreckte, um einen Blick in die fremde Umwelt zu riskieren. Dann aber bekam sie einen Schlag auf den anderen auf ihren Kopf, bis sie ihn wieder komplett eingezogen hatte und in ihrem Panzer verharrte, der im Verlauf der Zeit zunehmend größer und dicker wurde.

Im Ernährungswissenschaftlichen Gymnasium vollzog sich mein Lernen mit einem zunehmenden Tunnelblick. Ich programmierte mich auf „Leistungsausgabe“ wie eine Maschine. Alles um mich herum erschien wie „verschleiert“ und unwichtig. Dabei wurden von mir auch letzte soziale Kontakte weitestgehend abgebrochen, selbst die zu meinen Klassenkameraden/-innen. Das „Mobbing“ hörte zwar in diesen drei Jahren auf, aber verstanden werden konnte ich von meinen Mitschülern/-innen nicht mehr. Ich lebte in einer anderen, überwiegend dunklen Welt.

Ich verstand auch meine Umwelt immer weniger, weil meine eigene Identität für mich selbst die größte Frage war: Wer war ich, und welche Rolle hatte ich zu spielen? Ich wusste es nicht. Vor allem wollte ich nach außen hin Kraft, Stärke und

Beständigkeit zeigen. Im Gegensatz zu meinem Erscheinungsbild, das sich immer mehr „ausdünnte“ und von dem eigenen Schatten überholt zu werden schien. Aber ich sah mich ja nicht selbst. Ich konnte ja nicht einmal einen Blick in den Spiegel werfen! Ich lebte auch nicht mehr für mich, sondern fast nur noch für meinen schulischen Erfolg. Und natürlich auch, um meinen Körper weiter zu quälen. Selbst mein geliebter Sport trat in dieser Zeit etwas in den Hintergrund, weil es auf diesem Gymnasium keine Möglichkeit der Sportförderung gab und ich überwiegend für mich alleine „trainierte“. Besser gesagt noch am Abend, nach vollbrachtem Lernpensum, mit letzten Kraftreserven meine Runden um den Ort lief.

Es war auch die Zeit zwischen meinem 17. bis 20. Lebensjahr, in der ich mich mit meiner Sucht immer mehr arrangierte. Ich nahm nicht kontinuierlich ab, um meiner Umgebung, vor allem meinen Eltern, phasenweise eine Besserung vorzutäuschen. Ich trickste mit dem Essen und manipulierte mein Gewicht, indem ich manchmal innerhalb kürzester Zeit literweise Wasser in mich hineinschüttete.

Und ich tat es nicht mit Fleiß. Es war meine schreckliche Krankheit, der unbeschreibliche innere Druck; meine panische Angst davor, eine Frau werden zu müssen. Doch ich konnte es nicht mehr aussprechen, nach all den schlimmen Erfahrungen, als ich versucht hatte, mich sogar etwas zu öffnen. Die Panik war in mir eingebrannt. Und ich konnte mich nur noch verleugnen und war in ständiger Flucht vor mir selbst. Und das Mittel dazu war mein Körper, der meine falsche Identität vor meinen Augen immer kleiner und ausgehungerter erscheinen ließ.

Allerdings ein Bild, das nie meiner Zufriedenheit entsprach, da es lediglich dem verzerrten „Leitbild“ meines Gefühls, immer noch zu dick zu sein, entsprach!

Obwohl ich nicht ungern lernte, wurden viele Tage zu einem regelrechten Martyrium. Von morgens bis abends konzentrierte ich mich auf meine schulischen Aufgaben und forderte mich, indem ich viele zusätzliche Bücher und Fachzeitschriften las, um mir möglichst in allen Fächern ein noch größeres Wissen anzueignen. Und fiel mir etwas schwer, dann wurde seitenweise auswendig gelernt. Andere Hobbys, bis auf mein Laufen, gab es nicht mehr. Ich traf mich auch mit niemandem, da ich dafür keine Zeit mehr hatte. Außerdem mied ich möglichst alle Orte, wo ich in der Öffentlichkeit etwas essen oder trinken musste.

Ich wurde immer einsamer und merkte es nicht, weil ich mich selbst schon lange verlassen hatte!

Das Einzige, was mir in meiner schweren Depression im letzten Schuljahr 1996/1997 etwas half, war der Literaturkurs, den ich mir als Wahlfach auswählte.

Ein einziges Fach, indem ich meinen Gefühlen freien Lauf lassen konnte und mir meine Verzweiflung von der Seele schrieb. Viele düstere Gedichte (in Prosaform) und Geschichten, die ich aufgrund ihrer „wundersamen" Vorhersage und Doppeldeutigkeit im Kapitel „2016 bis 2020 – Die härtesten und entscheidendsten Jahre meiner Selbstfindung" eingefügt habe.

Doch ein Trost in allem Leid war, dass sich mein Fleiß auszahlte, indem ich mir für meine schulischen Leistungen große Anerkennung erkämpft hatte: Meine Allgemeine Hochschulreife (Wahlfächer: Chemie mit Ernährungslehre und Biologie) schloss ich im Jahr 1997 mit der Note 1,1 ab und erhielt dazu den „Scheffelpreis".

Ein trügerischer „Ruhm". Meine mittlerweile chronische Erkrankung und vor allem meine tiefe innere Zerrissenheit erdrückten meine Freude, weil ich nicht wusste, für WEN ich mich freuen sollte!

Im Anschluss an meine Schulzeit stand ich nun vor der großen Frage, wie es weitergehen sollte. Einen Lehrberuf schloss ich schnellstens aus. Erstens weil ich nicht wusste, welcher der richtige für mich sein könnte. Zweitens weil ich riesige Angst davor hatte, von vornherein aufgrund meines Gesundheitszustandes abgelehnt zu werden. Nach schwerer Überlegung entschloss ich mich dann für ein Studium der Diplom-Agrarbiologie an der Universität Hohenheim, das ich noch im Jahr 1997 begann.

Allerdings war es absolut keine freie Entscheidung, da meine Auswahl nicht ganz meinem Wunsch entsprach und ich mich von äußeren Meinungen leiten ließ, weil ich so wenig Selbstvertrauen hatte und ich in meiner Erkrankung keine Verantwortung für mich selbst übernehmen konnte.

Vor allem bei großen Entscheidungen war ich wie gelähmt, weil ich mich nicht an einem konkreten Zukunftsziel orientieren konnte. Ich musste mich immer zuerst meinem „Suchtdruck" beugen, der von mir verlangte, alles in meinem Leben so zu gestalten, dass ich nicht die Kontrolle über meinen Körper verlor. Folglich schied ein Studium fern meiner Heimat komplett aus, weil ich dann von zu Hause hätte ausziehen müssen. Das aber wäre für meine täglichen „Rituale" und meine Sicherheit ein unmöglicher Gedanke gewesen. Genauso wie ich mir meine eigene Zukunft nicht vorstellen konnte. Ich stand absolut neben und fern von mir. Ich war eine andere Person, die ich nicht kannte und von der ich nicht wusste, was sie für Pläne hatte. Aus diesen Gründen wurde die so weitreichende Entscheidung für ein Studium zu einem „Mammutprojekt", das ich selbst zu diesem Zeitpunkt eigentlich gar nicht stemmen konnte.

Mein innerer großer Wunsch aber wäre ein Studium der Ernährungswissenschaften gewesen, weil ich mich immer mehr für Ernährungsfragen, Human- und Sportmedizin interessierte. Allerdings war klar, dass ich trotzdem nach Hohenheim wollte, weil ich dann täglich mit dem Auto pendeln konnte und mein „sicheres" Zuhause nicht ganz aufgeben musste. Aber schon bei der Beratung waren alle sprachlos, warum gerade ich mich mit meiner Anorexie für ein so „schädliches Terrain" der Ernährungswissenschaften entscheiden wollte.

Und wieder war der zusätzliche Druck von außen zu groß. Also gab ich letztendlich schnell nach, ohne weiter auf meine innere Stimme zu hören. Ich war es gewohnt, meine Wünsche und Sehnsüchte nach innen zu verlagern, sie ganz tief in mir einzusperren und sie zum Schweigen zu bringen, indem ich meine Fassade noch härter gestaltete.

Mein Studium der Agrarbiologie konnte gar nicht anders verlaufen, als dass es zu einer regelrechten „wahnsinnigen" Irrfahrt wurde. Ich studierte, um mir weiteres Wissen anzueignen, das ich dann in hervorragenden Prüfungen von mir warf, ohne genau zu wissen, für was und welche berufliche Zukunft ich studierte. Ich fühlte mich wie ein Hamster im Laufrad, der lief und lief, ohne das Ziel zu kennen, aber auch nicht einfach aussteigen konnte, weil er sonst hart auf die Nase fallen würde.

Das Studieren wurde zu einem täglichen Ritual, parallel zu meiner Sucht. Allerdings verliefen die ersten drei Jahre meines Grundstudiums bis ins Jahr 2000 noch relativ gut. Vor allem weil ich Gott sei Dank noch nicht erahnen konnte, was in späteren Jahren auf mich zukommen sollte! Die Fächer bis ins Hauptstudium entsprachen meinen Vorlieben und ähnelten denen der Ernährungswissenschaften sehr. So studierte ich relativ leicht und mit etwas mehr Freude als erwartet. Und durch diese „Sicherheit" sorgte ich unbewusst dafür, dass ich mich trotz meines „Suchtdrucks" in mir körperlich leistungsfähig hielt und phasenweise sogar erstaunlich stabilisierte. Vor allem nahm ich nicht weiter ab. Aber ich wollte auch kein Risiko eingehen. Die täglichen Fahrten nach Hohenheim und wieder zurück, das abendliche Laufen und Lernen forderten mich sehr. Und ich merkte, dass ich wenigstens morgens und abends etwas essen musste, um den Tag durchzuhalten. Dabei wurde mein Körper immer genügsamer, mit einem Minimum an Energie auszukommen und seine Folter anzunehmen. Und ich war zufrieden, wenn er als mein Instrument funktionierte, meine unglaubliche Stärke, Beständigkeit und Kraft meiner Umwelt zu beweisen. **Ich wollte unbewusst allen zeigen, dass mein äußeres Erscheinungsbild nicht mit meinem eisernen Willen, meiner „wahren" Identität übereinstimmte. Die wenigste Energie benötigte ich damals für mich selbst, mehr dafür, nach außen Signale zu senden, dass in meiner Hülle ein anderer starker Mensch steckte, den ich noch verleugnen musste, um ihn vor der Meinung meiner Umwelt zu schützen. Und zu zeigen, dass mich meine Umgebung weder einzuschätzen wusste noch richtig kannte.**

Aber dadurch konnte ich in meiner Sucht überleben und immer größere Herausforderungen annehmen. Denn sterben wollte ich (noch) nicht!

Der beste Beweis für meinen Versuch, während meiner Anorexie immer wieder aus meinen Ritualen auszubrechen und dabei neue Grenzen zu überschreiten, waren meine geführten Wanderreisen, die ich mir ohne meine Eltern in zahlreichen Semesterferien zutraute. Sie führten immer in den Süden, hauptsächlich in die Schweiz und nach Italien, so z. B. in die Walliser Bergwelt, die Dolomiten, nach Zermatt und in die „Julier-Alpen“.

Die Bergwelt zog mich magisch an. Tiefe Täler hinter sich zu lassen, indem große Gipfel erklommen wurden, bedeutete für mich Freiheit und die Chance, wenigstens in der Ferne lähmende Rituale durchbrechen zu können. Ich wollte den Himmel sehen und dabei über alle Spitzen hinwegblicken, frei und unbefangen atmen, die Klarheit der Natur in großer Höhe auf mich wirken lassen.

Diese Erlebnisse waren die einzigen, die ich etwas bewusster aufnehmen konnte.

Ich sog aus ihnen viel Energie, hauptsächlich für meine Psyche. Mein Körper dagegen musste mit einem Minimum zurechtkommen. Und ich trieb ihn an, immer noch ein paar Kilometer mehr zu wandern als die Gruppe, indem ich vielfach den Weg vor und zurück lief. Dabei waren mir die „erstaunten“, häufig ungläubigen Blicke der Gruppenmitglieder ziemlich egal. Ich wollte und musste nach außen Stärke zeigen, damit mein zerbrechliches Erscheinungsbild in den Hintergrund trat.

Im Jahr 1999 trat auch der Sport wieder mehr in den Vordergrund. Ich suchte verzweifelt nach weiteren Möglichkeiten, um meinen Bewegungsdrang zu stillen und meinen eingefahrenen, eintönigen Studienalltag zu überwinden. An manchen Tagen wurde mir sogar meine Sucht zu viel. Ich musste dem riesigen Druck entfliehen, immer noch weniger essen zu dürfen. Deshalb war meine Strategie, länger durchzuhalten, die, mich lieber etwas intensiver mit ein paar Bissen mehr zu bewegen, als ohne Essen gar nichts mehr tun zu können.

Ich entschied mich zum Laufen, mit gezieltem Rennrad-Training zu beginnen und ins Fitnessstudio zu gehen. Alles für meinen Wunsch, irgendwann an einem Duathlon-Wettkampf teilzunehmen. Und ich hatte damit wenigstens ein sportliches

Ziel vor Augen, das meine Psyche und vor allem mein Durchhaltevermögen stärkte. Dass es zu einer absoluten Flucht am Limit werden würde, konnte ich zu diesem Zeitpunkt noch nicht erahnen.

Allerdings musste ich erneut gegen die weitläufige Meinung meiner Umwelt ankämpfen, dass dieser Sport mich nur noch weiter kaputt machen würde.

Ich dagegen konnte in meinen Gedanken MICH nicht weiter zerstören, lediglich meinen Körper quälen, um psychisch zu überleben!

Am meisten litten meine Eltern an meiner mittlerweile chronischen Erkrankung. Sie hatten alles versucht, um meine Anorexie zu „heilen". Aber sie merkten auch, dass ich mich vor ihnen weitgehend verschloss, ihnen ständig auswich oder aber eine Besserung versprach. Sie konnten mir nicht weiterhelfen, weil ich es selbst verhinderte. Und letztendlich waren sie auch gegen weitere Therapieversuche, weil sie mit ansehen mussten, dass ich dadurch noch kränker wurde und noch mehr Gewicht verlor.

Aus meiner heutigen Sicht möchte ich an dieser Stelle sehr betonen, dass meine Eltern absolut keine Schuld hatten, weder am Ausbruch meiner Anorexie noch an ihrem chronischen Krankheitsverlauf. Eine Sucht ist von außen kaum zu beeinflussen, wenn der Süchtige nicht selbst den Entschluss fassen kann, aus seiner Krankheit auszusteigen, absolut alle Kräfte dafür zu mobilisieren, die Sucht zu besiegen. Und ich selbst konnte damals noch nicht ausbrechen, weil der eigentliche Grund meiner Anorexie noch ganz tief als vernichtender Stachel in mir steckte. Ich war noch längst nicht so weit und bereit, mich meinen Eltern gegenüber zu öffnen. Aus zweierlei Gründen:

Das Verhältnis zu meiner Mutter wurde schon zu Beginn meines Studiums im Jahr 1997 immer herzlicher und intensiver. Ich fühlte mich von ihr in meinem Leid verstanden, weil sie alles versuchte, hinter meine harte Hülle in mein Herz zu blicken. Obwohl sie mit dem Verstand meine Krankheit nicht nachvollziehen konnte, waren ihr Mitgefühl und ihre Fürsorge die größte Stütze für mich, immer wieder aufzustehen und einen nächsten Schritt für eine Besserung zu wagen. Denn ich spürte, ich war nicht allein, und sie glaubte an mich und eine bessere Zukunft. Sie wusste damals genauso wenig wie ich den Weg zum Ziel. Aber sie sah ein Ziel, das Ziel der Gesundheit, das für mich noch lange im Dunkel lag. Und ging es zwischendurch bergauf, dann deshalb, weil ich mich für sie und zum Dank für ihre Liebe bemühte. Auch wenn es für mich selbst nicht weit nach oben gehen durfte, war sie der Grund, warum ich nicht aufgeben konnte und weiterkämpfte. Allerdings mit meiner Sucht und noch lange nicht gegen sie!

Doch dieses herzliche, tiefe Verhältnis zu meiner Mutter war auch der Grund, warum ich ihr nicht die Wahrheit sagen und mich ihr mit meinen tiefen Identitätsproblemen nicht öffnen konnte. Ich hatte zu große Angst, sie zu verletzen und ihr wehzutun, weil sie sich so sehnlichst ein Mädchen wünschte. Doch ihre großartige Hilfe, das unbeschreibliche Leid, das sie mit mir durchgemacht hat und ertragen musste, ohne daran selbst zu zerbrechen, sollte in ferner Zukunft noch belohnt werden!

Das Verhältnis zu meinem Vater dagegen wurde mit meiner Anorexie sehr viel schwieriger. Er konnte meine Erkrankung noch viel weniger verstehen als meine Mutter. Vor allem fühlte ich mich von ihm nicht verstanden. Seine Fürsorge bestand hauptsächlich darin, mich mit materiellen Dingen überaus gut zu versorgen. Doch das war mir damals viel weniger wichtig. Was ich mir von ihm sehnlichst wünschte, konnte er mir kaum geben. Es fiel ihm sehr schwer, Gefühle zu zeigen, und er konnte sie vor allem nicht in Worte fassen! Teilweise fühlte ich mich ihm gegenüber schuldig, wenn er wieder einmal absolut nicht mit meiner Erkrankung zurechtkam und mir mein „Handeln" vorhielt. Seine Sorge war vielfach seine Härte, die ich spürte und die mir wehtat. Zwischen uns prallten Gefühlswelten aufeinander, die zu Missverständnissen und einem sehr angespannten, schwierigen Verhältnis führten. Ging es mir allerdings an manchen Tagen sehr schlecht, dann wurde er weich, und er konnte seine Fürsorge zeigen, mit Gefühl, wie ich es mir viel öfter gewünscht hätte. Doch durch seine Art, die er genauso wenig ablegen konnte wie ich meine Magersucht, hätte ich mit ihm niemals über meine Probleme reden können.

Aber meine Eltern haben alles gegeben, was sie in ihrem großen Leid und ihrer Verzweiflung, mich vielleicht doch zu verlieren, geben konnten. Viele Tränen und Kräfte steckten in der jahrzehntelangen Begleitung ihres Kindes. Auch wenn es weiter schwieg und ein Ende seiner furchtbaren Erkrankung nicht zu erkennen war.

Aber ohne sie und ihre unbeschreibliche Unterstützung wäre ich heute nicht da, wo ich jetzt sein darf.

Doch die allergrößte Herausforderung stand erst noch vor ihnen und vor mir.

Ein Kampf meiner „Extreme", die mich in eine weitere unumgängliche Abhängigkeit von meinen Eltern führte, anstatt mich von ihnen langsam, aber sicher zu lösen.

Meine Jugend hatte ich mir selbst geraubt, und erwachsen konnte ich nicht werden ...

Im Jahr 2000 folgte ein Ereignis, das mich mit einem Schlag für weitere 16 Jahre in die Finsternis katapultierte, in deren Dunkelheit sich die meisten Zeitabschnitte für immer aus meinem Gedächtnis verloren.

Meine „ausgelöschten“ Jahre – Die Zeit zwischen 2000 und 2015

In meiner stabilsten „Phase“ wurde ich im Jahr 2000 vergewaltigt.

Nüchterne, trockene Worte für ein Ereignis, dessen Folgen ich bis heute nur schwer in Worte fassen kann. An dieser Stelle soll das Geschehen von mir auch nicht weiter beschrieben werden. Es wird im Kapitel „2016 – Das Jahr der Kontaktaufnahme“ von mir zweimal intensiv aufgegriffen, weil ich es solange tief in den Trümmern meiner Seele geheim hielt. Ich möchte daher bewusst in diesem Kapitel darüber „schweigen“ und auf meine Briefe weiter hinten verweisen.

Die Folgen für mich waren immens. Ich war zutiefst geschockt, gelähmt und körperlich sowie psychisch schwer gezeichnet. Meine Gefühle waren wie zementiert, und alles in mir schien zerstört, zerfetzt in tausend Stücke. Ich war keine Person mehr, sondern ein „Nichts“. Die letzte leise Stimme meines „gefangenen Ichs“ wurde vollends erdrückt und verhallte in mir. Meine Gedanken verliefen sich in dunklem Nebel, der mich immer weiter in die Tiefe zu drücken schien. Alles unterhalb meiner Gürtellinie war wie taub, und ich befand mich in einem gefühlten „Vakuum“, das mich immer weiter zusammenzog. Meine Umwelt verschwand hinter dem grausamen Film vor meinen Augen, der keinen realen Blick mehr erlaubte. Und ich hatte riesige Angst. Eine Panik, die mich nicht nur zu absolutem Schweigen zwang, sondern mich in die Flucht trieb. Ein Lauf von mir weg ohne Ziel, angetrieben von unbeschreiblichem Selbsthass und einer neu entfachten Selbstzerstörungswut.

Meine einzige Beruhigung fand ich in einem starken Schmerzmittel, einem Betäubungsmittel „Valoron“, das mir der Frauenarzt in der Not verschrieb, weil er mich nicht einmal richtig untersuchen konnte.

Fortan rannte ich von mir weg, und das Mittel dazu war mein Sport. Das Training wurde zu einem mörderischen Plan gegen meinen Körper. Doch nicht um mich dabei umzubringen, sondern erneut um mir von außen Anerkennung zu erkämpfen.

Aus meiner heutigen Sicht rettete mir der Ausdauersport zu diesem Zeitpunkt mein Leben. So provokativ diese Aussage auch klingen mag. Aber ohne meine sportlichen Wettkämpfe hätte ich mir wahrscheinlich sogar aus Verzweiflung das Leben genommen.

Ich lernte durch den Sport mich immer mehr auf einem Grat zu bewegen, den ich noch so breit „ausbaute", um dabei nicht ganz abzustürzen. Vor allem wollte ich unbedingt meine letzten Kraftreserven möglichst lang für meine Leistung und den Erfolg aufrechterhalten.

Dass sich mein Körper dann zu einem viel späteren Zeitpunkt, ab dem Jahr 2005, rächen würde, konnte ich, 2001, Gott sei Dank noch nicht erahnen!

So tragisch meine sportliche Karriere begann und so sehr die Erfolge auch im Schatten meiner Flucht sowie Anorexie standen: Ich wurde immer besser und mutete mir im Jahr 2000 und 2001 einen Wettkampf nach dem anderen zu, deren Resultate für sich sprachen. Wenn auch nur auf Kreis- und Landesebene.

An dieser Stelle möchte ich einen kleinen chronologischen Abriss der Höhepunkte meiner „kurzen" sportlichen Laufbahn einfügen, weil sie für mich unbeschreiblich wertvoll waren. Sie schenkten mir ein letztes Gefühl von „Leben", wenigstens für einen kurzen Moment zwischen meiner „Trainingsqual" und meiner Flucht am Limit:

Meine ersten Wettkämpfe absolvierte ich schon im Jahr 1999. Im Juni dieses Jahres lief ich meinen ersten Halbmarathon beim „Stuttgart-Lauf" und belegte als guten Einstieg Rang 4 in der Klasse „Frauen W20" in einer Zeit von 1:32:20 Std. über die Distanz von 21,1 km.

Das Jahr 2000 verlief für mich dann noch weitaus erfolgreicher. Ein Bericht aus dem Wochenjournal meines Heimatortes zum Ende dieses Jahres beschreibt am besten eine kurze Zusammenfassung meiner Wettkämpfe:

Wochen-Journal · Donnerstag, 16. 11. 2000 · Ausgabe 46 Seite 7

Martina Steinert ist die schnellste Frau von Hattenhofen

Hattenhofen – Dieses Jahr war für Martina Steinert aus Hattenhofen besonders erfolgreich. Die 23jährige Hattenhöferin läuft Langstrecke zwischen 10 und 21,1 Kilometer und belegt dabei hervorragende Plätze. Trainiert wird an sechs Tagen in der Woche, wenn immer ihr Studium der Agrar-Biologie es zuläßt.

Das Jahr 2000 hatte noch nicht einmal richtig begonnen, da belegte Martina Steinert beim Silvesterlauf in Bietigheim mit 42 Minuten und 55 Sekunden für 11,2 Kilometer den 7. Platz in der Gesamtwertung und den 3. Platz in der „Weiblichen Hauptklasse" (Frauen im Alter zwischen 20 und 30 Jahren). Immerhin gingen in Bietigheim 312 Frauen an den Start. Im Januar folgte dann die Kreislaufmeisterschaft in Göppingen, die im Rahmen der DJK-Winterlauf-Serie (Dezember/Januar/Februar) stattfand. Beim Kreiswaldlauf wurde Martina Steinert 1. bei den Frauen mit 31 Minuten und 14 Sekunden für eine Strecke von etwa acht Kilometern. Je zehn Kilometer mussten beim Winterlauf geleistet werden. Ebenfalls für die Hattenhöferin der 1. Platz.

1. Platz beim Adelberger Klosterlauf mit 10,5 Kilometer und einer Zeit von 42 Minuten und 35 Sekunden.

Ein Halbmarathon (21,1 Kilometer) folgte mit dem Stuttgart-Lauf. Hier nahmen besonders viele Läuferinnen teil. 3. Platz für die 23-Jährige und 2. Platz in ihrer Altersklasse. Die Zeit: 1 Stunde, 24 Minuten und 58 Sekunden. Kurz darauf der nächste (Baden-)Halbmarathon in Karlsruhe. Viertbeste Zeit für Martina Steinert und 1. Platz in ihrer Altersklasse. Zeit: 1 Stunde, 23 Minuten und 30 Sekunden. 10 Kilometer mussten beim Göppinger Citylauf im Oktober gelaufen werden. 4. Platz für die Hattenhöferin und 1. Platz in ihrer Altersklasse mit 37 Minuten, 51 Sekunden.

Aber mit den Erfolgen beim Langstreckenlaufen hat Martina Steinert ihre Herausforderung noch nicht gefunden. Im neuen Jahr möchte sie Duathlon (Laufen und Radfahren) oder auch Triathlon (Schwimmen, Radfahren, Laufen) belegen. Deshalb ist sie sogar bereit, den Verein zu wechseln. In diesem Jahr startete sie noch für das Sparda-Team in Adelberg, im nächsten Jahr wird sie für einen Stuttgarter Verein bei den Meisterschaften teilnehmen.

Martina Steinert aus Hattenhofen vor den Pokalen, die sie dieses Jahr bei Langstreckenläufen als Siegerin verliehen bekam.

Schon immer gehörte der Ausdauersport zu den schönsten Freizeitbeschäftigungen der Studentin. Ihren sportlichen Anfang fand sie im TSGV Hattenhofen. Seit zwei Jahren betreibt sie Leistungssport. Besonders oft trainiert sie zusammen mit Susi Niemeyer, die im vergangenen Jahr Deutsche Duathlon-Vizemeisterin war. Ebenfalls 1999 Mannschafts-Weltmeisterin im Duathlon und 1998 Deutsche Duathlon-Meisterin.

Der Stuttgarter Verein für den sie im nächsten Jahr an den Start gehen möchte, hat besonders beim Schwimmen gute Übungsmöglichkeiten mit einer Computeranalyse. Die Frauenliga dieses Vereins wird vermutlich im nächsten Jahr in die Bundesliga aufsteigen.

Manchem Spaziergänger ist Martina Steinert wahrscheinlich schon um Hattenhofen herum mit ihrem Rennrad oder beim Laufen begegnet. In einem Regal in einem Trainingsraum bei ihr zu Hause steht schon eine ganze Reihe von Pokalen. Fast jeden Monat kommt ein neuer dazu.

Bericht 1 – Mitteilungsblatt vom 16.11.2000

Mit einem besonderen Höhepunkt in diesem Jahr:

Dann allerdings folgte das Wettkampfjahr 2001 mit einem ganz anderen Hintergrund. Mein Kalender war vollgespickt von Wettkämpfen, ich gönnte mir keine Pausen mehr und versuchte wie in „Trance“ alles Leid hinter mir zu lassen:

- Baden-Württembergische Crossmeisterschaften, Bad Liebenzell, 3.02.2001, Frauen, Mannschaft, 4 km, MEISTER (Tina Walter, Susanne Niemeyer, Martina Steinert), im Trikot der DJK Schwäbisch Gmünd
- Baden-Württembergische Straßenlaufmeisterschaften, St. Leon-Rot, 11.03.2001, Frauen, Mannschaft, 10 km, MEISTER (Tina Walter, Susanne Niemeyer, Martina Steinert), Gesamtzeit: 1:50:21 Std.

- Bezirks-Waldlaufmeisterschaften, Heroldstatt, 07.04.2001, 4650 m, Zeit: 00:18:43, Rang 2
- Göppinger Berglauf, 29.04.2001, 8 km, Zeit: 00:36:55 Std., W20, Rang 1
- Oberschwaben DUATHLON (7-km-Lauf/31 km, Rad/4-km-Lauf), Blitzenreute, 05.05.2001, Gesamtzeit: 1:42:05 Std., TW21, Rang 2
- BW-DUATHLON-Meisterschaft (6 km/36 km/3 km), Aidlingen, 20.05.2001, Gesamtzeit: 1:54:16 Std., AK21, Rang 8
- Trossinger Summertime-DUATHLON (12 km/50 km/5,5 km), 16.06.2001, Gesamtzeit: 2:51:52 Std., Frauen, Rang 3
- Adelberger Klosterlauf, 22.06.2001, Zeit: 00:41:49 Std., Frauen, Rang 1
- 8. Stuttgart-Lauf (Halbmarathon), 01.07.2001, Zeit: 1:23:12 Std., W20, Rang 1, Frauen Gesamt, Rang 2, mein Höhepunkt:

Baden-Marathon Karlsruhe (Halbmarathon), 17.09.2000, Zeit: 1:23:40 Std., WHK, Rang 1

LEICHTATHLETIK / Unter den 14 500 beim Stuttgart-Lauf viele aus dem Kreis

Martina Steinert schiebt sich auf Platz zwei

Schnell in Stuttgart: Martina Steinert aus Hattenhofen. FOTO: ROLF BAYHA

Mit 14 500 Voranmeldungen feierte der Stuttgart-Lauf bei seiner achten Auflage einen neuen Rekord. Unter den 12 384 Zielankömmlingen im Mini-Marathon, im Sieben-Kilometer-Lauf und im Halbmarathon liefen auch zahlreiche Kreisvertreter auf vordere Plätze.

ROLF BAYHA

Das beste Resultat mit neuem persönlichen Rekord erzielte Martina Steinert aus Hattenhofen. Die im Trikot der DJK Schwäbisch Gmünd startende Studentin lief im Halbmarathon über 21,0975 Kilometer in 1:23:17 Stunden auf den zweiten Platz im Gesamtklassement der Frauen, gewann damit gleichzeitig die Hauptklasse und ließ Suzana Ciric vom LAC Pliezhausen (1:25:08 Stunden) deutlich hinter sich. Auf der obersten Treppchenstufe stand einmal mehr die Baden-Württembergische Berglaufmeisterin Gudrun de Pay aus Gammertingen (1:20:19).

Schnellster Kreisvertreter war über die Halbmarathondistanz Thomas Recher von der LG Lauter mit 1:20:48 Stunden als 71. in der Gesamtwertung (10. M 40). Es siegte unter 5912 Konkurrenten Hartwig Potthin vom LC Breisgau in 1:08:23 Stunden.

Mit einer starken Leistung im Mini-Marathon über zwei Kilometer glänzte Michael Brüderlin von der LG Staufeneck-Eislingen, der in 5:40 Minuten als Zehnter unter 1465 Startern die Ziellinie, die in diesem Jahr aufgrund der Deutschen Leichtathletik-Meisterschaft vor dem Gottlieb-Daimler-Stadion lag.

Bericht 2 – Stuttgart-Halbmarathon vom 01.06.2001

Stuttgart-Halbmarathon vom 01.06.2001

Dieser größte Erfolg sollte zugleich auch mein letzter sein. Denn einen weiteren durfte ich nicht mehr feiern.

Meine sportliche Karriere endete, bevor sie eigentlich richtig beginnen durfte.

Mein Lauf fing im Sturm an und endete in einem Orkan, dem ich mich nicht mehr widersetzen konnte!

Im Hochsommer 2001 brach ich nach einem Lauf eines Teamwettkampfes zusammen und musste für kurze Zeit ins Krankenhaus.

Das Ende aller Wettkämpfe und einer Zeit, in der ich mich von meinem geliebten Sport endgültig trennen musste. Ein schwerer Schritt, der zwar notwendig war, aber die Dunkelheit und meine Verzweiflung noch verstärkte. Ein Abschied, der mich auch nicht heilen konnte. Lediglich die Momente blieben …

Denn meine sportlichen Ereignisse waren auch die einzigen, an die ich mich noch richtig erinnern konnte. Wahrscheinlich weil ich für diese Augenblicke des Erfolgs noch lebte, meinen Körper, zumindest meine Beine noch spüren konnte.

Sie verhalfen mir zu einem äußeren Lächeln, obwohl meine Seele in mir ungehört weinte. Doch ich musste mich nach außen so gut wie möglich verstellen, damit man nicht hinter meine schmale Maske sehen konnte …

Der Inhalt der anderen Erlebnisse meines Lebens zwischen dem Jahr 2001 und 2015 ist in meinem Kopf ausgelöscht. Ich kann mich an sie nur erinnern, wenn ich davon Fotos sehe, Berichte lese oder mir meine Eltern erzählen, was in welchem Jahr war. Aber mein eigenes Handeln, meine Gefühle in diesen Jahren sind für immer verloren. Ich weiß heute, dass der Grund dieser für mich bis heute schlimmen Erkenntnis meine posttraumatische Belastungsstörung war. Ein typisches Symptom, das nach einem Trauma, meiner Vergewaltigung, als Folge auftreten kann und einen psychologischen Schutzmechanismus darstellt, wobei das eigentliche „Erlebnis“ häufig wie eingebrannt erhalten bleibt.

Insbesondere wenn keine spezielle Psychotherapie auf den Vorfall folgt. Weil ich über alles schwieg und niemandem davon erzählen konnte, war eine Therapie natürlich auch nicht möglich. Im Gegenteil: Das schreckliche Erlebnis wurde von mir ganz tief in einen „unzugänglichen“ Raum eingesperrt. Doch seine Gewalt war so groß, dass es auch noch meine Seele, meine wahre Identität, vollends unter sich erdrückte.

Aus diesem Grund verstärkte sich meine Anorexie stark. Ein mittlerweile doppelter Hilfeschrei meiner Seele, den ich durch den Auftrag meiner körperlichen Selbstzerstörung als einzige Lösung zum Schweigen bringen wollte.

Mein einzig verbleibendes Gefühl für mich. Die Kontrolle über meinen Körper, dessen Identität ich nicht (mehr) kannte.

Ich bewegte mich wie in „Trance“ durch diese Jahre. Aus meinem Leben wurde ein „Dasein“. Ein Versuch, mich permanent an einem Limit zu halten. Meine neue Aufgabe, eine Gratwanderung zu beginnen, weil ich doch zunehmend die Kontrolle verlor und nach neuen Wegen suchen musste. Denn ab dem Jahr 2005 war es mein Körper, der zurückschlug, der sich rächte und nun das Kommando übernahm.

Mein Studium fiel mir zu diesem Zeitpunkt immer schwerer. Denn die Fächer des Hauptstudiums entsprachen immer weniger meinen Interessen. Ich versuchte zwar nach dem Grundstudium doch noch zu den Ernährungswissenschaften überzuwechseln. Aber es war unmöglich, weil ich wegen zahlreicher fehlender Praktika ins erste Semester zurückgestuft worden wäre. Dazu hätte ich keine Nerven mehr gehabt, vor allem aber schwanden zunehmend meine körperlichen Kräfte. Denn ab dem Jahr 2005 bekam ich Schmerzen im ganzen Körper, insbesondere jedoch immer stärkere Magen- und Darmbeschwerden. Mir wurde häufig nach nur einem Bissen übel, und die Anzahl an Durchfällen stieg von Woche zu Woche an. Es waren zunächst nur schleichende Anzeichen, doch ich konnte sie immer weniger ausblenden. Das Hunger- und Durstgefühl war mir schon länger abhandengekommen, was mich nicht sonderlich störte, da ich nur dann etwas trank und aß, wenn es unbedingt notwendig war.

Aber meine zahlreichen „Schwächeattacken“ und das Gefühl, immer weniger verdauen zu können, beunruhigten mich sehr. Ich bekam eine neue Angst dazu, die ich seither noch nicht kannte, und ich spürte, dass ich von Tag zu Tag immer mehr das Regiment über meinen Körper verlor und er zurückschlug, indem er begann, jetzt mich zu quälen. Ich musste nach einer Lösung suchen, wie ich meinen verzweifeltes „Dasein" weiter erhalten konnte, ohne aber leiden zu müssen. Meine einzige Rettung sah ich darin, zu versuchen, meine schwere Erkrankung mit ihren spürbaren Folgen selbst zu analysieren.

Wie konnte ich mir noch weiterhelfen? Ich begann mich mit Fragen der Humanmedizin, Sportmedizin, vor allem aber der Ernährungsmedizin intensiv in einer Art Eigenstudium zu befassen. Während ich immer mehr Vorlesungen meines eigenen Studiengangs ausließ, besuchte ich zahlreiche der Ernährungswissenschaften. Aus diesem Grund zog sich mein Studium der Agrarbiologie bis ins Jahr 2005, in dem ich es trotz der Qualen mit der Note 1,6 erfolgreich abschließen konnte.

Doch so sehr ich mich auch bemühte, meinen weiteren Krankheitsverlauf in den Griff zu bekommen – der weitere organische „Zerfall" in Form einer immer geringeren Funktionsfähigkeit meiner inneren Organe war nicht mehr aufzuhalten. Volle 16 Jahre hatten sie bislang meine Anorexie schon „schweigend" ertragen. Jetzt sollte Schluss sein.

Mein „Dasein" wurde zu einem täglichen Kampf am Abgrund. Ein jeder Schritt musste gezielt gesetzt werden, denn mein Grat, auf dem ich mich bewegte, wurde immer schmaler. Ich stürzte aber nur deshalb nicht ganz ab, weil mir meine eigene Sucht ab dem Jahr 2010 zu viel wurde. Der Kampf mit meinem Körper kostete mich zu viel Kräfte, die ich immer weniger aufbringen konnte. Also versuchte ich verzweifelt „auszusteigen", indem ich meine Ernährung so anpasste, dass mein Magen-Darm-Trakt das Notwendigste verdauen konnte und immer etwas Energie für mich übrigblieb. Mein „Dasein" ähnelte zu diesem Zeitpunkt dem eines Kolibris. Nach jedem kurzen Flug musste er wieder nachtanken, um zu überleben. Hätte er nur einmal nicht genug Nahrung aufgenommen, wäre er vor dem Erreichen seiner nächsten Energiequelle unweigerlich abgestürzt.

Doch aus meiner heutigen Sicht ist mir klar, dass der Versuch, von meiner Sucht loszukommen, damals noch

nicht funktionieren konnte. Denn wenn ich es tatsächlich geschafft hätte, auch nur ein paar Kilo weiter zuzunehmen, hätte ich sofort wieder selbst die Notbremse gezogen, weil ich mich unter keinen Umständen weiter zu einer Frau entwickeln konnte. Das ungelöste Grundproblem war die eingebrannte, unüberwindbare Blockade!

Ich suche bis heute verzweifelt in meiner Erinnerung nach den Bildern, wie ich meinen Leidensweg, die schlimmen chronischen Folgen meiner Anorexie jeden Tag aufs Neue durchgehalten habe. Aber ich sehe nur Dunkel. Ich muss mich wie blind, schwankend auf meinem steinernen Pfad entlangbewegt haben. Vor allem haltlos ohne Ziel und Zukunft. Jeden Tag zu überstehen war schon viel.

Denn meine Talfahrt schritt ab dem Jahr 2010 unaufhörlich voran. Selbst die Ärzte hatten mich eigentlich schon aufgegeben, ich war im Grunde genommen austherapiert. Ende 2016 wog ich gerade noch 30 kg, und mein Körper glich einem einzigen organischen „Trümmerfeld". Meine Psyche verlor sich in einer schwersten Depression. Die Kombination meiner Anorexie und posttraumatischen Belastungsstörung stellte die Grundlage für meine weitere Folgeerkrankung dar, die in kein medizinisches Muster mehr passte.

Erst im Jahr 2016 wagte ich einen neuen Versuch, meine Erkrankung in vielen Details zu erklären. Ich möchte daher an dieser Stelle auf meine „Erfahrungsberichte" im Kapitel „2016 – Das Jahr meiner Kontaktaufnahme" verweisen.

Mein beruflicher Werdegang wurde infolge meiner Erkrankung zu einem beruflichen „Suchgang". Denn alle Versuche gingen nur so lange gut, wie es mein Körper und meine Psyche zuließen und meine Kräfte durchhielten.

Meine längste berufliche Phase war dabei meine halbe Stelle als chemisch-physikalische Laborantin der Qualitätssicherung bei einer Firma für Naturfarben in der Zeit zwischen 2007 und 2010.

Ein weiterer Versuch, meinem Wunschberuf näher zu kommen, bildete mein Fernstudium zur staatlich anerkannten „Lehrerin für Fitness" ab dem Jahr 2010, das ich Ende 2011 sehr erfolgreich abschloss.

Aber mein Wunsch, meine Ausbildung in eine berufliche Karriere als qualifizierte „Personal Trainerin“ übergehen zu lassen, blieb ein unerfüllter Traum.

Zu groß war mein eigener Identitätskampf, der zudem komplett in den sichtbaren und unsichtbaren Folgen meiner schweren Erkrankung unterging.

Mein Körper und meine Psyche waren nicht mehr bereit, den Anforderungen meiner Außenwelt zu entsprechen.

Und meine „Welt“ war mittlerweile eine ganz andere. Eine unbeschreibliche, unfassbare, die mich immer weiter zu erdrücken schien. Nicht mehr nur meine Gedanken, die im Dunkel umherirrten …

Doch in meiner qualvollen Suche nach Erinnerungen sah ich plötzlich einen hellen Schein am finsteren Horizont erstrahlen, der mich in seinen Bann zog und von dem ich mich in meinen Gedanken nicht mehr lösen konnte. Ich war überzeugt davon, dass es das Licht meiner Rettung sein würde.

Doch mit dieser nicht fassbaren Erscheinung in meinem Kopf war mein Leidensweg noch immer lange nicht zu Ende.

Mein schmaler, enger Pfad drängte mich in einen „Raum der Extreme“, indem ich noch weitere 4 Jahre ausharren musste, bis ich endlich mit meinen letzten Kräften die Tür zu neuem Leben aufstoßen durfte.

Was ich mir wünsche

Ich wünsche mir einen Menschen, der mich gernhat,
der mir verzeiht und mich tröstet,
der mich versteht und zu mir hält,
der mit mir und nicht über mich spricht,
der mir zuhört und mit mir schweigt,
der mir die Wahrheit sagt,
der mich annimmt,
der mir Geborgenheit schenkt,
der Frieden stiftet.
Ich wünsche mir ein solcher Mensch zu sein.

(Quelle unbekannt)

2016 bis 2020 – Die härtesten und entscheidendsten Jahre meiner Selbstfindung

Die Zeit zwischen 2001 und 2016 war für mich eine Zeit, an die ich mich nur noch schemenhaft erinnern kann. Sie war geprägt von großem Leid mit kleinen Hochphasen, die gefühlsmäßig nur Momente waren, die mir wie Sand durch meine Finger rieselten und nicht festgehalten werden konnten.

Nach meiner Vergewaltigung im Jahr 2000 schien die Zeit manchmal in einem dunklen Tunnel ohne Ende stehen geblieben zu sein.

Ich suchte verzweifelt nach einem Halt, nach Zielen, vor allem aber suchte ich mich. Mein Körper war zwar da, aber gespalten in einzelne Bereiche, von denen ich eigentlich nur meine Beine zum Laufen und meinen Kopf zum Denken mochte und akzeptieren konnte. Alles andere meines Spiegelbilds, hasste ich zutiefst. Wer war dieses Kind, das als weibliche Person geboren wurde und, noch ganz tief verborgen in seinem Innern, so gern ein Junge sein wollte?

Ich flüchtete in meine Anorexie, um meinen Körper „voll“ unter Kontrolle zu halten. Alle weiblichen Formen wurden schon im Keim erstickt, indem ich nur das Notwendigste aß und dabei mein Training für den Ausdauersport immer mehr steigerte. Ich wollte mich bewusst an einem Limit halten, auf einem ganz schmalen Grad bewegen, aber (noch) nicht sterben. Ich wollte wie eine Maschine funktionieren, Leistung erbringen, um von meiner Umwelt Lob und Anerkennung zu erhalten. Nur durch diese äußere Kraft wurde ich, mein Körper zusammengehalten, während ich innerlich immer mehr zerfiel.

Wo blieben meine Gefühle? Sie verloren sich in meinen Blackouts, die durch meine Traumatisierung verursacht wurden.

Ich denke heute, es waren die Jahre zwischen 2000 und Anfang 2016, in denen ich mich vollends von mir selbst entfernte, besser zu entfernen versuchte.

Nur mit diesem Hintergrund ist das „Wunder" zu erklären, das für mich ab dem Jahr 2016 begonnen hat, obwohl mein eigentlicher Lebenskampf bis zum absoluten Limit erst noch vor mir stehen sollte …

Im Jahr 2010 noch hatte ich mich unsterblich in eine Frau verliebt, die nicht nur mein Herz, sondern auch alle meine Sinne eingenommen hat. In einer Form, die für mich bis heute unbeschreiblich bleibt und den Anfang meines Wegs zu mir selbst und den Kernpunkt meiner Biografie darstellt.

Weder die Erzählung meiner Kindheit noch meiner Jugendzeit bis zu meinem 23. Lebensjahr ist für diese Biografie und für den Beginn meines neuen Lebens entscheidend. Es sind allein die Jahre von 2016 bis 2020, die wie ein Märchen klingen, die aber die wundervolle Realität darstellen und auch mit tausend Seiten nur schwer in Worte zu fassen sind.

Ich wage es trotzdem, obwohl ich das „Wunder" nicht mit Verstand zu erklären versuche, sondern den „magischen Raum dahinter", das „Unfassbare" beschreiben möchte.

Meine Liebe im Jahr 2010 wurde durch tragische Weise, durch Schicksal, erdrückt. Einerseits wurde ich in meiner Gefühlswelt durch meine Vergewaltigung so tief bis in mein Herz verletzt, dass selbst diese Liebe lange Zeit nicht mehr von mir wahrgenommen werden konnte. Anderseits durfte und konnte diese Liebe nicht gelebt werden, weil die Realität es zu diesem Zeitpunkt anders wollte und sich unsere Wege trennen mussten.

Auch eine Aussprache meiner Gefühle änderte nichts an der harten Realität.

So verloren sich meine Gefühle lange Zeit in großem körperlichen Leid und psychisch totaler Leere.

Mein Zustand verschlechterte sich trotz psychotherapeutischer Hilfestellung von Tag zu Tag, weil zu dieser Zeit noch niemand auf meine Hauptproblematik ganz tief in mir kam. Jeder Versuch, den ich machte, über meine Probleme zu reden, sie überhaupt auszusprechen, wurde in allen, unzähligen Therapien seit meinem zwölften Lebensjahr niedergeschmettert. So gewöhnte ich mir immer mehr an, zu schweigen und mich letztendlich selber zu verleugnen.

Bis zu diesem Tag Anfang 2016, an dem ich eine „himmlische Eingebung" bekam. Allerdings zunächst in Form eines unbeschreiblich tiefen Schmerzes in meinem Herzen. Plötzlich konnte ich in meinem Herzen wieder ein Gefühl verspüren von großer Liebe. Es war die Liebe zu dieser Frau vor sechs Jahren, meiner ehemaligen Therapeutin, weshalb sich unsere Wege damals trennen mussten … Doch in meinem jetzigen Zustand flammte dieses Gefühl wieder so stark und in einer für mich völlig anderen Dimension auf. Dabei muss ich vor allem betonen, dass diese Liebe fernab von körperlichen Bedürfnissen stand. Die „Magie" dieser Liebe möchte ich mit keinen Worten zerstören und zu erklären versuchen. Aber dennoch muss ich an dieser Stelle betonen, dass ich zu diesem Zeitpunkt aus bis heute nicht vollständig geklärten Gründen fast ohne weibliche Hormone lebte, besser gesagt überlebte, was ich erst im Jahr 2020 erfahren sollte!

Aber ich war wie gefesselt, konnte an gar nichts anderes mehr denken als an diese „faszinierende Person". Innerlich getrieben, von einer unbeschreiblichen Panik, sie nie mehr wiedersehen zu können, musste ich versuchen, sie unbedingt wieder aufzufinden. Meine Trauer und der Schmerz, sie für immer verloren zu haben, trieben mich voran. Verzweiflung, Trauer und meine eigenen Schmerzen wechselten sich ab. Ich war vielfach den Tränen nahe, meinte zu ersticken und wurde wie in einen Sog gezogen, fernab meiner Umwelt um mich herum. Ich sah nur noch ihr Bild vor meinen Augen, konnte mich nur noch auf dieses einzige wunderbare und doch so schmerzliche Gefühl konzentrieren.

Mein Körper rebellierte, und der Aufschrei meiner Psyche, der Schrei nach ihrer, meiner so tief gefühlten letzten Hilfe für mein Überleben wurde immer größer.

So groß, dass ich alles unternahm, sie zu finden. Ich recherchierte und fand sie als Therapeutin im Internet wieder. Also lebte sie! Und ich verspürte eine solch unbeschreibliche Kraft und war erfüllt von einer alles übertönenden Stimme in mir, dass sie mein letzter Rettungsanker ist!

Doch ich war auch von großen undefinierbaren Ängsten geplagt, wollte sie und meine Gefühle erstmals in Briefform niederschreiben. Und ich tat es. Obwohl mich meine damalige Psychotherapeutin von einer Kontaktaufnahme abbringen wollte, war der Schrei meines Körpers und meiner Psyche so stark, dass sie weitere gesundheitliche Gefahren für mich nur durch die Kontakteinleitung zu *meinem Engel* ausschließen konnte. Ich war am Ziel und bekam einen ersten Telefontermin, der erste Schritt in meine weitere wundervolle Heilung …

Die folgenden vier Jahre sollten zum „Schlüssel" meines „wahren Ichs" werden.

Doch vor allem stand mir ein harter steiniger Weg bevor, der bis heute härteste in meinem Leben. Die weitere Zusammenarbeit mit *meinem Engel* war ein Prozess, der mich bis zum „Limit" fordern sollte und auch von meiner Therapeutin alles abverlangte. Mein Kopf und meine Psyche waren wie beflügelt, um den Kampf gegen meinen Körper, der sich schon nah am Abgrund befand, zu gewinnen.

Im Folgenden möchte ich diese vier Jahre erzählen, obwohl viele der Ereignisse, Eindrücke, Empfindungen und Erfahrungen nicht mit Worten beschrieben, sondern nur „gefühlt" werden können.

Ich wollte möglichst jeden Tag schreiben, um mich immer mehr zu öffnen, den inneren Druck endlich zu lösen, den täglichen Kampf anzunehmen und vor allem um meine einmalige „wundervolle Gefühlswelt" in riesiger Dankbarkeit *meinem Engel* gegenüber auszudrücken.

Was mir an dieser Stelle noch sehr wichtig ist: Das Pseudonym, das ich für meine Therapeutin gewählt habe, „*mein Engel*", soll niemals als „besitzergreifend" ausgelegt und verstanden werden! Es beschreibt lediglich meine gefühlte Verbundenheit zu ihr.

Liebe Leser/innen, *beginnen wir die Reise. Folgen Sie dem größten Spiegel meiner Seele und meines Körpers im folgenden Wechsel meiner Erfahrungsberichte, Gedichte, Briefe und E-Mails an meine Therapeutin, die durch wichtige Kommentare aus meiner heutigen Sicht ergänzt werden:*

2016 – Das Jahr der Kontaktaufnahme

Sekunden

Es waren nur Sekunden,
ein kurzer Blick,
eine flüchtige Entschuldigung.
Wir lächelten uns an.
Es waren nur Sekunden,
die meine Gefühle aufwühlten.
Sekunden,
die mich aus dem Gleichgewicht brachten.
Sekunden,
die mich verwirrten.
Sekunden,
die mein Herz schneller schlagen ließen.
Sekunden,
die ich nie vergessen werde.
(geschrieben von Martina Steinert im Jahr 1997)

Im März 2016
Mein erster Brief als E-Mail an meine Therapeutin, den ich noch vor einem ersten Telefontermin mit ihr und ihrer Entscheidung schrieb:

„Lieber *Engel*,

eigentlich weiß ich gar nicht, was ich schreiben soll, da Gefühle einfach schwer in Worte zu fassen sind. Vielleicht habe ich auch nur Angst, dass Dich diese Worte nie erreichen werden und Du den Brief überhaupt nicht lesen möchtest und ihn ablehnst.

Mittlerweile sind sechs Jahre vergangen. Äußerst schwere Jahre. Als wir uns zum letzten Mal gesehen hatten und ein „nettes" Gespräch führten, war dies erst der Anfang meiner schweren Erkrankung. Dennoch war dieses letzte Treffen sehr wichtig für mich, wenn auch „schmerzhaft“. Als ich Dich nach einer gewissen Zeit noch mal angerufen habe, wollte ich dich absolut nicht belästigen und vor allem nicht verletzen! Ich habe eingesehen, dass Du eine andere Neigung hast, und ich kann das auch akzeptieren. Gerade weil Du mir so viel bedeutest, wünsche ich mir, dass Du glücklich bist. Allerdings habe ich gehofft, dass eine „normale“ Freundschaft nach einer bestimmten Zeit trotzdem möglich wäre.

Wenn ich jetzt diese Zeilen schreibe, dann sind schon viele, zu viele Jahre vergangen, in denen ich schwer krank bin und eine Marionette meiner Schmerzmittel. Ich kann nicht einfach rausgehen, mir nach Freundschaften suchen, weil ich eine Gefangene meiner Krankheit bin. Sie diktiert meinen Tagesablauf und bestimmt, wie ich zu fühlen habe. Ich bin eine Maschine, die funktioniert, um zu überleben. Echte Gefühle für einen Menschen habe ich nur für Dich.

Selbst mit „Valoron“ gibt es einen Menschen, für den ich empfinde wie für niemanden, und ich kann dies nicht in Worte fassen: Es ist Deine Art, Dein Aussehen, Dein Ambiente. Doch diese Gefühle wurden bislang durch das Schmerzmittel stark begraben und unterdrückt. Im Leid und den „Rest“-Schmerzen der Erkrankung wird man „hart“, umgeht Gefühle, auch seine eigenen. Dennoch habe ich immer wieder an Dich gedacht.

Nur jetzt, da ich dachte, endlich dieses Mittel absetzen zu können, merke ich, wie ich eigentlich fühle, und da warst wieder Du, ganz heftig in meinem Kopf. Ich musste mich nach Deinem Wohnort erkundigen. Im Internet habe ich Dich wiedergefunden, in München. Es war wie ein Schock! Irgendwie kommt es mir vor, ich hätte Dich für immer verloren. So verloren, wie schon so viele Freundschaften und berufliche Neuanfänge tragisch zu Ende gingen. Ich fühle mich unendlich einsam und verlassen. Hilflos meinen Gefühlen gegenüber und meiner Erkrankung. Dabei möchte ich doch vor allem verstanden werden!

Ich würde Dich heute nie mehr „belästigen“ wollen, weil Du mir so viel bedeutest. Aber ich würde alles dafür geben, Dich wiederzusehen, mit Dir (am Telefon) zu sprechen.

Obwohl eine Fahrt nach München aus gesundheitlichen Gründen für mich fast unmöglich ist, würde ich für Dich diesen Versuch gleich morgen wagen. Würde meine Trinknahrung mitnehmen, mich ins Auto mit einem Fahrer setzen. Es wäre mein schönster Tag!

Ich glaube, ich könnte dadurch meinen Schmerz überwinden, diese Trauer annehmen und vor allem diese Schuldgefühle loswerden, Dich verletzt zu haben.

In meinem jetzigen Leid wäre auch nur eine Freundschaft so unendlich wertvoll und das Gefühl, dass Du trotzdem da bist und Verständnis für mich hast, sodass weitere Gedanken für mich schon gar kein Thema mehr wären.

Ich glaube, dass ich für Dich sogar glücklich wäre, wenn Du einen lieben Partner gefunden hättest. Aber dieser tiefe Schmerz, Dich ganz verloren zu haben, bringt mich fast um!

Gib mir doch bitte die Chance und antworte mir. Es gibt doch ein Telefon oder zumindest E-Mail."

Damit meine Therapeutin zusätzlich einen tiefen Einblick in meinen Krankheitsverlauf der vergangenen sechs Jahre und vor allem meine zu diesem Zeitpunkt sehr schlechte psychische als auch physische Verfassung bekam, fügte ich noch zwei Erfahrungsberichte hinzu:

Erfahrungsbericht der Erkrankung von Martina Steinert

„Meine chronische Darmerkrankung (Malassimilationssyndrom) begann vor gut 6 Jahren eher mit schleichenden Symptomen. Einer der Hauptgründe war höchstwahrscheinlich meine Anorexie, Magersucht, die schon seit meinem zwölften Lebensjahr bestand. Im Jahr 2010 spitzte sich mein Gesundheitszustand immer mehr zu. Damals befand ich mich in meiner Ausbildung zur Lehrerin für Fitness (BSA), hatte viel Stress, mehrere Impfungen, zwei schwere Magen-Darm-Grippen im selben Jahr ... Jedenfalls versagte meine Verdauung fast komplett; hatte schwere Durchfälle, extreme Magen-Darm-Schmerzen und verlor innerhalb kurzer Zeit sehr viel Gewicht. Die Diagnose war ein extremer

Verdauungsenzym-Mangel (**Malassimilationssyndrom**), dessen genaue Entstehung jedoch bis heute noch unvollständig geklärt ist. Bei dieser Symptomatik ist sowohl die Verdauung als auch die Aufnahme von Nährstoffen im Darm gestört. Ich versuchte ernährungstechnisch mit Einbeziehung von Medikamenten alles, da ich ja Diplom-Agrarbiologie studiert habe und in Eigenregie mein Studium durch Ernährungswissenschaft, Sporternährung sowie -medizin erweitert habe. Zu meinen schweren Verdauungsproblemen kamen noch Glieder- und Gelenkschmerzen (Polyneuropathie). Am Anfang ignorierte ich die immer wiederkehrenden Entzündungen durch unverdaute Nahrungsbestandteile, da ich diesen warmen, zehrenden Bauchschmerz noch nicht einordnen konnte. Zudem bin ich als ehemalige Ausdauer-Leistungssportlerin hart im Nehmen. Doch die ständigen Entzündungen führten natürlich zu vielen „Mikro"-Löchern im Darm, die die Darmschleimhaut weiter zerstörten, die Darmflora weiter ausdünnten und zu einer noch geringeren Enzymbildung führten. Außerdem bekam ich ein weiteres Problem: eine labortechnisch nachgewiesene **Allergie vom Typ 3 (Allergie mit Spätreaktion gegen bestimmte Nahrungsmittel**). Die Ursache waren die Darmlecks, die zu viele unverdaute Nahrungsbestandteile ins Blut übergehen und dadurch mein Immunsystem gegen sie Alarm schlagen ließen. Die Folge waren noch heftigere Schmerzen und Durchfälle und vor allem eine weitere Einschränkung der Lebensmittel, die ich noch essen konnte. Wegen der Malassimilation, also meiner Grunderkrankung, muss ich schon auf Fleisch, Fisch, Nudeln, Kartoffeln, Reis, Hülsenfrüchte, viele ballaststoffhaltige Obst- und Gemüsesorten sowie auf Fertiggerichte und zu viel Salz verzichten. Auch alles „Fettige" mit gesättigten Fetten kann ich nicht essen. Seit der weiteren Folgeerkrankung, der Typ-3-Allergie, vertrage ich auch keine frische Kuhmilch, Eier, keinen Dinkel und Hafer mehr.

Jetzt stellte ich mir die Frage, was mir noch übrigblieb, zumal ich immer schwächer wurde (vor einem halben Jahr). **Die Ärzte machten mir jedenfalls kaum noch Hoffnung und empfahlen mir einen parenteralen Sondenzugang mit Einnahme von zusätzlichem Kortison!**

Ich war wie geschockt! Nein, das wäre kein Leben mehr für mich!

Durch intensives weiteres Studium im Bereich der medizinischen Ernährung und Nahrungsergänzungsmittel, die ich ja schon bestens als Sportlerin kannte, habe ich es bis jetzt tatsächlich in einem Eigenexperiment geschafft, eine eigene Diätform zu entwickeln, die hauptsächlich auf Nahrungsergänzungsmitteln hochwertigster Qualität beruht und trotzdem versucht, auch noch alle verbleibenden natürlichen Lebensmittel (spezielle Backwaren, Babybreie, hochwertige Öle und MCT-Fette, Nussmus …) sowie als ‚Trinknahrung' ‚Module' und ‚Cubitan' mit einzubeziehen. Meine Küche ist wie eine akribische ‚Molekularküche'. Da ich alle anderen Trinknahrungen aufgrund ihrer Zusammensetzung auch nicht vertrage, nehme ich ‚viel' Kokosöl und MCT-Fette auf … Den tranigen Geschmack überdecke ich durch ein ‚Aromasystem' in Pulverform, mit dem man sogar manche Sondennahrung trinktauglich macht.

Jedenfalls hatte ich seit November 2015 bis Ende des Jahres wieder fast ein Kilo zugenommen. Beinahe ein medizinisches Wunder. Und statt Sonde versuchte ich sogar wieder als selbstständige Ernährungsberaterin ins Berufsleben einzusteigen, um damit auch anderen Betroffenen weiterzuhelfen (ansonsten Beratungsschwerpunkt Sporternährung). Damals konnte ich sogar als ‚Bloggerin' mein Wissen wieder anbringen und war so leistungsfähig, dass sogar reine Indoor-Sportarten (Rollentrainer, Crosstrainer) meine Verdauung und Gesundheit weiter vorangebracht haben!

Allerdings endete dieser Höhenflug schon Anfang März 2016 nach einem halben Jahr, da eine Geschäftsbeziehung aus tragischen Gründen aufs Eis gelegt wurde und ich jetzt wieder ohne Geschäft dastand. Diese Nachricht traf mich wie ein Schock, zumal ich gerade dabei war, den Versuch zu wagen, mein Schmerzmittel „Valoron" abzusetzen! Die Folge war wieder eine schwere Depression sowie eine starke Verschlechterung meiner Symptome.

Doch es passierte noch viel mehr …"

Erfahrungsbericht 2 meiner Erkrankung

(geschrieben im März 2016, beim Versuch das Schmerzmittel abzusetzen)

„Wie lebe ich eigentlich? Was ist der Preis für die Einnahme von 3 x 30 Tropfen „Valoron" täglich, einem Medikament, welches auf der Betäubungsmittelliste steht?

Das Resultat erkenne ich erst, nachdem ich versucht habe, das Mittel abzusetzen! Ich bin bis zu einer Einnahme von 17/16/17 Tropfen am Tag innerhalb von sechs Wochen Reduktionszeit gekommen.

Dann musste ich das Experiment abbrechen: Ich konnte kaum noch schlafen; geplagt von Muskelzittern, extremer Unruhe, Kopfschmerzen; so starken Gliederschmerzen, dass ich kaum noch aus dem Bett kam. Selbst die Darmschmerzen, schlechte Verdauung und die starken Blähungen sind nicht zurückgegangen. Zudem leide ich an ausstrahlenden Schmerzen in die Nierengegend und in den Magen. Mir ist permanent übel, leide an Atemnot. Ich halte es nicht mehr aus und breche eine weitere Reduktion ab.

Doch mein Problem sind nicht nur physische Schmerzen, sondern vielmehr meine extrem schlechte psychische Verfassung: Erst jetzt erkenne ich meine wahre Gefühlswelt, die Person, die ich eigentlich bin mit ihrer Neigung. Ich erkenne zudem mit Schrecken, dass ich seither durch die hohe Dosis des Schmerzmittels wie betäubt und manipuliert war: Die Schmerzen waren zwar erträglicher (wenn ich absolut auf meine saubere Ernährung geachtet habe!); aber ich war nicht ich als Mensch, sondern ich funktionierte wie eine Maschine: Alle Aufgaben am Tag wurden abgehakt, mehr oder weniger gefühlskalt. Nach einer gewissen Zeit nach der Einnahme wurde ich wieder schwächer und orientierte mich schon auf die nächste Dosis, die mich wieder ein Stück weiter ins Leben brachte …

Jetzt bin ich zwar wieder auf der Dosis von 3 x 24 Tropfen am Tag; aber mein Körper und meine Psyche sind völlig durcheinander und fertig; die Schmerzen sind kaum besser. Die Depression dagegen sehr viel größer. Vor allem, weil ich mich jetzt mit meiner Neigung und mir selbst konfrontieren muss und damit absolut nicht klarkomme.

Auch mein dritter Arbeitsversuch in meinem Wissensbereich ist wieder auf tragische Weise abgebrochen worden; das kommt noch dazu.

Momentan habe ich erneut eine so starke Darmentzündung, wie ich sie noch nie hatte, trotz sauberem Essen. Die Verdauung ist noch schlechter, und ich habe aufgrund permanenter Übelkeit kaum noch Appetit und Hunger. Seit Anfang März habe ich das mühsam aufgenommene Kilo wieder abgenommen und wiege nur noch 30 kg!

Trotzdem werde ich die Dosis des „Valoron" nicht weiter erhöhen, weil ich nicht wieder mein Dasein nur gedopt erfahren möchte: Trotz der Probleme will ich mit mir, meinem Körper und meiner Neigung endlich fertigwerden, egal was kommt! Nur stellt sich mir jetzt die Frage: ‚Werde ich es schaffen?' Natürlich bloß mit intensiver therapeutischer Hilfe; aber schaffe ich nochmals eine Wende?

Ein kurzer Blick zurück erklärt meine Ängste:

Aufgrund der erneuten schweren diffusen Darmentzündung musste ich wieder ‚Mesalazin' (Mesalazin [INN], auch 5-Aminosalicylsäure [5-ASA], ist ein Aminderivat der Salizylsäure und wird als entzündungshemmender Arzneistoff in der Behandlung chronisch entzündlicher Darmerkrankungen [Morbus Crohn, Colitis ulcerosa] angewendet.) einnehmen. Doch diesmal beruhigte sich die Entzündung erst nach sechs Tagen der Einnahme. Dafür aber bekam ich zum ersten Mal auch noch sehr starke Magenschmerzen mit stetiger Übelkeit, die sich nach dem Versuch, etwas ‚Flüssiges' zu essen, so steigerte, dass ich das Essen abbrechen musste! Außerdem fühlte sich mein Magen an wie ‚tot'. Nach einem ‚Not'-Arzttermin bestätigte sich die Immobilität mit einer starken Magenvergrößerung durch den angesammelten Speisebrei plus Flüssigkeit. Zudem war ich dehydriert, da das Wasser auch nicht mehr resorbiert wurde. Ich bekam sofort starke Magentabletten für die Peristaltik und eine ‚Schutz-Lösung', da ich ansonsten auch noch eine Gastritis entwickelt hätte! Der Grund sind wahrscheinlich die starke

Darmentzündung, die weiter in Richtung Magen ‚gewandert' ist, und die neue starke psychische Belastung.

Allerdings hatten die Magenmittel auch beträchtliche Nebenwirkungen:

Von den Tabletten bekam ich starke Kreislaufprobleme, sodass ich zweimal fast umgekippt wäre. Die Lösung beruhigte zwar meine Magenschleimhaut, doch der Schleim legte sich auch im Darm auf die eh schon geschädigte Darmwand, sodass ich noch heftigere Blähungen, Flüssigkeitsansammlungen und Durchfälle bekam. Das, was mich am meisten beunruhigte, war das hellrote Blut im Stuhl, welches ich bis jetzt nicht kannte. Also war ich gezwungen, die Magentabletten plus Lösung wieder abzusetzen. Mit der Folge, dass mein Magen einmal mehr im nächsten Zyklus schlapp machte.

Ja, momentan stecke ich in einer absoluten Krise, physisch als auch psychisch! Aber das einzig Gute an der Situation ist, dass ich jetzt endlich zu erkennen versuche, was der Grund meiner schlimmen Erkrankung ist, und ich einen neuen Anfang wagen möchte! Selbstverständlich nicht im Alleingang, sondern mit vielfacher therapeutischer Hilfe. Momentan habe ich einen neuen medizinischen Bereich entdeckt:

Die klinische Psychoneuroimmunologie. Umso mehr ich darüber lese, umso mehr ergibt sich ein eindeutiges Bild meiner Erkrankung, und vor allem bin ich davon überzeugt, dass ich mithilfe der Erkenntnisse dieser Wissenschaft wieder zu mehr Gesundheit gelangen kann!

Ich erkenne auch deutlich, wie wichtig dabei die Psychotherapie ist, und vor allem, dass das Entscheidende meine SELBST-ANNAHME und AKZEPTANZ meines Körpers und meiner Neigung ist!

Aus diesem Grund möchte ich daran jetzt endlich intensiv mit therapeutischer Hilfe arbeiten, da ich von Selbstannahme noch weit entfernt bin und sich diese psychische Verfassung sehr negativ auf mein chronisches Entzündungsgeschehen auswirkt!"

Das Thema Schmerzmittel „Valoron" wird von mir zu einem späteren Zeitpunkt im Jahr 2016 noch einmal

ausführlich aufgegriffen und beschrieben, weil es für mich noch zu einem großen „Kampf" werden sollte ...

Der Telefontermin rückte immer näher und meine Anspannung, meine Angst vor einer Ablehnung wuchs und erstickte mich fast. Um mir Luft zu verschaffen und den Druck etwas zu lösen, schrieb ich einen Brief an mich selbst:

Wie komme ich damit klar, wenn ich eine Ablehnung erfahre?

„Es wird bestimmt nicht leicht für mich. Aber schwerer als jetzt kann es auch nicht mehr werden. Denn es wäre wieder ein Versuch, aufzuarbeiten, zu klären, ein Schritt weiter zu mir zu kommen.

Jetzt ist der Schmerz am größten. Er tut furchtbar weh, zerreißt mir fast das Herz (und meinen Darm), lähmt. Ich habe Angst, nicht mehr atmen zu können, zittere, stehe neben mir und bin unendlich traurig, fühle mich leer, wie ein Vakuum.

Wenn sie mich ablehnt, trotz meinem Versuch, dann hat ihre Entscheidung mit ihrem Herz zu tun, was sie für mich für richtig hält. Dann meint sie es trotzdem gut mit mir und wünscht sich für mich einen anderen schnelleren Weg, auch ohne ihren Kontakt glücklicher zu werden. Dann kann ich es akzeptieren, weil sie mir als lebendiger Mensch ein Signal gegeben hat. Wenn es dagegen zu einem Gespräch kommt, dann wäre dies ihr Wunsch, und das wäre wunderbar.

Ich vergleiche es mit meinem Versuch, das ‚Valoron' abzusetzen. Ich weiß jetzt, dass der Versuch sehr wehtat und auch gefährlich war. Aber ich kann jetzt akzeptieren, dass ich das Medikament wahrscheinlich ein Leben lang nehmen muss, um weniger Schmerzen zu haben. Doch der Versuch allein war unendlich wertvoll für mich, weil ich nur durch diesen Versuch zu mir und meinen Gefühlen geleitet worden bin. Also auf eine Problematik, die mein Leben ganz neu bestimmt und mit der ich mich auseinandersetzen muss, um weiter zu überleben.

Doch welchen Weg schlage ich ein, damit ich die Ablehnung besser verkraften kann?

Gedanken darüber habe ich mir viele gemacht. Doch wenn ich ehrlich bin, dann verdränge ich diese einfach, denn einen richtigen ‚Plan B' gibt es (noch) nicht. Die Hoffnung überwiegt ganz tief in meinem Herzen, dass meine Rettung naht …"

Und es kam der Tag für mich, an dem ich am Telefon einen ersten Termin bei *meinem Engel* *in München vereinbaren durfte!*

Von Anfang an zeigte er unbeschreiblich viel Verständnis für mich, und sein Entgegenkommen, mich wieder „aufzunehmen", war riesengroß …

Der schönste und „bahnbrechendste" Tag in meinem Leben seit Jahren!

Doch vor dem ersehnten Tag am 18.04.2016 bei meiner Therapeutin stand mir noch eine weitere notwendige medizinische Untersuchung in der Klinik bevor.

Ich hatte große Angst vor der Magenspiegelung, noch mehr aber vor einer möglichen schlimmen Diagnose. Ich versuchte mich zu beruhigen, indem ich mich auf meine Vorfreude und mein „Herz" konzentrierte und den nächsten Brief schrieb:

„10.04.2016

Was bedeutet Glück?

Glück bedeutet etwas in seinem Herzen zu fühlen, das einem Mut macht, einen stärkt, ein Lächeln entzaubert. Ein Gefühl der Wärme, des Beistands von einem lieben Menschen, den man verloren geglaubt hat und den man wiedergewinnen konnte. Seine Worte tragen, erleichtern, stimmen einzigartig froh, nehmen den fesselnden Schmerz, verleihen Flügel und sind ein Licht am Ende des dunklen Tunnels. Das Leben hat wieder einen Sinn, den Kampf zu gewinnen für eine bessere Zukunft. Die lieben Worte versprechen Zuversicht, Hilfe. Man ist nicht mehr allein, sondern zu zweit gegen die böse Macht, die einen umzubringen versucht.

Ihr SMS und ihre lieben Worte bauen mich unendlich auf, schenken mir Nähe und Hoffnung. Ihr Bild beruhigt mich, und ihr Lächeln lässt meine Schmerzen kleiner werden. Ich kämpfe erneut an gegen die neuen diffusen starken Schmerzen im Unterbauch. Sie lähmen und machen mir große Angst. Was passiert in meinem Darm?

Ich klammere mich an ihre Hilfe, da ich momentan spüre, dass die Zeit drängt, die Zeit davonläuft, weil die Symptome sich ausbreiten und neue dazukommen. Erst die heftigen Magenschmerzen. Dann gestern die harte Attacke meines Körpers, mich erneut kleinzukriegen. Zwei heftige Durchfallschübe mit schrecklicher Übelkeit. Kurz vor dem Erbrechen versagt mir der Kreislauf, mir wird warm und kalt zugleich, die Beine zittern. Aber wie durch eine unsichtbare gute Macht getrieben erreiche ich noch das Telefon, um meine Eltern zu informieren, die ausnahmsweise heute Abend fortgegangen sind. Ich kippe nicht um, kann mich noch aufs Sofa legen. Nach einiger Zeit wird es mir wieder etwas besser. Aber wie oft halte ich noch durch?

Was wird die Magenspiegelung bringen und was verschweigen?

Was bedeutet der mit Schleim und Blut versetzte Stuhl?

Schaffe ich die Woche, dass ich meine sehnlichst gewünschte Reise nach München antreten kann?

Ich versuche mich wieder auf ihr Bild und ihre Worte zu konzentrieren und kämpfe weiter. Ich habe es ihr versprochen und auch meinem elenden geschundenen Körper!

Ich hoffe auf Schlaf und etwas weniger Schmerzen … Erneut …“

Aber ich war wirklich nicht mehr allein. Noch am Tag vor der Magenspiegelung schrieb mir *mein Engel ihre ermutigenden Worte:*

… ich drücke Dir für morgen alle Daumen und schicke Dir ganz viel Mut und Kraft! Ich denke an Dich und wünsche Dir alles Gute!

… Danke für Deine Briefe, ich habe sie mit Ruhe und Achtung gelesen. Ich bin nicht erschrocken oder geschockt. Ich respektiere Deine Gefühle. Ich bin Deine Therapeutin und bleibe es auch. Alles Gute …

Am Tag nach der Magenspiegelung habe ich die Ereignisse und Ergebnisse in einem Bericht zusammengefasst:

Erfahrungsbericht 3

(geschrieben nach der Magenspiegelung am 13.04.2016)

„Natürlich war und ist mir bewusst, dass ich mit diesen Schmerzen, vor allem den neuen Magenschmerzen nicht mehr länger weitermachen kann. In Absprache mit meinem Hausarzt entschied ich mich für eine Magenspiegelung im Krankenhaus. Schon vor der Magenspiegelung fiel mir auf, dass das Problem jetzt gerade eher die schweren neuen Darmschmerzen mit begleitender Übelkeit und wieder weniger die Magenschmerzen waren. Aber die Magenspiegelung könnte mir endlich auch einen festen Befund für meine Schmerzen und Leiden liefern, da man ja endoskopisch bis in den Anfang des Dünndarms blicken kann!

Psychisch war ich zu diesem Zeitpunkt schon gestärkt und konnte so viel ruhiger die Sache angehen! Der Erstbefund ohne Gewebeproben-Auswertung brachte dann mein Leiden und meine Befürchtung eindeutig an den Tag:

Der Klinikarzt hat folgende Symptomatik/Befunde bis jetzt festgestellt:

Der Magen ist primär Gott sei Dank noch nicht entzündet: Die Magenschmerzen mit Übelkeit kommen von der bisherigen Behandlung mit ‚Mesalazin' für den Darm.

Dagegen konnte er schon im oberen Dünndarm einen eindeutigen Befund für eine seltene Art einer diffus entzündlichen Darmerkrankung feststellen (lymphozytäre Kolitis), die wahrscheinlich schon (nach meinen Symptomen) den weiteren Dünndarm befallen hat und als Folge bzw. Komplikation meiner schweren Malassimilation zustande gekommen ist. Dadurch erklären sich auch die erst seit Kurzem auftretenden schleimigblutigen Durchfälle und starken Unterbauchschmerzen. Eine Behandlung kann nur durch die Einnahme eines Kortisonpräparats und meine weitere strikte ‚Babybrei-Trinknahrung' erfolgen, damit ich überhaupt noch was resorbieren kann.

Genau das wollte ich eigentlich wegen der starken Nebenwirkungen bisher vermeiden!

Mehr kann ich noch nicht sagen; die Gewebeproben-Ergebnisse stehen ja auch noch aus! Momentan habe ich diese permanente Übelkeit, gepaart mit einem Schwächegefühl, die schon beim Essen zunimmt und mich häufig zum Abbruch des Essens zwingt. Dann beginnt der Darm stark in Intervallen zu schmerzen; entweder es folgen die schleimigen heftigen Durchfälle, und die Übelkeit lässt wieder etwas nach, oder wenn der Darm zu ‚wenig arbeitet', zieht er Unmengen an Luft und Flüssigkeit, und die Übelkeit wird fast unerträglich. Dazu kommt dieser brennende permanente Entzündungsschmerz bis in den Unterleib. Intervalle des Frierens wechseln mit Hitzegefühlen ab. Nachts schlafe ich durch meine bessere Psyche wieder besser, muss aber oft raus auf die Toilette und schon um 4 Uhr wieder ‚Valoron' einnehmen, da dann die innere Unruhe und das Muskelzittern unerträglich werden.

Ansonsten nehme ich momentan weder etwas gegen die Entzündungen noch für den Magen.

Ist das wohl die größere Zeitbombe oder die spätere Einnahme von Kortison? Diese Frage treibt mich momentan am meisten um! Außerdem frage ich mich, ob sich das Kortison überhaupt mit meinem ‚Valoron' verträgt.

Meine Psyche hat sich Gott sei Dank weiter stabilisiert. Dieses Glück habe ich meiner wiedergewonnenen Therapeutin zu verdanken. Schon allein der bisherige Fernkontakt wirkt auf meine Psyche wie ein einzigartiges Heil, eine Hoffnung und Beruhigung. Dadurch kann ich jetzt all meine Leiden viel besser ertragen und bin schon einen kleinen Schritt weiter, meinen kranken Körper mehr zu akzeptieren.

Aus diesem Grund sehne ich mich nach München in ihre Praxis!

Eine Kortisontherapie kann ich mir momentan wegen der starken Neben- und langfristigen Folgewirkungen trotz der mehrfachen Entzündungen noch nicht vorstellen. Vielmehr möchte ich jetzt erst den kompletten Befund mit meinem Hausarzt besprechen und vor allem sehr viel lieber erst meine neue sehnlichst gewünschte Therapie in München beginnen.

Dieser einzigartigen Person möchte ich zuerst voll und ganz meine Gesundheit bzw. Krankheit in die Hände legen. Denn ich bin mir sicher, dass nur sie es schaffen kann, mit ihrer Therapie bei mir noch ein Wunder zu bewirken, und das hauptsächlich durch ihre unbeschreiblich positive Wirkung auf meine Psyche! Deshalb vertraue ich zunächst nur ihr meine Gesundheit an, bevor ich weitere harte Medikamente einnehmen werde!"

21.04.2016

Der erste Termin bei *meinem Engel* *am 18.04.2016 war für mich überwältigend und der Beginn des noch langen harten Wegs zu meinem wahren Ich …*

Meine Eindrücke habe ich in einem weiteren Brief niedergeschrieben:

„Was bedeutet ihre Behandlung in München für mich?

Die Reise nach München war für mich wie eine Befreiung. Eine Befreiung aus dem ewig gleichen Diktat meiner Erkrankung. Obwohl ich Angst hatte, ja großen Respekt vor der Umstellung und der ersten Begegnung seit Jahren, wollte ich diesen Termin mit aller Kraft und von ganzer Seele wahrnehmen. Deshalb war ich bereit auch die möglichen Konsequenzen meines Körpers (Schwäche, Übelkeit, Kreislaufprobleme …) zu akzeptieren. Aber mein Wille, ihr zu begegnen und ihre Behandlung wahrnehmen zu dürfen, war diesmal stärker als meine körperlichen Gebrechen. Es war gut, einen Tag auszubrechen aus dem ewig gleichen Trott, auch einmal nur ganz von Trinknahrung zu leben. Aber dafür bekam ich viel mehr geschenkt.

Allein nur die große Stadt München erleben zu dürfen. Und dann die so sehnlichst gewünschte Begegnung. Schon das Haus ihrer Praxis zog mich wie magisch an. Ich war nervös, angespannt und doch schon so befreit und glücklich, endlich vor ihrer Praxis stehen zu dürfen. Ich überlegte mir, was ich sagen und was ich ihr in den 2 Stunden der Behandlung erzählen soll. Obwohl ich ihr doch schon ‚alles' geschrieben habe, wusste ich nicht recht, wie sie auf meinen ausgezehrten kranken Körper reagieren wird. Eigentlich wollte ich meine Anspannung lieber verbergen. Aber ich war letztendlich doch zu schwach an diesem

Tag. Ich hätte auch lieber schreien wollen vor Freude, aber es hat mir doch ziemlich meine Stimme geraubt.

Ja, sie ist wieder meine Therapeutin!

Schon beim ersten Blickkontakt spürte ich in mich hinein und bemerkte, dass sie mir noch immer so unendlich viel bedeutet. Aber das Schöne daran ist, dass diese ‚Bewunderung', dieses Gefühl einfach viel tiefer ist und nichts mit einer ‚einfachen' Liebe zu tun hat. Denn ich bin so weit, dass ich es einsehe und klar weiß, eine Beziehung hätte für mich nicht den Wert. Im Gegenteil. Sie wieder als Therapeutin zu gewinnen ist für mich ein viel größeres Glück! Nur durch ihre zusätzliche Behandlung erfahre ich Heil. Und nur durch eine bessere Gesundheit gelange ich zu mehr Selbstliebe, und erst dann bin ich bereit, vor allem körperlich, einmal eine andere Frau zu lieben.

Worte für Dich:

Trotzdem ist es ein tiefes Gefühl Dir gegenüber als Therapeutin, dass ich nur schwer beschreiben und in Worte fassen kann. Ich denke, es ist eine tiefe Hochachtung und Verneigung. Etwas viel Tieferes als oberflächliche Liebe. Aus diesem Grund ist Deine Behandlung das größte Glück für mich, mehr will und brauche ich nicht! Deine Behandlung war wie eine Lösung von den starken Schmerzen, der Kälte in mir. Kein Mensch wirkt so wie Du. Ich spürte die Wärme auf meinem Bauch, meinen Füßen. Allmählich konnte ich die Anspannung lösen.

Deine Hände auf meinem Bauch waren tiefes Heil. Ich spürte die wohltuende Wärme bis tief in meinen verletzlichsten Bauch. Deine heilenden Hände an meinem Kopf und meine Stirn versetzten mich in ein Schweben, umhüllt von Wärme und einem unbeschreiblichen Gefühl des Glücks und der Freiheit. Gelöst sein von ‚schmerzenden' Gedanken.

Ja, Du bist wirklich da, nimmst Dir so viel Zeit für mich, gibst alles, um mir zu helfen. Es ist Wirklichkeit und kein Traum. Wie im Himmel, losgelöst … In Deinen Händen und in Deinem so liebevoll eingerichteten Praxisraum fühle ich mich sicher, unendlich geborgen, spüre kaum noch Schmerzen. Ich bin nicht allein, denn Du bist da und nimmst mir den Schmerz, das

Brennen, die Härte, die Kälte. Ich fühle mich wie im Himmel, und der Entzündungsschmerz wird wirklich besser.

Deine Worte bewegen … Und führen mich auf den richtigen Weg, ins Leben, bestimmt auch bald zu mir selbst! Du machst mir unendlich Mut. Und das Schönste: Ich darf wiederkommen und noch weiter gesund werden!

Und vor allem: Deine Behandlung wirkt schon nach dem ersten Mal!

Aber es ist nicht nur Deine wundervolle Behandlung. Deine Worte lösen eine regelrechte Gedankenflut bei mir aus, vor allem nach ein paar Tagen:

Ich erkenne plötzlich, wie fern ich dem eigentlichen Leben und mir selbst bin! Du bist so lieb und gut zu mir, dass Du mich mit meiner Neigung und meinem Körper annimmst und mich als erwachsene Person siehst. Damit bist Du meinem Körper und meiner Seele näher als ich selbst. Denn bislang bin ich immer das kleine verletzliche, kranke Kind, dem Tode näher als dem Leben. Wo bleibt meine Gefühlswelt? Wo stehe ich eigentlich? Hat mein abgemagerter, elender Körper nicht auch Liebe und Zuneigung verdient? Bislang ging die gefühlte Welt an mir vorbei. Ich spüre die Einsamkeit und Kälte, die meinen Körper umgibt. Aber Deine Worte regen mich an:

Ich will leben, mich und meinen Körper annehmen, kennenlernen. Ich will lieben lernen, mich als maskuline Frau und auch andere Frauen lieben lernen ohne Wenn und Aber. Als lesbische Frau glücklich durchs Leben gehen. Dann macht es auch nichts aus, dass ich nie mehr Kinder haben kann. Aber einen Mann zu lieben, das kann ich mir nicht vorstellen!

Durch meine Erkrankung habe ich bis jetzt nie eine Beziehung zu meinem Körper aufbauen können. Besser gesagt niemals wollen. Obwohl ich schon immer ein Junge sein wollte, war meine Neigung und erste Liebe zu einem Mädchen mit 14 Jahren wie ein Schock für mich. Ich schämte mich sehr für diese Neigung, und viele Leute in meinem Umkreis sagten mir damals, ‚das ginge vorbei'.

Durch die Erkrankung bin ich jetzt wie ein Skelett, und mein Körper ist zur gefühllosen Maschine degradiert, die zu funktionieren hat, ohne ein Gefühl für mich selbst. Schon im Alter von zwölf Jahren konnte ich mich selbst weder akzeptieren noch im Spiegel ansehen. Deshalb hatte ich auch noch nie irgendwelche sexuellen Kontakte zu einer Frau.

So ‚komisch' es auch sein mag, aber jetzt habe ich eine Verbündete, die mit mir kämpft, meinen Weg zu gehen und zu mir zu kommen. Zu meinem Körper und meiner Seele.

Und diese Verbündete bist Du. Es ist Deine Leistung durch wenige Worte und liebe, geschriebene Zeilen!

Ja, ich will ein neuer Mensch werden. Und der Anfang ist das sanfte Streicheln meiner eigenen Wange …

Danke, lieber *Engel*, als meine Therapeutin von unschätzbarem Wert!"

Und auf einmal durfte ich schreiben, endlich meine Gefühle zulassen, den Panzer um mich ganz langsam öffnen und meine Ängste, die innere Barriere abbauen versuchen. Denn meine Therapeutin antwortete auf meinen Brief:

… ganz herzlichen Dank für Deine lange und offene E-Mail … Ich freue mich sehr mit Dir, wenn es für Dich einen kleinen Schritt vorangeht. Auch der längste Weg beginnt mit dem ersten Schritt.

Ich traue Dir zu, dass Du mutig DEINEN Weg gehst und dass Du selbst spürst, was gut für Dich ist. Denn Du bist erwachsen und hast die Wahl. Treffe eine Wahl für Dich! Nur Du musst mit dieser Entscheidung leben, keiner anderer.

Ich habe Deinen Brief mit Respekt und viel Achtung gelesen, ich bewundere Dich für Deinen Mut und Deine Kraft …

24.04.2016

So gestärkt meine Psyche auch war, mein Körper machte einfach nicht mehr mit.

Er war auf einem Niveau angelangt, das sich allein durch positive Gedanken kaum noch verbessern ließ. Ich suchte verzweifelt nach Erklärungen, fand sie aber (noch) nicht.

Heute weiß ich, dass ich damals noch nicht gesund werden konnte, weil der Zwiespalt zwischen meiner Psyche und meinem Körper noch zu groß war. Durch meine Therapeutin wurde mir ein Weg eröffnet, gehen

musste ich ihn aber selbst. Und die Erfolge der ersten Behandlung waren erst ein allererster Schritt auf dem sehr langen, harten und steinigen, vor allem aber schmalen Grat, auf dem ich mich befand. Denn mein tiefster Wunsch in meinem Herzen, ein Mann sein zu dürfen, war noch in einem eisernen engen Käfig gefangen. Ich selbst konnte den Käfig nicht öffnen. Meine einzige Möglichkeit, meine Psyche zu beruhigen, bestand nur darin, meinen Körper zu hassen, ihn zu kontrollieren und meine Entwicklung zur Frau zu blockieren. Nicht mit meinem Verstand, sondern unbewusst. Ging es meiner Psyche besser, dann konnte ich mich zwar besser an meinem körperlichen Limit halten, aber an Körpergewicht zunehmen und damit weibliche Formen annehmen war unmöglich!

Mein Engel aber schaffte es schon am ersten Termin, meinen Käfig an einigen Stellen zu durchbrechen. Ein kleiner Zugang zu mir war gegeben. Ich bezeichnete mich als „lesbisch“ ... Aber das entsprach nicht meiner Wahrheit. Es war vielmehr noch ein Schutzmechanismus vor meinen eigenen tiefsten Empfindungen, die ich noch nicht aussprechen konnte. Ich verleugnete mich selbst, weil der äußere Druck und die Angst, mich richtig zu „outen“, viel zu groß war. Vor allem aber fehlten mir völlig meine Selbstliebe und das nötige Selbstbewusstsein, mir selbst gegenüber ehrlich zu sein und mein „wahres Ich“ zuzulassen. Ich wünschte mir sehnlichst ein gesunder Mann zu sein, meine schreiende Seele aber verhungerte in meinem längst ausgezehrten abgemagerten Frauenkörper.

Die Therapie *meines Engels bedeutete aber den alles entscheidenden Beginn, ein erster Zugang zu mir war geschaffen. Ich durfte mich öffnen, ganz langsam. Meine Psyche war wie beflügelt. Ich lebte zunächst nur für dieses neue Gefühl des Glücks tief in meinem verletzten Herzen. Meine Schmerzen und Leiden wurden von mir ausgeblendet, und ich wurde immer zäher, härter im Nehmen. Mein Glücksgefühl konnte meinen Körper noch nicht heilen, aber ich wollte aushalten und am Abgrund durchhalten. Zu diesem Zeitpunkt damals noch mehr für meinen Engel*

als für mich selbst, aber damit sicherte er mein (Über-)Leben in einzigartiger Weise von Anfang an …

Noch bevor der ersehnte zweite Termin bei meiner Therapeutin anstand, reagierte mein Körper mit einer nächsten „Attacke":

24.04.2016

Der Kampf meines Körpers gegen die Besserung und meine Psyche

Eigentlich sollte der Tag meiner ersten Einnahme des Kortisonmedikaments etwas Besonderes sein; ja Wertvolles. Ich habe mich dazu entschlossen und gehofft, dass die Nebenwirkungen nicht zu stark würden. Und dann?

Die Rebellion meines Körpers schon am ersten Tag: Natürlich habe ich auf keine Besserung gewartet. Aber das, was war, hätte ich mir nicht gewünscht.

Jetzt sitze ich wieder am Schreibtisch und versuche die Schmerzen „weg"zuschreiben, mich abzulenken. Meine Augen sind müde von der vergangenen Nacht; die Beine schwer. Ich fühle mich wie überfahren, enttäuscht und traurig zugleich. Mein Bauch, vom Magen bis zum unteren Darm, schmerzt und brennt. Es fühlt sich alles an wie tot und wund zugleich. Das wenige Essen liegt wie ein Stein im Magen. Die unverdauten Reste scheinen meinen Darm zu zerschneiden. Der zehrende Schmerz und das Brennen strahlen in meinen Rücken, Nacken und umgekehrt in den Unterleib. Die Haarbalgentzündung war schon lange nicht mehr so heftig. Ich habe Probleme beim Sitzen. Und selbst das Gehen fällt mir heute schwer. Manchmal meine ich, die Schmerzen nehmen mir den Atem. Mein Herz schlägt langsam, zu langsam. Mir ist schwindelig. Eigentlich wollte ich doch so stark sein und mutig: *Ihre lieben Worte klingen immer und immer wieder in meinem Kopf …*

Ja die Psyche will, aber der Körper ist zu schwach! Er wehrt sich gegen jedes Medikament, jede Besserung und Hilfe. Der Versuch, eine einzige gekochte Kartoffel zu essen, scheiterte schon gestern Abend an der ansteigenden Übelkeit. Am späten Abend waren die Bauchschmerzen schon sehr heftig. Statt des

„befreienden" Durchfalls, der mich wenigstens vom Gift befreit hätte, quälten mich die schleimigen Abgänge, wie wenn sich meine Darmwand im Gift aufzulösen versucht hätte. Ich wollte ins Bett; hörte wieder und wieder entspannende Musik. *Meine Gedanken wollten sich auf ihre Worte und Mails konzentrieren, meine Augen suchten verzweifelt im Dunkel ihr beruhigendes Bild. Ich versuchte ihre Behandlung erneut ins Leben zu rufen.*

Aber mein Körper und der Bauch rebellierten; die Schmerzen wurden wieder stärker. Sie zwangen mich aus dem Bett. Ich wollte stehen, konnte aber nur auf und ab laufen, gekrümmt, schwer atmend. Die Kolik zwang mich auf den Boden. Ich wälzte mich hin und her, war völlig fertig und geschwächt, verzweifelt. Eine halbe Stunde harrte ich aus. Am liebsten hätte ich mir mit einem Messer den Bauch aufgeschlitzt …

Dabei wollte ich doch so stark sein und mutig, den Neubeginn wagen!

Dann war die Zeit endlich da, um mir wieder „Valoron" zu geben und einen kleinen „Rettungsbissen" meines Energieriegels. Ich quälte mich zurück ins Bett; *dachte wieder und wieder an ihre Worte* und konnte dann doch völlig erschöpft ein paar Stunden schlafen.

Nach dieser Nacht begann dann wieder alles von vorne. Ich versuche mich abzulenken, zu beruhigen. Mittlerweile bin ich sehr geschwächt, traurig und überlege mir den Grund. Ich denke, es ist diese verdammte „Malassimilation". Ohne Verdauungsenzyme und zu wenig Galle reagiere ich auf dieses Medikament so heftig, dass noch weniger verdaut wird, noch weniger Energie ankommt und die Schmerzreaktion noch heftiger ausfällt. Aber wie komme ich weiter? Was soll ich tun? Ich möchte doch so gern den Kampf gewinnen!

In meiner Verzweiflung hoffe ich jetzt wieder auf „Mesalazin" in Kombination mit einem Magenmittel und vor allem wieder auf ihre begleitende Behandlung in München.

Mein Engel, du siehst, ich kämpfe wieder, gebe nicht auf, ich habe es dir versprochen! Mit deinen heilenden Händen hast du schon mehr bewirkt als alle Medikamente. Du erkennst, in welcher Sackgasse ich stecke. Aber ich denke, ich muss alle Register ziehen: im Kampf für meinen Darm und meine Gesundheit. Mit „Mesalazin" und, wenn es sein muss, mit ausschließlicher Trinknahrung, zumindest für einen bestimmten Zeitraum und vor allem mit deiner Hilfe. Du hast den Beweis der Besserung schon in der ersten Behandlung erbracht! Das ist das Größte für mich und mehr wert als jedes Medikament!

Ich kämpfe weiter für dich und meine Gesundheit. Ich möchte es schaffen …

Und danke dir, dass ich nicht aufgeben kann!

Erfahrungsbericht 4

(geschrieben nach dem Versuch, das Kortisonmedikament „Budesonid" einzunehmen)

„Eigentlich sollte der vergangene Samstag (23.04.2016) für mich ein Schlüsseltag werden. Ich dachte, mit dem Start der Einnahme würde das Erreichen meines ‚neuen Lebens' erleichtert, die Schmerzen weniger und vor allem die Hoffnung, gesünder zu werden, wieder größer. Selbstverständlich habe ich kein Wunder erwartet; ich weiß, dass ich noch viel Geduld brauche; aber mit diesem enormen Rückschlag hätte ich nicht gerechnet!

Schon der erste Tag der Einnahme war eine Herausforderung für mich. Mein Zustand verschlechterte sich von Stunde zu Stunde; die Übelkeit nahm bis nachts bis zur Kolik zu; ganz abgesehen von den zehrenden Bauchschmerzen.

Ich versuchte mich durch meine verbesserte Psyche zu stützen, aufzubauen. Ich hoffte, dass morgen alles wieder leichter sein würde …

Vor Verzweiflung habe ich wieder einen Brief geschrieben; im Zusammenhang meines ‚neuen Lebens' und meiner hilfsbereiten Therapeutin. Zumindest das Schreiben wirkt beruhigend; vor allem das Wissen, dass es einen Menschen gibt, der das Geschriebene liest, wie wenn man einen lieben Zuhörer hätte. Auch mit lieben, aufbauenden Worten und guten Ratschlägen kommentiert. Daran habe ich am meisten festhalten können, und auch beim Schreiben dieses Berichts ist es eine Heilwirkung und leichte Befreiung von meinen erneuten Ängsten:

Der Sonntag war absolut nicht besser. Im Gegenteil: Alles, was ich mühsam und in gutem Gewissen gegessen bzw. als Trinknahrung getrunken hatte, lag wie ein Stein im Magen; das Unverdaute von gestern im Darm. Die Schmerzen zogen hin und her; vom Magen in den Darm und umgekehrt. Das Völlegefühl nahm zu, und es sammelte sich immer mehr Flüssigkeit im Darm. Dazu kamen noch starke Blähungen … Aber das Kortison war ja schon eingenommen.

Obwohl es erst der zweite Tag war, fühlte ich mich immer elender und schwächer, und ich bekam große Angst!

Die Nacht in den Montag war sehr schlecht; habe kaum geschlafen, war häufig auf. Am Montagmorgen habe ich dann einen „Nottermin" bei meinem Hausarzt vereinbart, auch um endlich den Klinikbefund mit ihm zu besprechen. Aufgrund meines sehr schlechten Zustands habe ich mich entschieden heute nur Trinknahrung aufzunehmen. Doch mein Körper zeigte mir deutlich, wo es langgeht! Heute hatte ich keine Chance gegen ihn!

Nach der Besprechung mit meinem Hausarzt konnte es mir nicht besser gehen, denn seine Meinung war:

‚Dass die Kortisonbehandlung aufgrund meines Zustands abgebrochen werden müsse. Außerdem war seine Meinung, dass es für meine Erkrankung nicht das geeignete Mittel sei, und zwar aus dem Grund, wie ich ihn schon in meinem Brief beschrieben habe: Meine Grunderkrankung sei nicht die Entzündung, sondern die „Malassimilation". Erst dadurch käme es in Folge zu immer mehr Entzündungen, die ihrerseits die Malassimilation verschlechtern würden. Kortison aber verschlechtert zunächst die Verdauung noch mehr. Ich hätte dagegen nichts mehr entgegenzusetzen; weder ausreichend Enzyme noch Resorptionsoberfläche oder Transporter und zu wenig Galle! Das wurde nicht richtig berücksichtigt. Natürlich müsse man die Entzündungen bekämpfen; aber dann doch wieder im Versuch mit „Mesalazin" und zur Unterstützung des Magens ein Magenmittel!‘

Zudem würde er gerne die Verbindung für ein Gespräch mit den Klinikärzten herstellen. Allerdings beruhigte mich das nicht sehr! Jedenfalls war und bin ich momentan wirklich sehr verzweifelt. Da habe ich gehofft, einmal wieder mehr essen zu können, und kämpfe jetzt sogar mit meiner Trinknahrung!

Der Montag war jedenfalls vollends das Ende meiner Hoffnung: Kurz nach dem Versuch, die Trinknahrung aufzunehmen, wurde mir sterbensschlecht, und ich musste mich übergeben mit mehrfachen heftigen Durchfallschüben …

Völlig fertig, geschwächt und unendlich enttäuscht verlief der Tag nur noch auf dem Sofa und dann schnell im Bett.

Selbst heute am Dienstag ohne Kortison sind die Nachwirkungen noch so stark, dass gerade bezüglich meiner Verdauung gar nichts mehr geht und die starke Übelkeit sowie die zehrenden Schmerzen vom Magen bis in den Unterleib mein ständiger Begleiter sind!

Ja, ich habe gerade wieder große Angst. Bleibt mir wirklich nur ein Leben mit Trinknahrung übrig? Kann ich so überhaupt überleben, und wo bleiben meine neuen Ziele?

Vielleicht gibt es nur eine Lösung: Die Einnahme von ‚Mesalazin' plus Magenmittel plus Valoron und dabei eine extrem minimierte, konzentrierte, künstliche Ernährungsform …

Und für meine Psyche und zur Linderung meiner Schmerzen die Behandlung meiner lieben Therapeutin in München: Für dieses Glück und Geschenk eines neuen Überlebenswillens möchte ich weiterleben und die Ängste bezwingen, dass es nicht mehr weitergeht!"

Meine Therapeutin antwortete mir mit den absolut richtigen Worten. Vor allem wollte sie nicht, dass ich meine Kräfte überschätzte. Sie nahm mich auf, und ich bekam auch ihre volle Unterstützung. Aber natürlich musste ich in meinem „extremen" Zustand allein die Verantwortung übernehmen, für weitere Termine bei ihr stets die große Reise nach München anzutreten. Und sie hatte auch damit recht, dass ich mir zusätzlich zu ihrer Behandlung weitere medizinische Hilfe holen sollte.

Und ich war ja zäh, und es ging tatsächlich wieder etwas bergauf!

Ich schrieb ihr:

28.04.2016

„... Ich kann Dir heute etwas Positives schreiben! Es geht mir wieder besser, und ich denke, dass ich das Schlimmste (zumindest momentan) überstanden habe!

Das Medikament ‚Mesalazin' schlägt schon etwas an; d. h. die Übelkeit ist besser bzw. erträglicher, und ich kann wieder meine Trinknahrung zu mir nehmen! Wenn ich das Medikament weiter vertrage, müssten die Entzündungen bis in 3–4 Wochen bedeutend besser sein, sodass sich meine Malassimilation zumindest nicht mehr verschlechtern wird!

Du hast durch Deine ermunternden Worte auch wieder viel in meinem Kopf bewirkt! Ich bin gerade wieder in intensivem Kontakt zu meinem Hausarzt (eine Stuhlprobe habe ich auch noch abgegeben; da er sich davon noch mehr Infos verspricht) und habe ihn gebeten, dass er mich schnellstmöglich zu einem Gespräch mit dem Arzt der Gastroenterologie in der Klinik überweist. Ich habe vor, mit ihm offen über eine stationäre Aufnahme (in einer Spezialklinik; ich habe mich schon umgehört) zu sprechen. Ich möchte wissen, ob es dadurch für mich eine Verbesserung gäbe oder ob es wirklich nur eine Zukunft mit künstlicher Ernährung gibt. Aber o. k., auch das würde ich schaffen, bzw. ich habe den Entschluss gefasst, auch das auszuprobieren. Das ist wieder Dir zu verdanken! Du stärkst meinen Willen gerade aufs Neue sehr, weil ich weiß, Du bist bei mir, wenn auch hauptsächlich nur in der Ferne ...

Natürlich hast Du auch recht, dass mir die üble Anorexie noch lange ‚nachhängt' ...

Egal, ich möchte jetzt annehmen, was kommt; schlechter kann es fast nicht mehr werden, und sterben möchte ich nicht!

Herzlichen Dank nochmals für so viel Kraft und Zuspruch! Aber ich nehme jetzt wieder einen neuen Anlauf, obwohl ich mir manchmal so schrecklich schwach und als ‚Loser' vorkomme!

Ich freue mich riesig auf München; ich denke, bis dahin schaff ich die Anfahrt wieder ohne Probleme, ohne mich zu übernehmen! ..."

Ich schrieb und schrieb ... Ich hatte endlich einen Zuhörer und Leser zugleich!

Aber es bedeutete für mich nicht nur eine Befreiung, Lösung. In mir wuchs auch zunehmend der Gedanke, dass es für meine Therapeutin zu viel sein könnte. Tief in meinem Herzen bekam ich eine riesige Angst, *meinen Engel* *wieder zu verlieren, bevor meine Therapie bei ihm richtig beginnen durfte. Ich wollte ihm ehrlich meine Gefühle und Ängste in einem weiteren Brief versuchen zu erklären:*

29.04.2016

Ein weiterer persönlicher Brief an meinen *Engel*

„Der Grund meines Briefes ist diesmal gerade das ‚Wieder' meines Schreibens. Der Brief dient eigentlich auch als Entschuldigung Dir gegenüber und als Erklärung meiner Gefühle bezüglich meiner vielen E-Mails und Briefe und vor allem auch bezüglich meiner Ängste. Ich weiß nicht recht, wie ich Dir das erklären soll. Aber momentan habe ich einfach Angst, dass ich Dir zu viel schreibe und zu ‚offen' meine Gefühle und Gedanken übermittle. Denn ich weiß, dass ich in den letzten Wochen viel von Dir abverlangt habe. Vor allem viel Zeit und Mitgefühl. Ich sehe ein, dass dieses Verhalten von mir nicht selbstverständlich ist; denn ich habe Dich wirklich fast schon bombardiert mit den vielen Mails, Briefen und Berichten. Deshalb habe ich momentan Angst, dass ich Dich zu sehr belaste, bedrücke und vereinnahme; zu viel Zeit von Dir in Anspruch nehme. Aber ich befinde mich dabei in einem großen Zwiespalt meiner Gefühle: Einerseits möchte ich Dich nicht umklammern, niemals verletzen und verängstigen. Es ist ein so großer Wunsch in meinem Inneren, dass ich Dein Privatleben unangetastet lassen möchte und ich Dir nichts sehnlichster wünsche, als dass Du ein glückliches, gesundes Leben hast. Dazu weiß ich, darf ich Dich nicht zu sehr vereinnahmen, und ich möchte Dir eigentlich auch mehr Ruhe schenken. Andererseits bedeutest Du mir als Therapeutin so unendlich viel (das habe ich dir ja schon zu erklären versucht), und dabei hast Du in meinem Innern schon so viel bewirkt, dass ich immer den Wunsch habe, Dir ständig schreiben zu müssen, zu berichten, was Du bei mir erreicht hast, wie es mir geht. Die Erklärung zu diesen zwiespältigen Gefühlen ist nicht einfach zu beschreiben. Aber ich denke, seit Du den Kontakt zugelassen hast, bin ich wie ein anderer Mensch. Ich bin wieder in meiner Gefühlswelt, erkenne so viel Neues über mich; bin endlich auch wieder glücklich, kann wieder lachen und weinen und vor allem meine Krankheit ganz anders wahrnehmen! Deine Worte sind so aufbauend, aber auch ehrlich, und das bringt mich sehr voran.

Früher konnte ich nie Gefühle zeigen. Die Abneigung gegen mich und meinen Körper war riesengroß. Auch eine künstliche Ernährung oder sogar eine stationäre Aufnahme in einem Krankenhaus waren für mich absolute Tabuthemen …

Du aber hast es geschafft, all das bei mir zu lösen, und jetzt bricht alles aus mir heraus; manchmal wahrscheinlich auch zu viel und heftig für Dich. Aber bisher habe ich immer alles in mich hineingefressen und unterdrückt. Ich komme nicht raus und habe niemanden, mit dem ich reden kann. Jetzt allerdings habe ich Dich wiedergefunden, und ich habe den Eindruck, niemand versteht mich so wie Du. Ich habe mir Dich als „Gesprächspartnerin" immer so gewünscht. Und jetzt ist es Wirklichkeit für mich, und ich darf mich öffnen. Allerdings ist es bestimmt für Dich häufig zu viel. Doch ich kann einfach diesem Ansturm meiner Gefühle oft nichts entgegensetzen, und dann schreibe ich halt schon wieder; es ist manchmal wie ein Wasserfall, der aus mir ausbricht.

Aber das tut mir sehr leid für Dich! Bitte entschuldige und verzeihe mir dieses Verhalten des ‚Umklammerns'. Ich denke, mit Deiner Unterstützung bin ich auf dem richtigen Weg, gesünder zu werden. Und wenn das eintritt, kann ich Dich bestimmt auch besser loslassen. Aber momentan bist Du der allerwichtigste Mensch für mich. Ich könnte Dir und möchte Dir durch meine vielen Mails und Briefe auch niemals wehtun, Dich mit Worten verletzen. Im Gegenteil: Ich würde für Dich durchs Feuer gehen und nehme alles an, weil es auch Dein Wunsch ist, dass ich gesünder werde. Aus diesem Grund kann ich Dich momentan einfach noch nicht loslassen, auf eigenen Beinen stehen. Ohne Dir Druck machen zu wollen, bitte verstehe mich richtig, brauche ich Dich momentan als meine Therapeutin mehr denn je. Du bist in meinem Herzen so tief verankert, dass ich Angst habe, Dich als meine Therapeutin wieder zu verlieren, weil ich so viel schreibe, auch über meine Gefühle.

Aber ich war vorher eine ‚Gefangene in mir selbst', und Du hast schon einen Zugang geschaffen, auch endlich neue Wege gehen zu dürfen. Niemand berührt meine Seele tiefer als Du. Niemand hat bislang so viel bei mir erreicht. Und dafür muss und möchte ich Dir einfach immer und immer wieder danken. Bei jedem Schreiben ist das einfach dabei, weil ich nicht anders kann ohne diese Wiederholung. Aber ich habe auch Angst, Dich zu nerven, Dir zur Last zu fallen, Dich zu erdrücken. Das ist nicht gewollt, obwohl ich Dich manchmal gerne festhalten würde und nie mehr loslassen. *Ich bin ehrlich zu Dir, und das sind momentan meine größten Ängste!* Ich habe größere Angst davor, dass Du mich vielleicht ablehnen könntest, weil es Dir zu viel wird, als vor noch Schlimmerem bezüglich meiner Krankheit!

Ich hoffe sehr, dass Du mich mit diesem offenen Brief jetzt noch besser verstehst, warum ich Dir so viel schreibe und wovor ich Angst habe. Bitte verzeihe mir meine ‚Aufdringlichkeit', und ermögliche es, dass Du mir als Therapeutin mit Deinen weiteren tiefgreifenden, erlösenden und heilenden Behandlungen noch lange erhalten bleibst …"

Die Antwort meiner Therapeutin entsprach wieder ihrem großen Feingefühl. Aber noch viel mehr ihrer tiefen Überlegung und einzigartigen Fähigkeit, mir zu helfen. Sie ließ mich nicht im Stich, weil sie zu diesem Zeitpunkt schon meine Gefühlswelt besser zu deuten wusste als ich selbst. Allerdings war es von ihr auch sehr wichtig, dass sie mir immer wieder klare Grenzen setzte. Mit meinem Verstand sah ich diese Grenzen auch, aber in meinem Herzen schienen sie schon im nächsten Moment zu zerfließen:

… nun hatte ich Zeit, mit Ruhe Deinen Brief zu lesen …

Ganz, ganz vielen Dank für diese Offenheit, Deinen Mut und Deine Ehrlichkeit.

Ich habe Deine Ängste gehört und kann sie auch nachvollziehen. Aber Du brauchst dich nicht ständig dafür zu entschuldigen, dass Du Dich bei mir meldest/mir schreibst etc.!

Ich bin erwachsen und habe die WAHL! Wenn es mir zu viel wird, dann sage ich es! Keine Angst, ich gehe nicht einfach weg oder lasse Dich im Regen stehen, wie es Dir wahrscheinlich schon sehr oft in Deinem Leben ergangen ist. Als Therapeutin bin ich gerne für Dich da, so gut ich kann und soweit es mir möglich ist … Das habe ich Dir immer gesagt, und dazu stehe ich auch! Ich kann Dir nicht immer antworten oder stehe immer tel. zur Verfügung … Aber das erwartest Du ja auch nicht, und ich fühle mich NICHT bedrängt/genötigt etc. Bitte überlasse MIR, was ich empfinde oder fühle … Ich sage Dir Bescheid, wenn mir etwas zu viel wird. Sorge Du Dich bitte um DICH! Nicht immer um andere … was der denkt oder der sagt … oder was jetzt alles sein könnte … Wie ich gestern gesagt habe: Wir wissen alle nicht, was kommt … Deswegen: Bitte hör auf, Dir MEINEN Kopf zu machen!!

Du brauchst keine Angst zu haben, ich bin da, und ich bleibe. Dein Gefühl nach Sicherheit ist verständlich, weil Dir die Sicherheit in Dir (in Deinem Zuhause) fehlt … Das ist sicherlich auch ein Thema, an dem es sich zu arbeiten lohnt …

Aber eins nach dem andern.

Ich bin und bleibe Deine Therapeutin! Aber die berufliche Ebene wird unsere Beziehung nie gehen, das denke ich, weißt Du …

Ich würde mich sehr freuen, wenn DU Dich auf Deinen Weg machst, ins Leben … Wenn Du anfängst, erwachsen zu entscheiden, Verantwortung für Dich und Dein Leben übernimmst … Das wäre eine sehr große Freude für mich. Aber bitte tu es für DICH und nicht mir zuliebe? Du musst entscheiden, ob Du leben willst oder nicht … Nur DU kannst diese Entscheidung treffen! Kein anderer sonst! Denn Du bist erwachsen und hast die Wahl – wähle! Rechts oder links? Du schaffst das. Ich habe das Vertrauen in Dich, dass Du Deinen Weg gehst … Dazu brauchst Du Kraft und Energie – deswegen ist es so wichtig, dass Du Dir Unterstützung holst …

… schreib mir, wenn Du magst … ich antworte, wenn ich kann, o.k.? …

02.05.2016

Die zweite Behandlung bei *meinem Engel wurde für mich zu einer alles entscheidenden für meinen gesamten Weg. Er schaffte es, bei mir einen Stein ins Rollen zu bringen, dessen gewaltige*

Folgen für mich noch viele weitere Jahre tiefe und harte „Verarbeitungszeit" bedeuten sollten. Aber nur dadurch, dass dieser Fels, der zusätzlich meine Identität erdrückte, gesprengt wurde, erhielt ich den Zugang zu meinem „wahren Ich".

Mein folgender Brief brach mein Schweigen zum ersten Mal nach 16 Jahren und löste meine „zusätzliche" tiefste innere Qual:

Nach der zweiten Behandlung bei meiner Therapeutin: Die „ganze" Wahrheit tief aus meiner Seele ...

„Lieber *Engel*,
Deine zweite Behandlung war noch wertvoller und tiefgreifender für mich. Und zwar aus mehreren Gründen: Du behandelst bei mir nicht nur meinen Körper, sondern auch noch meine Psyche in doppelter Hinsicht. Körperlich war alles wieder wie im Traum. Gerade jetzt, da ich mich als ‚Versuchsobjekt' zwischen verschiedenen ärztlichen Meinungen fühle, wirken Deine heilenden Hände wie Balsam auf meinem ausgezehrten Körper. Schon morgens auf der Fahrt nach München war meine Übelkeit viel erträglicher, weil ich wieder zu Dir durfte und ich wusste, dass Du mir wieder viel helfen würdest. Und so war es dann auch: sogar noch tiefer, als ich dachte. Ich konnte langsam, aber sicher völlig entspannen, loslassen, genoss die ruhige, heimelige Atmosphäre, die wunderschöne Musik. Ich konnte mich fallen lassen, war eingebettet in Wärme, und ich war bei Dir. Alles andere wich in diesem Moment von mir. Auch meine Schmerzen, die Verkrampfung, meine Ängste. Ich spürte nur unendliches Glück, war umgeben von einer heilenden Aura, die Deine Hände formten. Ich hatte wieder den Eindruck, dass mich kein Mensch mehr versteht als Du. Schon allein Dein lieber Blick genügt, und alles um mich herum ist wie Seide, wie Geborgenheit und heilendes Licht. Gegenüber Dir fühle ich mich einerseits so klein und schwach, auf der anderen Seite aber auch unendlich sicher, geschützt. Es ist wie ein Schweben ohne Raum und Zeit und ohne Schmerzen …

Genau dieses Glück zu empfinden, habe ich mir so lange gewünscht. Ich habe es Dir zu verdanken, dass sich mein Kampf und die vielen traurigen, schlaflosen Nächte voller Tränen gelohnt haben und Du wieder meine Therapeutin bist!

Aber meine Psyche erkennt erst jetzt durch Deine ehrlichen Worte, in welcher Lage mein Körper nun ist. Das ist genauso viel wert wie Deine körperliche Behandlung. Denn ich fühle, wie ich bis jetzt häufig noch nicht richtig behandelt wurde, durch Ärzte, die sich einfach in meinem Fall nicht sicher waren, sich aber auch leiten ließen von meiner Angst, in eine Klinik zu müssen.

Jetzt merke ich, wie meine eiserne Fassade zusehends bröckelt, wie ich die große Schwäche meines Körpers, der am Ende ist, nicht mehr verbergen kann und dies auch nicht mehr WILL! Ich will endlich zu Spezialisten, wissen, was man noch retten kann. Ohne Angst vor einer Klinik oder einer Phase mit reiner künstlicher Ernährung. *Endlich kann ich sagen: Ich kann nicht mehr, ich schaffe es nicht mehr aus eigener Kraft! Aber ich will weiterleben, und ich weiß, dass auch Du bei mir bist und mir hilfst, und nur durch Dich bin ich endlich zu dieser Einsicht und dem festen Willen gekommen. Es ist zwei vor zwölf Uhr, Du hast so recht!*

Ich spüre wie mich die Medikamente fertigmachen, jeden Tag schwächer machen. Statt zu heilen, habe ich noch mehr Schmerzen, mir ist noch übler, kann noch weniger essen. Sie wirken genau gegen Deine so heilvolle Therapie. Aber das lasse ich nicht mehr zu! Am 13. Mai habe ich das (früheste) Gespräch mit den Ärzten der Gastroenterologie, und ich gehe offen aufs Ganze. Das hast Du allein bei mir bewirkt, weil nur Du dich neben meinen Eltern wirklich um mich sorgst und mir mein Leben retten willst. Wie soll ich Dir das danken?

Deine dritte große Leistung und Hilfe sind wahrscheinlich von ihrer Auswirkung auf meine Erkrankung und für meine ‚Annahme' von unschätzbarem Wert von Dir für mich:

Die Tiefe dieses ‚Vorfalls' erkenne und bemerke ich erst jetzt richtig. Vor allem auch die Dimension der Verletzung mit all ihren Auswirkungen … Du hast es schon bei der ersten Behandlung geschafft, meine stehenden, ziehenden und brennenden Unterleibsschmerzen, die immer und immer wieder auftreten, gepaart mit ständigen Entzündungen, merklich zu lindern. *Weil ich diese Schmerzen schon zu meinem Alltag gezählt hatte und fast schon ignorierte, bin ich erst durch die Linderung aufgewacht, und Du hast damit einen Stein, ja einen Fels, bei mir ins Rollen gebracht.*

‚Alles' steht wieder klar vor mir: Dinge, die ich jahrelang ganz tief in meinem Inneren verborgen, eingesperrt hielt; über das ich noch mit niemandem reden konnte. Du hast es geschafft, mich jetzt zu öffnen. Ich spüre ein so großes Vertrauen zu Dir, dass ich wusste, jetzt ist der Moment gekommen, wo ich alles rauslassen möchte und darf:

Die ganze Qual und der Fels, der mich zu erdrücken scheint. Der mich schon jahrelang quält und lähmt, der Wahrheit ins Gesicht zu sehen.

Schon während der letzten Behandlung vorsichtige Worte, die mir fast die Kehle zuschnürten …

Aber heute möchte ich Dir die ganze Geschichte beschreiben, diese Last etwas heben und mich in kleinen Schritten zu befreien versuchen.

Es war mit 23 Jahren. Damals war ich meiner Neigung schon sehr bewusst und ging leidenschaftlich gern zum Sport, um hauptsächlich an meiner ‚maskulinen' Figur zu arbeiten. Meine Anorexie hatte ich zu diesem Zeitpunkt ziemlich gut unter Kontrolle (eine Hochphase nach dem Abi) und wog ca. 38 kg. Meinen Oberkörper hatte ich ‚gut im Griff', und ich genoss es, mit Jungs über Sport, Fitness und Leistung zu diskutieren. Sie waren schon immer meine besten Kumpels. Gleichzeitig hatte ich ein ‚Auge' auf hübsche Mädchen, vor allem mit durchtrainierter Figur. Auch merkte ich sehr schnell, dass ich die Duschräume bei den Frauen nach dem Sport mied. Ich gehörte nicht dorthin und wollte mich selbst auch nicht provozieren …

Eines Tages fragte mich ein Kumpel, ob er nicht mal zu mir kommen dürfte, um ein bisschen zu reden. Ich zögerte nicht lange, weil ich mir nichts weiter dabei dachte; auch nicht, als er sagte, er werde abends kommen nach dem Geschäft.

Ja, er kam an diesem Abend … zu mir in meine Wohnung. Wir redeten am Anfang über ‚Gott und die Welt', aßen ein Stück Kuchen …

Dann ging alles ziemlich schnell, und ich merkte, dass mir bis heute bestimmte Zeitabschnitte noch durch diesen schlimmen ‚Blackout' in meiner Erinnerung komplett fehlen. Jedenfalls zwang er mich, mich auszuziehen, und versuchte mich zu küssen. Ich versuchte mich zu wehren, aber er war sehr stark. Dann hielt er plötzlich inne und befahl mir, ich solle die Haustüre verschließen … Ich gehorchte ihm voller unbeschreiblicher Angst wie in Trance …

Was dann geschah, ist mit Worten nur schwer zu beschreiben … Ich wollte fliehen, flehte ihn an, er solle mich lassen … Ich versuchte mich verzweifelt zu befreien, ihn wegzustoßen; aber ich war zu schwach … Ich hatte entsetzliche Schmerzen – einem Messer gleich … Ich war ihm ‚schutzlos' ausgeliefert, und er wurde zum ‚Tier' …

Ich musste weinen, wollte eigentlich schreien, aber ich war gelähmt, in mir tot. … Er dagegen ließ nicht locker, konnte noch nicht aufhören und zwang mich am Ende zu einer Form von Sex, die ich kaum aussprechen konnte und bis heute nicht niederschreiben kann. Vor allem, weil ich bis heute bei den Gedanken eine Übelkeit bis kurz vor dem Erbrechen bekomme … Am Ende lag ich da, fast in Tränen erstickt, und ich hatte fürchterliche Schmerzen …

Ich weiß heute nicht mehr genau, wie die Tage danach für mich waren. Denn seit diesem schrecklichen Ereignis hatte ich für viele folgende Zeitabschnitte komplette ‚Blackouts', also Tage, an die ich mich nicht mehr erinnern kann. Jedoch ließ ich mir nichts anmerken gegenüber meiner Umwelt; auch meinen Eltern sagte ich damals, es sei ‚nichts gewesen'. Die Angst und Scham waren wie ein lähmendes, unüberwindbares Felsmassiv, das mich davon abhielt, die ‚Wahrheit' damals gleich offenzulegen …!

Allerdings war danach alles anders:

Ich begann meinen Körper ‚vollends' zu hassen, noch mehr als vorher. Mein Bild der ‚maskulinen Frau', die sich nach einer ehrlichen Frauenliebe sehnte, war mehr als zerstört. Ich konnte es nicht fassen, was geschehen war. Ich war geschockt, zutiefst gedemütigt, erniedrigt und verletzt. Meinen ersten ‚sexuellen Kontakt' hatte ich mir ganz anders vorgestellt, vor allem niemals mit einem Mann, und dann auch noch so!

Seit diesem Zeitpunkt kamen diese stechenden Unterleibsschmerzen immer und immer wieder plus die Entzündungen, wegen derer ich sogar vielfach den Frauenarzt aufsuchte. Er konnte mich aber nicht einmal richtig untersuchen …

Ich war wie versteift; alles unter meinem Bauchnabel hasste ich fortan noch mehr. Es war die schmerzende ‚Tabuzone', die nicht zu meiner Person gehörte, zu meinem Kopf passte!

Nur meine Beine waren fortan noch wichtiger: Das Jahr 2001 wurde zu meinem erfolgreichsten und gleichzeitig letzten sportlichen Höhepunkt im Ausdauersport. Ich rannte und radelte vielen davon, hauptsächlich mir selbst. Ich trainierte wie besessen neben meinem Studium, und ein Wettkampf folgte dem anderen. Was für mich noch existierte, war akribisches Lernen für das Studium und hartes Training plus Leistung bis zum Umfallen … *Ich war auf der Flucht vor mir selbst und meinem Körper! Die Verletzung war bei mir so groß und tief vergraben, dass es Jahrzehnte gebraucht hat, dies endlich zu erkennen und rauszulassen!*

Ja, lieber *Engel*, Du bist der Einzige, der diese ‚Wahrheit' jetzt von mir in diesem Brief erfährt, weil Du genau diese Schmerzen schon merklich gelindert hast und ich nur zu Dir dieses tiefe Vertrauen entwickelt habe und erst durch Dich an diesen ‚Kern' kommen konnte.

Ich glaube, ich muss für heute aufhören zu schreiben, da ich jetzt fix und fertig bin, aber auch unendlich froh, Dir darüber schreiben zu dürfen. Ich bin jetzt schon viel erleichterter, aber ich kann damit noch nicht umgehen; mit mir und dieser ‚Zone'. Ich denke. es kostet noch viel Arbeit und es ist ein Prozess, der bestimmt lange andauern wird!

Ich danke Dir von Herzen, dass ich Dir das alles schreiben, sagen und mit Dir weiter an meiner Zukunft und meinem ‚Ich' arbeiten darf!"

Obwohl *mein Engel keine psychotherapeutische Ausbildung hatte, half er mir durch sein einzigartiges Verständnis und sein Gespür für meine tiefsten Probleme mehr als alle Psychotherapien*

meiner Vergangenheit zusammen. Denn sie waren bislang alle aus dem Grund erfolglos, weil niemand meine Grundproblematik erkannte. Wobei der Schlag der Vergewaltigung meine eigentliche Identitätssuche erst auf tragische Weise verschlechterte und unter sich begrub! Ich gewöhnte mich daran, zu schweigen, mich komplett zu verschließen, weil meine zunächst noch vorsichtige innere Stimme nach außen (von ausgebildeten Psychotherapeuten) nie angehört wurde, vielfach sogar als „lächerliche Phase" dargestellt wurde. Mein Schrei verstummte in mir selbst.

Nur *mein Engel konnte mir helfen, weil er die Fähigkeit besitzt, einzig und allein durch sein Gefühl zu erkennen, zu sehen und zu helfen.*

Er antwortete mir in einem langen E-Mail auf meinen Brief:

„… ich möchte Dir erst mal ganz, ganz herzlich danken. Danken, für Dein Vertrauen in mich und Deinen MUT!

Ich bin sehr stolz auf Dich!!! Du hast einen riesengroßen Schritt mit diesem Brief gemacht, einen Schritt in Richtung HEILUNG. Denn dafür ist es wichtig, Dir bewusst zu werden, woher diese Erkrankung kommt und was Dir Dein Körper eigentlich damit zeigen will …

Du hast es erkannt. Du hast nun eine Idee. Und das ist etwas ganz, ganz Wertvolles und Wichtiges! Bitte lies diesen Brief nicht noch mal, durch diese Schmerzen solltest Du nicht noch einmal allein durch … Es gilt nun, das, was war, in Dein Leben zu integrieren … Und Dir selber zu verzeihen … zu verzeihen, dass es passiert ist. Du konntest nix dafür. Es ist passiert. Du konntest Dich nicht wehren, weil Du körperlich zu schwach warst. Bitte verzeih Dir.

Vielleicht kannst Du laut sagen: Ich verzeihe mir, und ich liebe mich.

Das ist ganz schwer – das weiß ich … vielleicht magst Du es einfach versuchen. Jeden Tag … einfach sagen, auch wenn Du es nicht glaubst … probieren … Das würde Dir bestimmt helfen.

Nun verstehst Du vielleicht auch besser, warum die Nahrungsaufnahme so schwerfällt … nach diesem schrecklichen Erlebnis … alles in Deinem Körper wehrt sich, es ekelt Dich, Du hasst alles … wie soll dann Deine Nahrungsaufnahme funktionieren? Alle Zellen in Deinem Körper sind auf etwas anderes programmiert … das ist doch ganz verständlich. Darin liegt aber auch Deine große Chance … Die Chance, zu erkennen, wozu Du diese Krankheit hast, wozu sie Dir dient. Wenn Du das erkennen kannst, und ich glaube, das hast Du … dann wirst Du gesund werden!

Ich bin unglaublich froh, dass Du langsam die Dinge zulässt und bereit bist, durch den Schmerz hindurchzugehen, damit er besser wird … Allein solltest Du das jedoch nicht tun, bitte! Ich bin für Dich da, und wir stehen das zusammen durch …

Natürlich arbeite ich gerne mit Dir weiter an diesem Thema, ich habe es ja nonverbal schon getan … ich spüre ja die Spannung in Deinem Körper … auch die Erschöpfung und Kraftlosigkeit … Du hast so lange Jahre gekämpft, dir jegliche Hilfe verwehrt, versagt, verboten. Du darfst nun auch mal ‚schwach sein' … um Hilfe bitten, denn wir sind alles nur Menschen. Jeder braucht irgendwann mal Hilfe. Das ist nix Schlimmes. Ehrlich. Hol Dir Hilfe, und Dir wird geholfen. Schau, Du hast mich um Hilfe gefragt – Du bekommst sie. Du möchtest einen Termin beim Doktor – Du bekommst einen. Es wird Dir geholfen, aber Du musst es wollen und die Umwelt fragen! Du musst nicht alles mit Dir allein ausmachen, denn Du bist nicht allein. Auch wenn sich das so anfühlt …

… ich habe großen Respekt vor Dir und Deinem Weg. Ich bin sehr, sehr froh, dass Du Dich mir öffnen kannst. Ich weiß es sehr zu schätzen, dass Du mich so tief blicken lässt, ich danke Dir dafür.

Vielleicht kannst du Dir selbst sagen: Ich verzeihe mir, und ich liebe mich. Und vielleicht kannst du Essen als Energie sehen … als Kraft und Energie zum LEBEN. Vielleicht geht das ja …

Wenn Du mit mir telefonieren möchtest, schreib mir, dann finden wir einen Termin. FÜHL in Dich rein, was Du brauchst …"

Ich denke, zu diesem Schreiben gibt es nichts weiter hinzuzufügen. Es war ein Meisterstück an tiefem Verständnis und Fürsorge, das den Rahmen von „reiner" osteopathischer Fähigkeit bei Weitem sprengte!

Ich war zutiefst gerührt und voller unbeschreiblicher Dankbarkeit. Eine größere Hilfe konnte es für mich nicht geben.

Allerdings war ich mit meinen „offenen" Gefühlen und mit mir selbst total überfordert. Ich wusste noch nicht, wie ich das alles „verdauen" sollte.

Ich schrieb einen weiteren Brief, um mein „Gefühlschaos“ etwas zu beruhigen und für eine kurze Zeit den eingebrannten „Film vor meinen Augen“ zu stoppen versuchen:

07.05.2016

Ein weiterer Brief als wichtiger Nachtrag zu meiner „ganzen“ Wahrheit

„Lieber *Engel*,
Deine lieben Worte machen mir sehr viel Mut. Dein Verständnis und Deine Hilfe führen mich Schritt für Schritt zu mir und in eine bessere Zukunft.

Wieder habe ich einen Tag geschafft, obwohl ich manchmal denke, dass die Zeit stehen bleibt. Ich sitze da und schreibe schon wieder. Ich blicke nach draußen in den Garten. Du hast so recht, alles grünt und blüht, und die Sonne scheint. Ich war heute viel spazieren und habe versucht die Natur in mich aufzusaugen, mich abzulenken von meinen Schmerzen. Auch Deinen so liebevoll formulierten Satz: ‚Ich verzeihe mir, und ich liebe mich‘, habe ich geübt. Ich konnte ihn schon leise vor mir hersagen, obwohl mein Herz noch nicht dahinterstehen kann. Alles ist noch so frisch … und ich bin so unendlich müde.

Müde von den starken Bauch- und erneuten Unterleibsschmerzen; müde von den starken Durchfällen. Manchmal habe ich das Gefühl, ich ‚laufe aus‘. Auf der einen Seite spüre ich die Befreiung und Erleichterung, auf der anderen Seite will der Film, der ständig vor meinen Augen abläuft, nicht enden! Vor allem erkenne ich wieder immer mehr Details; Details, die dazugehören, auch durchlebt und gelöst werden wollen. Dabei möchte ich doch am liebsten alles vergessen, hinter mir lassen! Aber ich merke, dass das nicht so einfach ist und ich Geduld mit mir und meinem Körper brauche. Doch reicht die Zeit?

Ich kämpfe; ich kämpfe wirklich gerade um mein Leben! Denn ich spüre, dass das Durchleben ‚des Films‘ viel Energie und Kraft raubt. Kraft, die ich eigentlich gar nicht mehr habe …

Heute bin ich so müde, weil ich nochmals an Körpergewicht abgenommen habe. Ich merke, die Uhr tickt, mein Kreislauf ist heute sehr schwach, mir ist permanent schwindelig und übel. Aber ich will doch leben!

Ich mache mir so große Mühe mit meiner Nahrung, meiner Trinknahrung, meinen frisch zubereiteten, zusammengestellten ‚Breien'. Aber mein Körper wehrt sich noch so heftig, dass das meiste einfach wieder unverdaut rausgeht. Das macht mich sehr traurig, und ich habe Angst.

Dann lese ich Deine Mails und spüre, dass ich doch nicht allein bin; dass Du an mich denkst. Dann kommt wieder etwas mehr Freude und Mut auf!

Und dann wieder die Bilder, wie ein endloser Film, der vor meinen Augen vorbeizieht und immer mehr preisgibt, was bislang noch tief in mir verborgen war. Ich möchte die Bilder abschalten, aber sie wollen noch angesehen werden, um sie hoffentlich bald ablegen zu können …

Ich merke, wie mir wieder schwindelig wird; wie sich alles in mir zusammenzieht, der Bauch schmerzt.

Aber den ‚Film' zu durchleben ist vielleicht auch eine Lösung für mich, um endlich diese schlimme Übelkeit loszuwerden, die mich erneut jede Nacht wachhält und quält. *Oft ist es so, als wäre es erst gestern geschehen. Auch die Unterleibsschmerzen kehren immer wieder zurück; die Verkrampfung, das ‚messerscharfe' Gefühl, mein innerliches Zittern, das Gefühl der Leere und der Dumpfheit; wie ausgehöhlt. Manchmal meine ich, mein Unterleib würde gar nicht mehr existieren. Aber ich erkenne jetzt auch immer klarer und deutlicher die Zusammenhänge.*

Lieber *Engel*, es tut mir leid, Dir diese Zeilen zu schreiben. Viel lieber würde ich Dir das alles ersparen, Dich schonen, Dir nur Schönes sagen und schreiben. Aber Du bist eine so verständnisvolle Therapeutin, dass ich denke, Du kannst nur mit der kompletten Wahrheit am besten mit mir arbeiten und mich weitertherapieren.

So gerne würde ich das alles schon vergessen und in die richtigen Bahnen für mich geleitet haben: mir verzeihen, mich annehmen und lieben zu können!

Einen kleinen Schritt bin ich schon gegangen. Aber momentan fühle ich mich noch so schwach und komme gegen den Schmerz noch nicht richtig an.

Danke für Deine Hilfe und Begleitung!

Ich will leben und mich lieben lernen!

In großer Hochachtung vor Dir und Deiner Leistung!"

11.05.2016

Danke für den Weg zu mir

„Lieber *Engel*,
heute möchte ich dir wieder einmal etwas Schönes, Positives schreiben nach den vielen ‚dunklen' Briefen.

Du hast mir wieder mein Herz geöffnet und meine Psyche gestärkt. Vor allem durch Dein letztes E-Mail, aber auch durch Deine ehrlichen Worte am Telefon. Ich habe viel nachgedacht …

Obwohl meine Tage noch geprägt sind von Erschöpfung und Kraftlosigkeit sowie vielen Schmerzen, weil die Energie noch nicht ankommen will, blicke ich nach vorn und versuche nicht mehr nach hinten zu sehen. Ich wage Schritt für Schritt und merke, wie ich durch meinen neuen Mut alles viel geduldiger und dankbarer annehmen kann. Weil ich leben will, gebe ich nicht auf und lege mich ins Bett, weil dann mein Körper abschalten würde und ich noch weniger Chancen für das Leben hätte. Aus diesem Grund bin ich auch schon ein bisschen stolz auf mich, weil ich die Schritte jetzt wieder nach vorne wage und vor allem dankbar dafür bin, was ich am Tag noch so alles leisten und tun kann. Ich kann aufstehen, meinen Haushalt organisieren, einkaufen, im Garten helfen, spazieren gehen und etwas Indoor-Sport treiben. Zwar auf ganz niedrigem Niveau; aber doch dafür, dass die Übelkeit für eine kurze Zeit besser wird, meine Verdauung in Gang kommt und mein Kreislauf vor dem ‚Abstürzen' gehoben wird. An manchen Tagen fällt mir das unendlich schwer, aber ich kämpfe für dieses Stück ‚Leben' und das Gefühl, dass mein Körper noch da ist und auch meine Psyche etwas aufleben kann! Außerdem versuche ich wieder ganz bewusst die Natur in mich aufzusaugen: das viele Grün, die Blumen, die bunte Landschaft, den Himmel, strahlend blau mit federleichten Wolken; die helle Sonne, die Wärme und die singenden Vögel. Manchmal wünsche ich mir, auch einfach so leicht davonzuschweben, abzuheben, befreit zu sein von all der Last und den Schmerzen.

Vor allem aber möchte ich wieder dankbarer sein, dass ich noch lebe. Wenn ich so denke, kann ich alle Schmerzen schon viel besser annehmen und auch schon ein wenig verzeihen.

Aber das Schönste und Größte ist, dass ich nicht allein bin! Du hast so gefühlvoll geschrieben, dass Du bei mir bist, mit meine Schmerzen trägst. Wenn ich in mich hineinhorche, weiß ich gar nicht, wie glücklich und dankbar ich dafür sein kann. Diese Worte von Dir als Therapeutin sind ein so großes Geschenk für mich, dass ich vor Achtung und Dankbarkeit gar nicht mehr klagen darf! Ich spüre Deine Hilfe, dass Du bei mir bist, und dafür danke ich Dir ganz herzlich.

Ich erkenne, ich bin nicht allein! Deine Worte und der Mut, den Du mir machst, treiben mich voran in die Heilung; zumindest Schritt für Schritt zu einer Besserung; ins Leben.

Ich erkenne auch, dass ich noch zu ungeduldig mit mir bin, von meinem Körper noch viel zu viel verlange. Dabei ist es schon ein Wunder, wie positiv und gut er auf Deine Behandlungen, nach nur zweimal, reagiert. Wie ich physisch und vor allem auch psychisch auflebe, wie es mir besser geht, die Schmerzen weniger werden. Und vor allem auch Deine riesengroße Leistung, die eigentlichen, tief verwurzelten Probleme bei mir zu erkennen und zu lösen!

Schon allein die Fahrt nach München ist etwas so Gutes, Positives für mich. Ich mag diese Stadt, ich komme raus, bin befreit vom ewig gleichen Tagesablauf. Und dann natürlich Deine Behandlung. Alles wirkt auf mich wie eine Befreiung, Lösung und vermittelt mir ganz viel Hoffnung!

München ist für mich wie ein kleines Abenteuer, eine Herausforderung und steht auch für meinen Weg der ‚Selbstfindung'. Denn diese Tage sind deshalb auch so wichtig für mich, weil ich mich an ihnen ganz mit mir beschäftige. Ich erkenne auch, wie ich ‚gut' mit ausschließlicher Trinknahrung zurechtkommen kann und wie meine Psyche als auch mein Körper die Behandlung von Dir ganz intensiv aufnehmen. Aus diesem Grund freue ich mich auch schon auf die nächste Fahrt nach München!

Überhaupt habe ich mich noch nie so intensiv mit mir selbst und meinem ‚inneren Ich' beschäftigt wie momentan. Es tut mir gut, auch Bücher, Biografien und Romane über Homosexualität und Transidentität zu lesen. Darin erkenne ich so viele Parallelen und Lösungsansätze für meine weitere Zukunft. All diese ‚evolutionären' Gedankengänge habe ich nur Dir zu verdanken!

Natürlich steht mir jetzt der morgige Termin in der Gastroenterologie bevor! Ich kann nicht behaupten, dass ich überhaupt keine Angst habe. Aber ich weiß, dass Du bei mir bist und mir viel Kraft schenkst. Zudem weiß und spüre ich, dass ich körperlich ein Limit erreicht habe und nur weiterleben kann, wenn neue medizinische Lösungen gefunden werden. Deshalb bin ich über diesen Termin auch froh und sehe ihn als große Chance für meine Besserung.

Momentan bin ich zwar wieder sehr müde, aber auch wieder sehr viel ruhiger …

Was ich Dir zum Schluss dieses Briefes noch ganz wichtig schreiben möchte ist, dass Deine Hilfe, Deine Worte und E-Mails, Dein Zuspruch und Dein Verständnis, aber auch Deine Behandlung für mich nichts Selbstverständliches sind! Im Gegenteil, sie sind einzigartig und einmalig, und ich erkenne dies als größtes Geschenk für mich an! Ich bin Dir zu jeder Minute dafür dankbar. Du bist und bleibst für mich die allerbeste Therapeutin, auch wenn ich durch meine Ungeduld und Schmerzen manchmal undankbar wirke!

Noch während ich mich auf meine Psyche zu konzentrieren versuchte, stand auch schon der nächste Termin in der Gastroenterologie an, um Weiteres über meinen kranken, ausgezehrten Körper zu erfahren.

Die Ergebnisse habe ich in einem weiteren Erfahrungsbericht zusammengefasst:

Erfahrungsbericht 5 (Mai 2016)

(geschrieben nach dem Gespräch mit Ärzten der Gastroenterologie in der Klinik)

„Eigentlich muss ich sagen, dass sich der Termin in der Gastroenterologie für mich doch gelohnt hat, obwohl viele Fragen offenblieben und ich noch sehr, sehr viel Geduld brauche …

Jedenfalls habe ich jetzt eine erste eindeutige klinische Diagnose in der Hand, die allerdings leider noch überhaupt keine Aussage über meine ‚Malassimilation' macht. Die Diagnose des Dickdarms lautet: ‚MIKROSKOPISCHE KOLITIS – Form: lymphozytäre Kolitis', eine seltene chronisch entzündliche Erkrankung des Darms, die mit häufigen, schweren wässrigen Durchfällen und Übelkeit bis zum Erbrechen in Verbindung steht. Aus diesem Grund muss ich ab jetzt für mind. 4 Wochen ein Kortisonmedikament ‚Budesonid' einnehmen, das das einzige zugelassene Medikament für diese Erkrankung ist. Die Ärzte haben gemeint, es müsse sich mit meinem ‚Valoron' vertragen und ich müsse auch gleich 6 mg (2 Kapseln) einnehmen ohne Widerrede! Ihre Worte diesbezüglich waren eindeutig, und ich habe gemerkt, dass sie es als einzige Chance sehen, dass ich die Entzündung wegbekomme, da sich ansonsten die Entzündungen weiter ausbreiten können; abgesehen davon habe ich auch schon eine leichte Gastritis! Jedoch steht noch in den Sternen, ob ich überhaupt auf das Medikament anspreche, da die entzündliche Darmerkrankung ja bei mir lediglich eine Komplikation und Folge der ‚Malassimilation' ist und nicht wie bei den meisten anderen Patienten allein auftritt. Wenigstens weiß man bei mir dadurch einen Grund; obwohl die Ursache sonst nur ‚geschätzt' werden kann!

Bezüglich meiner ‚Malassimilation' haben die Ärzte bestätigt, dass dies der Grund für die wenigen Lebensmittel, die ich noch essen kann, sei und auch zusätzlich für die weitere Übelkeit und die Folge, dass ich kaum mein Gewicht halten kann. Zusätzlich würde die ‚Malassimilation' auch noch negativ von der ‚Kolitis' beeinflusst.

Sie glauben an eine organische Ursache; ich habe auf die Psyche angetippt, und sie meinten, allein die Psyche könne bei meinem Schweregrad kaum als Ursache infrage kommen. Sie möchten jetzt endlich die Ursache der ‚Malassimilation' finden durch weitere intensive Untersuchungen. Aber erst wenn sie nicht weiterkommen, werde ich an eine Klinik überwiesen!

Damit habe ich momentan das größte Problem, da sie die Zeit der Termine nicht im Griff haben. Die Termine vergibt die Sekretärin nach Patientenaufkommen! Es wurde jedenfalls gleich im Anschluss an das Gespräch noch einiges an Blut abgenommen (6 Röhrchen) für eine umfassende Blutanalyse. Dann muss ich mich als Nächstes für eine ‚Kernspintomographie/CRP' anmelden. Aber dann kommt die ewige Wartezeit auf die frühestens vereinbarte Ultraschalluntersuchung wieder in der Klinik am 04.07.16!

O. k., ich sehe, dass sich die Ärzte wirklich um die Aufklärung bemühen, aber ich habe Angst, dass ich die Zeit körperlich nicht schaffen könnte, da meine Attacken des Erbrechens, der Koliken und Schmerzen immer wiederkehren. Dazu haben sie nicht viel gesagt, da sie zeitlich schon wieder unter Druck standen! Allerdings würden sie mir momentan auch nicht ausschließlich zur Trinknahrung raten, da sonst mein Magen-Darm-Trakt sehr schnell noch entwöhnter würde und ich dann überhaupt nicht mehr von der Trinknahrung wegkommen könnte.

Fazit: Mit meinem Essen kann ich wieder nur ausprobieren, was gerade drinbleiben will!

Jedenfalls weiß ich, dass die wässrigen Durchfälle von der ‚KOLITIS' herkommen dürften und sie besser werden sollten, wenn das Medikament ‚Budesonid' anspricht. Allerdings bleiben dann noch die schleimig, fettigen Stühle, die nur mit der ‚Malassimilation', also noch ziemlich ungeklärt, in Verbindung stehen.

Momentan kann ich nicht behaupten, dass das Medikament keine Nebenwirkungen zeigt: Die Übelkeit tritt schubweise sehr stark auf, habe Darmkrämpfe von neuer Art und Kopfschmerzen bei ständigem Schwindel. Allerdings beruhige ich mich immer wieder selbst, indem ich mir einrede, dass das alles mit der ‚Malassimilation' zusammenhängt, wie auch meine Erschöpfung und Schwäche!

Jedenfalls steht bei mir fest: Wenn ich bis Mitte Juni nichts Genaueres über meine Erkrankung weiß, dann lasse ich mich mit meinem Willen an eine der besten Gastroenterologie-Kliniken in Deutschland überweisen, die sogar nach seltenen Erkrankungen suchen. Dazu hätte ich mich eigentlich schon jetzt fest entschlossen! Wenn nicht die Ärzte erst selbst nachforschen wollten. Ich hoffe, ich schaffe das körperlich noch alles!

Ich vertraue mich jetzt als Ausweg ganz der Hilfe meiner einmalig verständnisvollen Therapeutin in München an, die mir über alle Schmerzen hinweg meine Psyche stärkt und auch meine körperlichen Leiden schon viel lindern konnte! Es ist für mich das Größte, und ihre Behandlung beflügelt mich alles weiter zu ertragen, Geduld zu zeigen und weiter für mein Leben zu kämpfen!

Natürlich hat dies auch wieder mit meinem ‚zweiten Leben' und der Selbstfindung zu tun. Vor allem will ich leben und endlich zu mir finden, egal was kommt!"

16.05.2016

Durch die Diagnose wurde mein Weg weder einfacher noch kürzer. Ich habe meine Gefühlswelt zu diesem Zeitpunkt in einer Kurzgeschichte zu formulieren versucht:

„Der Schmetterling, der nicht fliegen kann"

Ein kleiner Schmetterling hat mühsam sein Puppenstadium durchlaufen und sich qualvoll aus seiner Hülle gezwängt. Nun war er auf sein weiteres Werden, seine Metamorphose, gespannt. Er saß auf einem grünen großen Blatt. Über ihm ein dichtes Blätterdach, sodass es um ihn herum noch dunkel war. Er konnte weder das Licht noch die Wolken sehen. Von seiner Hülle aus seiner Kindheit hing noch ein letzter Fetzen an seinem bewegungslosen Leib; das letzte Stück konnte er nicht abstreifen.

Als dann ein kleiner Lichtschimmer zu ihm durchdrang, bemerkte er, dass einer seiner späteren Flügel nicht so war, wie er es sich vorstellte: Ein Flügel war deformiert; hatte ein anderes Aussehen, als er sich von seinem Körper wünschte. Der andere

Flügel war ebenso anders; er war angebrochen, verletzt, krank und schmerzte ihn sehr.

Dabei wollte er doch so gern seine Flügel ausstrecken, um endlich fortzufliegen, frei sein, unbeschwert sein neues Leben leben. Aber seine Flügel ließen sich nicht bewegen, waren stramm, und er konnte sie nicht entfalten. Das machte ihn sehr traurig. Und vor Angst und Scham vor sich selbst und seiner Außenwelt blieb er unter den Blättern hilflos im Dunkel zurück. Doch er bemerkte bald, dass ihn sein Versteck und seine Unbeweglichkeit noch kränker und schwächer werden ließen … Bis er sich langsam, aber sicher ein wenig aus seinem Versteck traute. Doch die Außenwelt war noch sehr hart für ihn ohne Flügel und gefährlich! Da er sich durch einen Flug nicht weiter wegbewegen konnte, spürte er plötzlich, wie dicke, harte Regentropfen von der Außenwelt, dem dunklen Himmel, auf ihn donnerten. Vor Schmerzen und Wut (vor sich selbst) zog er sich schnell wieder zurück ins Dunkel des Blätterdachs …

Bis auf den Tag, an dem feine, einzelne Sonnenstrahlen als kleine Lichtblicke seine Neugier und Hoffnung wieder weckten und ihn aus seinem Versteck lockten. Dann sah er plötzlich helles, strahlendes Licht; unendlich viele Strahlen, vereint zu einem wärmenden Regen aus Zuversicht.

Er bemerkte schnell, wie ihm diese Sonnenstrahlen guttaten, und wie durch ein Wunder konnte er endlich auch durch die wohlige Wärme wieder seine Flügel etwas bewegen, sie leicht anheben, bereit zum Abflug. Aber vielmehr spürte er jetzt auch wieder Hoffnung in ihm aufkommen. Neuer Mut kam in ihm auf. Doch sein kranker Flügel wollte seinem Herz noch nicht ganz folgen; er brauchte noch etliche Zeit zur Genesung. Dennoch war der Schmetterling jetzt wieder bereit für einen Neuanfang. Er spürte wieder Glück und Hoffnung durch das Verständnis der hellen Sonnenstrahlen für ihn.

Wird es der Schmetterling schaffen, tatsächlich den Abflug in die Freiheit zu meistern? Wie krank sind seine Flügel, und können sie für den Abflug geheilt werden?

Wenn die hellen Sonnenstrahlen ihn nicht verlassen und ihm weiter helfend zur Seite stehen, wird er durch seine große Dankbarkeit den Sonnenstrahlen gegenüber den Abflug schaffen!

Danke *mein Engel*, meine Sonnenstrahlen!"

21.05.2016

Körperlich ging es mir zu diesem Zeitpunkt so schlecht, dass der einzige Ausweg in meiner gefühlten Hoffnungslosigkeit darin bestand, alle anstehenden Fragen zu schwierigen Entscheidungen an meine Therapeutin zu richten. Das Dilemma war, dass ich selbst nichts entscheiden konnte, weil mein Verstand zwar Schritte zur Heilung wollte, meine Psyche aber stets ganz tief in meinem Innern vor dem „Frau werden" warnte und gegen jegliche körperliche Verbesserung in Richtung Körpergewichtszunahme ankämpfte.

Wenn aber Entscheidungen von meiner Therapeutin, *meinem Engel, gefällt wurden, waren sie für mich und mein Herz oberstes Gebot, und ich umging dabei den „Kampf mit mir selbst", indem ich in diesen Momenten nur auf das Gefühl in meinem Herzen und meinen Engel zu hören lernte.*

So auch vor der Entscheidung über eine weitere große und wichtige Darmuntersuchung:

Bericht und viele Fragen vor meiner Darmuntersuchung – MR-Sellink – als E-Mail an meine Therapeutin

„... Jetzt aber zu meiner großen Bitte an Dich bzw. Deinen Rat:

Gerade kämpfe ich wie ein Verzweifelter mit meinem Willen und meiner besseren Psyche gegen die Auswirkungen des Kortisons! Körperlich fühle ich mich, wie wenn meine Füße und mein Körper alle ‚Arbeiten' und Bewegungen ohne meinen Kopf absolvieren würden! Ich bin schwach, müde, habe schwere Verdauungsprobleme (starke Krämpfe und Koliken) und permanent Kopfschmerzen! Aber dank meiner Psyche soll dies keine Klage sein; wie gesagt, ich möchte ja so gern alles besser annehmen!

Aus diesem Grund jedenfalls habe ich trotz großer Komplikationen (alle zuständigen Ärzte sind im Urlaub!) die genaue

Vorschrift für meine Überweisung in die Radiologie-Praxis von der Sekretärin im Krankenhaus abgeholt, damit mein Hausarzt sie mir gestern noch rausschreiben konnte.

Jedenfalls habe ich dann doch gleich in der Radiologie einen Termin für den 1. Juni erhalten, und zwar deshalb, weil es so eine seltene Untersuchung des Dünndarms ist. Erst dadurch habe ich mich genauer mit dieser Untersuchung, die mir bevorsteht, befasst! Sie heißt MAGNET-RESONANZ-SELLINK, eine besondere Form der Kernspintomografie in einer Röhre! Was heißt das für mich?

Zwei Tage vor der Untersuchung muss ich eine strikte ‚Diät' einhalten; also für mich bleibt dann nur noch meine abgewandelte Trinknahrung. O. k., damit könnte ich mich ja noch abfinden. Aber einen Tag vor der Untersuchung muss ich mit ca. 2,5 l hochkonzentrierter Salzlösung ‚alles' ausleiten (ich erinnere mich noch an meine Darmspiegelung vor drei Jahren; damals wurde mir so extrem übel, weil ich so viel Salz nicht vertrage, und ich lag wie tot auf dem Boden und konnte nur die Hälfte trinken; dafür war dann mein Darm nicht ganz sauber).

Daher meine riesige Angst: Während der Untersuchung in der Röhre (absolut nüchtern; 6 Stunden vorher keine Flüssigkeit mehr!) wird mir eine nasale Sonde gelegt, über die dann bis in den Dünndarm bis zu 1,5 l einer besonderen Zuckerlösung eingeflößt werden, damit meine Darmschlingen nicht zusammenkleben, und zusätzlich noch mal einiges an Kontrastmittel, welches zu einigen Komplikationen für den Magen, vor allem aber zu Blähungen und dann im Anschluss an die Untersuchung zu heftigen Durchfällen führen kann! Auch die Sonde kann einiges verletzen: also alles in allem wirklich eine ‚Hammer-Untersuchung' für mich!

Außerdem kennen die Ärzte in der Radiologie meinen jetzigen Zustand noch nicht, auch nicht meine Einnahme des Kortisons und ebenso wenig mein Gewicht!

Lieber *Engel*, kannst Du jetzt meine große Angst nachvollziehen?

Seit ich das alles weiß, überlege ich mir wirklich, ob diese Untersuchung mein Körper überhaupt verkraftet oder ob er sich noch weiter von meiner Psyche entfernt. Wie soll ich mich bei solchen Strapazen und Ängsten auf meine Selbstfindung konzentrieren?

Jetzt meine große Frage an Dich aus größtem Vertrauen in Dich: Denkst Du, dass mein Körper diese Untersuchung jetzt schaffen kann, oder meinst Du (Du kennst ja meine Psyche und meinen Körper fast besser als ich), ich solle damit doch noch warten?

Wenn Du mir das zutrauen würdest, dann werde ich es machen lassen, weil ich denke, Du bist in Gedanken bestimmt bei mir und schenkst mir so viel Kraft, dass ich es schaffen kann! Die Vorbereitung bekomme ich dann auch hin, wenn Du von meiner Kraft überzeugt bist! Ich möchte ja vorankommen und mutig sein, aber vielleicht nicht mit dem Kopf durch die Wand!?

Am Montag habe ich noch die Vorbesprechung und Abgabe der Überweisung in der Radiologie; da könnte ich noch absagen bzw. ‚krankheitsbedingt' auch noch später!

Bitte sage mir doch offen Deine Meinung! Ich habe ein so großes Vertrauen in Dich und Deine Hilfe; möchte Dich aber mit der Frage nicht unter Druck setzen. Vielleicht verstehst Du jetzt auch wieder meine verstärkten Ängste, Dich zu verlieren?

Soll ich mir vielleicht auch noch weiteren ärztlichen Rat holen?..."

Schon am Folgetag bekam ich die Antwort *meines Engels als E-Mail, obwohl die Beantwortung dieser schwierigen Frage natürlich weit außerhalb seines therapeutisch machbaren „Entscheidungsrahmens" lag. Aber dennoch war seine Antwort für mich wieder die allerbeste Hilfestellung, vor allem um weitere „Schritte" zu mir selbst zu machen:*

Denn seine wichtigsten Sätze der Antwort waren:

... Ich kann und ich werde Dir aber die Entscheidung nicht abnehmen... Du bist erwachsen. Du hast die Wahl. Und Du wirst schon das Richtige machen, da bin ich mir sicher...

Ich kann Dich nur ermuntern, Dir Hilfe zu holen und nicht weiter „durchzuhalten", wenn es gar nicht mehr geht! ...

Du musst schon für Dich selbst sorgen und kannst diesen Auftrag nicht abgeben! Nicht an mich bitte, denn ich entscheide nicht für Dich!

Das kannst Du selbst, das traue ich Dir zu! Du weißt, was zu tun ist. Deine Eltern können Dich in diesem Fall unterstützen oder begleiten, aber Du bist 39 Jahre alt und triffst DEINE Entscheidung …

Hol Dir Hilfe. Sag, dass Du nicht mehr kannst! …

Du kannst Dich entscheiden. Du bist erwachsen. Und ich glaube an Dich, ich weiß, Du kannst das.

Mit dieser Antwort hat meine Therapeutin bei mir die größte Reaktion ausgelöst:

Sie wollte, dass ich selbst entscheide, und vor allem glaubte sie an mich. Damit spürte ich, wie verloren gegangenes Selbstbewusstsein plötzlich wieder ein wenig in mir hochkam, und im nächsten Schritt bat ich durch weitere ärztliche Besprechungen um Hilfe. Ich erkannte, wie gut und wichtig es für mich war, um Hilfe zu bitten. Nicht nur bei *meinem Engel, sondern an den „zuständigen Stellen", auch wenn es mir noch sehr schwerfiel.*

Aber meine Therapeutin ging noch weiter in ihrem nächsten E-Mail. Sie forderte meine eigene Entscheidung mit einzigartigem Feingefühl geradezu heraus:

… Vertrau auf Dein Gefühl! Weißt Du, keiner kennt Deinen Körper so gut wie DU! Keiner kann das besser abschätzen als Du, was Du brauchst oder was zu viel ist. Wenn Du das Gefühl hast, es ist zu viel – dann ist es so! Dann ist es ZU VIEL! Das darf sein! Und Du hast ein gutes Gespür! Trau Dir. Ich traue Dir. Vertraue auf Dein Gefühl. Ich weiß, Du hast ein gutes Gespür für Dich …

Es ist wichtig, dass Du mit Ärzten den nächsten Schritt machst und nicht wieder allein!

Bitte lass Dir helfen, hol Dir Unterstützung, sicherlich schwer, das weiß ich. Und auch schwierig in Deinem Fall, einen Spezialisten zu finden, das stimmt. Aber gib nicht auf! … Nicht allein alles machen – Du hast Unterstützer um Dich rum! Frag sie alle – wir helfen Dir …

Ich vertraue Dir. Du kannst Dir Hilfe holen, weil Du erwachsen bist und die Wahl hast …

Es waren unglaubliche Worte für mich. Und meine Entscheidung stand von einer Minute zur anderen fest: „Ich werde die Untersuchung auf jeden Fall in Angriff nehmen!" Und ich erklärte *meinem Engel auch warum.* Ich schrieb:

„Durch Deine Hilfe und weil ich endlich lerne Hilfe anzunehmen, bin ich psychisch phasenweise wie gedopt; bis dann mein Körper wieder zuschlägt und ich das ganze Leid extrem zu spüren bekomme!

Anstatt aber zu klagen, bin ich durch Deine Worte und Deine Ermutigung sowie den Beistand und die Nähe, die ich wirklich spüre, so motiviert. Mir und meinem Körper NOCH MEHR HILFE zu holen, dass ich heute Morgen noch in der Gastro-Praxis angerufen habe, weil ich mir noch weitere Lösungen und Meinungen anhören möchte. Und ich habe gleich einen Termin erhalten: schon am 31.05.; also dem Tag vor der großen Untersuchung. Aber ich werde die Untersuchung auf jeden Fall machen lassen!"

Meine Therapeutin erkannte, wie wichtig und wertvoll ihre Worte für mich waren und unterstützte nochmals mit großem Einsatz meine Entscheidung:

... Das finde ich ganz, ganz toll! Supermutig von Dir. Sehr gut. Genau das meine ich. Kümmere Dich um Dich, hol Dir Rat und Hilfe. Du wirst dafür belohnt! Du machst das großartig. Du triffst Entscheidungen, und das ist ein ganz großer Schritt. Du wirst unabhängig, erwachsen, und das ist der Schlüssel zur Heilung! Du übernimmst Verantwortung. Das ist ganz, ganz toll. Ich bin sehr stolz auf Dich. Solltest Du auch sein.

Du hast diese Schritte allein gemacht. Denn auch der längste Weg beginnt mit dem ersten Schritt!

Hilfe annehmen ist auch was Wunderschönes, oder? Du bist nicht allein ...

Ich habe diesen E-Mail-Austausch ganz bewusst an dieser Stelle so ausführlich beschrieben, weil er sinnbildlich für viele Weitere steht. Er verdeutlicht, wie tiefgründig die Wortwahl meiner Therapeutin bei mir wirkte und sowohl meine Psyche als auch meinen Körper Schritt für Schritt vorantrieb!

Meine Gefühle hinter den Worten habe ich in einem weiteren Brief an *meinen Engel* auszudrücken versucht:

28.05.2016

Schritt für Schritt mutig dem Heil entgegen, denn Stillstand wäre mein Tod!

„Ich sitze hier und schreibe – wieder einmal …

Der Tag neigt sich seinem Ende zu, und ich spüre, dass es ein langer Tag war. Alles tut weh, mein Kopf brummt, der Bauch ist unruhig, und mein Herz wirkt schwach. Ich bin extrem müde. Aber ich habe wieder einen Tag geschafft. Ich bin sogar ein bisschen stolz, dass ich Schritt für Schritt vorangegangen bin.

Obwohl ich schon beim Aufstehen von der schlechten Nacht so viel Schwäche verspürte, wusste ich, dass mich mein Kopf, meine gestärkte Psyche, wieder vorantreiben wird!

Stillstand und Nichtstun wären mein Tod!

Deshalb versuche ich zu gehen, zu arbeiten, mich zu bewegen. Minute um Minute, Stunde um Stunde kämpfe ich gegen meinen ausgezehrten, müden, schmerzenden Körper an. Versuche mir Energie zu schenken durch meine ‚wenigen' Lebensmittelvarianten und nehme an, in der Hoffnung auf Besserung, dass mir wieder sehr übel wird und ich andauernden Durchfall habe. Aber ich habe endlich auch Hoffnung; Hoffnung, dass durch die weitere, schwere Untersuchung eine Besserung kommen kann. Und vor allem stütze ich mich auf die große Hilfestellung, die ich erfahren darf. Ich spüre, dass ich nicht allein bin. Vor allem ist die Hilfe durch meine Therapeutin eine wundervolle neue Erfahrung. Ich merke, dass ich Hilfe bekomme, wenn ich darum bitte. Auch durch weitere ärztliche Untersuchungen. Diese Hilfestellungen tragen mich und bringen mich weiter, weil ich spüre, dass ich allein nicht mehr weiterkomme:

Ein jeder Tag wird körperlich schwerer. Eine immer größere Herausforderung, die mir verdeutlicht, dass mein Körper eigentlich nicht mehr kann; völlig fertig ist … um am Abend Schritte noch einigermaßen koordiniert ausführen zu können! Aber gerade aus diesem Grund riskiere ich auch die weitere Untersuchung am Mittwoch, obwohl ich weiß, dass mir ab Montag die ‚harte Diät' dafür nochmals zusetzen und die ‚Ausleitung' nicht einfach wird. Aber ich nehme diese Übelkeit und die Schmerzen bewusst in Kauf, um weiterzukommen; endlich mehr über meine Krankheit herauszufinden und auf etwas Hilfe hoffen zu dürfen.

Jetzt geht es mir auch schlecht. Also kann ich nichts verlieren, sondern nur gewinnen! Im Kampf um mein Leben kann mir eigentlich nichts passieren. Lediglich bezüglich meines Gewichts von gerade noch 28 kg habe ich kaum mehr Luft nach unten. Aber das heißt auch, dass ich (bis auf die Nebenwirkungen) ‚noch' nicht auf das Kortison anspreche, meine ‚Attacken' eher schlimmer werden und ich so nach weiteren Lösungen suchen muss. Schlimmstenfalls, wenn es zu Komplikationen bei der Untersuchung käme, würde ich in die Klinik eingeliefert …

Vielleicht muss es dann so sein, und *mein Körper würde antworten: ‚Endlich bin ich dort, weil ich es nicht mehr anders schaffe!'* Trotz der großen Ängste in meinem Herzen und meinem Kopf!

Aber lieber Engel, bitte bleibe bei mir, nehme mir weiter meine Angst! Denn dein Zuspruch beflügelt mich in Richtung Heil!

Bitte denke an mich, damit ich ruhiger sein darf!"

31.05.2016

Noch bevor ich die große Darmuntersuchung antrat, holte ich mir in einem Termin bei einem weiteren Spezialisten der Gastroenterologie unabhängige Meinungen über „meinen Zustand" ein. Das eher „ernüchternde" Ergebnis von ihm habe ich meiner Therapeutin noch am Vortag der Untersuchung in einem weiteren E-Mail formuliert:

„… Auf jeden Fall war er sehr höflich und bemüht, auch wenn ich über seine Worte noch nicht weiß, ob ich froh oder traurig sein soll:

Die Untersuchung morgen findet er notwendig und gut, um alles ‚Organische' auszuschließen.

Allerdings ist er davon überzeugt, dass meine Malassimilation weder durch Medikamente noch durch eine Klinik behoben werden kann. Das Kortison kann ich auch wieder absetzen, da ich nach zwei Wochen darauf ohne Durchfälle hätte ansprechen müssen! Leichte Entzündungen werde ich aufgrund der nicht verdauten Nahrung immer haben und ausbilden; diese seien aber gegenüber der Malassimilation eher harmlos. Der harte Kern ist jedoch, dass ich die Malassimilation habe, weil mein gesamter Magen-Darm-Trakt auf ‚tot' bis ‚Minimum' gestellt ist, d. h., alle Funktionen sind fast verloren aufgrund einer totalen Blockade psychischen Ursprungs.

Meine ganze psychische Vergangenheit mit allen schweren Vorkommnissen hat dies bewirkt. Inwiefern dies wieder rückgängig gemacht werden kann, weiß er nicht. Ich hätte aber nur über meine Ernährung, indem ich immer wieder auf meinen Körper höre, was er wohl gerade verdauen kann und will, eine kleine Chance, wieder mehr zu verdauen. Meine Organe sind alle auf dem Level eines vorpupertären Kindes, und diese Entwicklung kann nur schwer nachgeholt werden!

Allerdings gibt es auch noch die Chance; und das baut mich auf: über meine Psyche, die ich ja erst seit Anfang März durch Dich richtig bearbeiten lerne (das ist zeitlich erst ein Tropfen!), vieles wieder mehr zum Funktionieren zu bringen!

Ansonsten gibt es keine weitere mögliche ‚schulmedizinische' Hilfe für mich; bis auf die Beobachtung und Eindämmung der immer wiederkehrenden Entzündungen! …"

Mein Engel machte mir nochmals großen Mut:

… Ja, die Wahrheit ist manchmal sehr bitter … und nicht schön …

ABER: auch eine große CHANCE! Es gibt immer einen WEG, man muss ihn nur gehen … Und Du hast Dich auf den Weg gemacht …

Dann folgte für mich am 01.06. die große MR-Sellink-Darmuntersuchung.

Es wurde eine regelrechte Tortur schon in der Nacht davor und endete für mich mit einer bitteren Niederlage. Wieder einmal gewann mein „elender" Körper über meine gestärkte Psyche die Oberhand!

Ich war froh, die Ereignisse zur besseren Verarbeitung in einem weiteren Brief an meine Therapeutin formulieren zu können:

01.06.2016

Habe ich jetzt versagt oder endlich nur ganz auf meinen Körper gehört?

„Ich wollte psychisch so gestärkt diese ‚schwere' Darmuntersuchung (MRS) mit viel Mut meistern. Wollte beweisen, dass ich der ‚Herr über meinen Körper bin'. Vor allem jetzt, wenn es darum geht, Ursachen auf den Grund zu gehen und mir Hilfe zu holen. Zwei Tage vor der Untersuchung war ich noch fest davon überzeugt, alles zu schaffen. Doch schon das Gespräch mit dem Arzt aus dem Gastroenterologie-Zentrum am Dienstagmorgen, also einen Tag vor der Untersuchung, führte bei mir zu kleinen Zweifeln, wie sinnvoll denn diese ‚Tortur' überhaupt für mich sein wird. Der Arzt sagte zwar, mehr aus Rücksicht auf die Spezialisten in der Klinik, dass ich die MR-Sellink machen soll, aber er war sich noch sicherer, dass sie ganz bestimmt zu keinem weiteren Befund führen würde, da mein Magen-Darm-Trakt völlig unterentwickelt und das Fehlen jeglicher Verdauungs- und Aufnahmefunktionen durch schwere, lange psychische Gründe ‚lahmgelegt' worden sei. Die zahlreichen zusätzlichen Entzündungen wären als Folge eher das kleinere Übel aus der viel schwereren chronischen Malassimilation, weshalb ich nicht auf das Kortison ansprechen würde. Doch diesen ‚Schalter' wieder komplett umzulegen, wäre fast unmöglich …!

Natürlich führten seine Worte zu undefinierbaren Gefühlen und Fragen in mir. Aber trotzdem bin ich mir bewusst, dass ich noch nie so intensiv an mir und meiner Psyche gearbeitet habe. Führen meine ‚Selbstfindung' und die neue Therapie von *‚meinem Engel'* zu einem ‚Öffnen der Funktionen' und damit zum Heil ohne weitere Medikamente und sonstige Eingriffe? Es wäre mein schönster ‚Tagtraum', dieses Glück zu erleben. Oder aber behält mein Körper die Oberhand über meine Psyche und lässt mich weiterleiden trotz intensivem Kampf?

Wieder einmal habe ich ‚gefühlsmäßig' den Kampf verloren …:

Obwohl schon ein sauberer ‚Diättag' von mir absolviert wurde (Montag) und ich am Dienstag wie vor der Untersuchung gewünscht nur eine ‚Kohlenhydrat-Lösung' zu mir genommen habe, war schon die halbe Menge Salzlösung (für das Abführen) wie ein Schock für meinen Körper: Mir wurde speiübel; ich konnte mich kaum noch auf den Beinen halten vor Schwindel und Müdigkeit und bekam dazu schwere Kopfschmerzen.

Und auch nach einem weiteren Liter der Salzlösung löste sich der ‚Rest' in meinem Darm kaum. Ich musste mich vor Übelkeit hinlegen, schlief wenigstens für eine Stunde ein und wachte dann doch für den ersten Toilettengang auf. Am späten Nachmittag musste ich noch vier weitere synthetische Abführtabletten nehmen; essen durfte und konnte ich nichts mehr. Die schwere Übelkeit blieb, und erst am späten Abend kamen dann mehrere heftige Durchfallschübe. Ich spürte meine Kraft schwinden, ging früh ins Bett und konnte kaum schlafen. Gegen zwei Uhr nachts dann heftige Muskelzuckungen; schon zu dieser Zeit musste ich mein ‚Valoron' einnehmen. Und es ging weiter bergab: Die Übelkeit steigerte sich so stark, dass ich ständig aufstehen musste und einen schrecklichen wiederkehrenden Brechreiz entwickelte. Ich konnte mich kaum noch auf den Beinen halten. Obwohl außer ein wenig Galle nichts kam …

Um sechs Uhr sollte ich aufstehen; erst dachte ich, es geht gar nicht. Doch dann kam dieser riesige Mut in mir auf, dass ich die Untersuchung ‚unbedingt schaffen will!'

Ich schaffte es, mich anzuziehen, und meine Eltern begleiteten mich voller Angst und Bedenken zu der Untersuchungspraxis. Ich saß mehr als müde im Wartezimmer, war kreideweiß, und mir war immer noch extrem übel. Und nun sollte ich auch noch einen Liter Kontrastmittel trinken! Zudem erfuhr ich erst jetzt, dass der Trägerstoff ein besonderer Zucker war, gegen den ich schon lange allergisch reagierte. Dennoch fing ich an, den ersten Becher in Schlucken zu trinken. Meine Mutter redete mir gut zu, und die Ärztin meinte, ich könne mir ‚viel' Zeit lassen. In meinem Kopf hatte ich die lieben ermutigenden Worte meiner Therapeutin …

Doch diesmal war ich trotz meines Willens weiterzumachen zu schwach! Mein Körper rebellierte komplett: Ich fing an zu weinen, weil ich meinte von innen heraus zu erfrieren; ich verkrampfte total, und mir war absolut bewusst und ich spürte intensiv, dass der nächste Schluck zum Erbrechen geführt hätte. Also musste ich in ‚die Knie gehen' und abbrechen! Die Untersuchung konnte nicht durchgeführt werden. Ich musste wieder heimgehen. Im Gehen ging mir noch durch den Kopf, dass ich zusätzlich bei der Untersuchung weiteres Kontrastmittel gespritzt bekommen hätte und auch noch Luft eingepumpt worden wäre. Davon hatte man mir im Vorfeld noch nichts gesagt!

Ich glaube wirklich, mein Darm wäre ‚kollabiert'! Selbst der Arzt meinte, ich wäre für die Untersuchung in einem viel zu extremen Zustand. Daheim bekam ich dann gleich noch mal Durchfall vom Kontrastmittel!

Jetzt plagt mich natürlich mein schlechtes Gewissen …!

Ich habe den Kampf wieder einmal gegen meinen Körper verloren, oder war ich ein ‚Schlappschwanz'?

Jetzt sehne ich mich jedenfalls noch mehr nach München und zu meiner Therapeutin, weil ich denke, nur auf diesem Weg weiterkommen zu können!"

03.06.2016

Nach dieser großen Niederlage für mich war ein erneuter Termin bei meiner Therapeutin in München das Allerbeste sowohl für meine Psyche als auch für meinen „gezeichneten" Körper.

Gleich nach der Rückfahrt habe ich meine Erleichterung und Gefühle im nächsten E-Mail niedergeschrieben:

„… Wir sind gerade Gott sei Dank wieder gut angekommen.

Das Treffen mit Dir und Deine Behandlung waren für mich erneut unbeschreiblich wertvoll und heilsam. Mir fehlen dafür einfach immer die Worte.

Es ist pures Glück und Schritt für Schritt Heil! Ich spüre trotz starker Müdigkeit von den letzten Tagen wie tief Deine Therapie gewirkt hat, und ich fühle mich jetzt gelöst, entspannt, und die Schmerzen und der Druck sind viel, viel besser geworden! Ich merke auch immer mehr, wie ich mich Dir psychisch von Mal zu Mal mehr ‚öffnen' kann und all meine Ängste, Sorgen, Befürchtungen und meine ‚Scham' mir gegenüber immer kleiner und weniger werden! Wenn ich mit Dir reden kann, dann tut mir das so gut, und ich fühle mich befreit, verstanden und geborgen, wie bei keinem anderen Menschen! Ich danke Dir wieder für Deine großartige Leistung und Deine stärkenden, hilfreichen Worte! …"

Mein Engel freute sich mit mir, und seine Antwort war weitere pure Motivation für mich, obwohl meine Therapie bei ihm doch erst begonnen hatte:

… Ich finde auch, dass Du immer weiter mutig Deinen Weg gehst, und Du wirst es schaffen. Und du bist sehr tapfer und unglaublich

willensstark … Nutze diese Kraft, um ins Licht zu gehen … raus aus Deiner Dunkelheit, raus ins LEBEN! Als Erwachsener …

Doch zu diesem „frühen" Zeitpunkt war es wieder mein Körper, der gegen meine „gestärkte" Psyche ankämpfte und mit der nächsten heftigen „Attacke" zurückschlug:

05.06.2016

Erfahrungsbericht 6

„Ich bin sehr froh, dass ich wieder von der Klinik zu Hause bin bzw. von den Ärzten aus sein darf, weil sie wieder nichts mehr für mich tun konnten …

Ich war sehr positiv eingestellt, aber heute Nacht bekam ich schon wieder starke Verdauungsbeschwerden. Meine positive Einstellung führte gestern sogar noch dazu, dass ich mir 6 Erdbeeren auf etwas selbst gekochtem Sahnepudding gegönnt habe! Vielleicht war dieser Versuch tatsächlich der Auslöser?

Jedenfalls bekam ich gegen 10 Uhr heute Morgen so eine extreme Kolik im rechten Unterbauch, dass ich mich nur noch auf dem Boden wälzen und vor so starken Schmerzen nur noch weinen und schreien konnte. Mir blieb förmlich die Luft weg; meine Eltern und ich dachten wirklich in diesem Moment an den Blinddarm. Da ich solche extremen, stechenden Schmerzen noch nie hatte, handelten meine Eltern richtig und riefen den Notarzt, der mich dann ziemlich schnell in die Klinik brachte. Dort war die Hölle los, und ich stand lange mit der Liege auf dem Gang; bekam ziemliche Untertemperatur; aber dann doch eine Infusion mit einem sehr starken Schmerzmittel. Ich wurde wie in Trance durchgecheckt. Die Schmerzen ließen wieder nach (mein Arm wurde dreimal verstochen, da zunächst die ganze Infusion in das Armgewebe lief, weil die Vene kaputtging und dann die Kanüle auch noch fehlerhaft war! Aber das war nicht das Schlimmste!), und ich war bis zum Ergebnis noch bis um 15 Uhr in der Klinik zur Beobachtung. Allerdings war es Gott sei Dank nicht der Blinddarm, sondern eine äußerst heftige Kolik. Aufgrund meiner bekannten, als heftig eingestuften

Malassimilation wurde ich dann wieder nach Hause geschickt, weil ich ja am Dienstag eh einen Termin in der Gastroenterologie der Klinik habe, um die Untersuchungen der vergangenen Zeit zu besprechen!

Nun kommen die Schmerzen zwar langsam wieder, aber nicht mehr so heftig. Ich muss mich natürlich jetzt beobachten, sonst muss ich noch mal in die Klinik!

Mein Bericht soll aber keine Klage sein! O. k., ich denke, die letzten Untersuchungen und das viele Gift waren einfach zu viel für meinen Darm!

Ich bin froh, wenn ich heute Abend wieder etwas Trinknahrung versuchen kann, und möchte mit ganzer Kraft so gern nach vorne schauen. Ich hoffe, dass es die letzte so extreme Attacke war!

Jetzt muss ich mich ganz arg erholen und versuchen nach vorne zu blicken!"

Meine Therapeutin schrieb mir noch am Abend zurück, weil sie wie immer wusste, wie dringend ich ihre Worte brauchte.

Und egal wie extrem mein Zustand auch war, sie konnte mir selbst aus der Ferne helfen, weil sie auch spürte, dass mein Weg erst begonnen hatte und ich nicht „verloren" war. Sie erkannte die „Härte und Beständigkeit" meines Körpers zu einem viel früheren Zeitpunkt als ich selbst. Ein enorm wichtiger Grund für die Fortsetzung ihrer Therapie mit mir. Dieses „Gespür" ***meines Engels ist auch ein Teil des Wunders, das ich zu beschreiben, aber niemals mit dem Verstand zu erklären versuche!***

... Es tut mir unglaublich leid, dass Du einen so heftigen Rückfall hattest. Ich weiß, dass Du so positiv bist und unbedingt kämpfen möchtest. Und das tust Du auch, das weiß ich. Deswegen ist es umso deprimierender, dass es Dir nun so schlecht geht.

Nicht aufgeben bitte! Es lohnt sich.

Ich denke auch, dass die Untersuchung und die Reise nach München wahrscheinlich zu viel waren. Du hast auf Deinen Körper gehört und die Zeichen nicht ignoriert, das ist ein großer Schritt. Ich finde es gut, dass Du die Untersuchung abgebrochen hast, weil Du gespürt hast, dass es Dir nicht guttut. Nun ist Dein Darm völlig durcheinander und weiß nicht mehr, was er tun soll … Du bist auf so einem tollen Weg. Es wurde leider nur viel zu lange mit allem gewartet … und jetzt ist es halt ein bisschen schwierig, da rauszukommen … aber es wird.

… Vertrau auf Dein Gefühl, und spüre für Deinen Körper. Hör ihm zu. Er sagt Dir, was er braucht …

Und natürlich kämpfte ich weiter …

Meine Psyche befand sich wie in einem „heilsamen Rausch“, aber ich konnte dieses Gefühl meinem Körper noch nicht weitergeben. Zu groß war der innere tiefe Hass auf meinen eigenen Körper.

Die Symptome wurden immer heftiger und die Ärzte ratloser. Ich war für sie zunehmend ein „medizinisches Wunder“, weil meine Erkrankung und ihre Folgen mit der Zeit immer undurchschaubarer und nicht mehr richtig erklärbar wurden!

09.06.2016

Erfahrungsbericht 7

(geschrieben als E-Mail)

„Der Spagat zwischen meinem Körper und meiner ‚aufstrebenden‘ Psyche wird gerade immer krasser!

Psychisch fühle ich mich immer mehr in meine ‚neue Welt‘ ein, indem ich trotz der körperlichen Last versuche, sehr auf meinen Körper zu hören, ihm das Bestmögliche an Brei und Trinknahrung immer frisch zuzubereiten, und ansonsten das Beste aus meinem Tag mache.

Außerdem denke ich viel an Dich und Deine unendliche ‚Fernhilfe‘ und komme so jeden Tag Schritt für Schritt weiter, weil ich lerne mit allem besser umzugehen und eben auch zu leiden, ohne viel zu klagen.

Das Positive habe ich extra als Erstes geschrieben!

Jetzt das Traurige:

Seit der heftigen Untersuchung bzw. dem Versuch der Untersuchung und vor allem als Folge davon, der ‚Notaufnahme‘

in der Klinik habe ich körperlich nochmals abgebaut und fühle mich dementsprechend schwach und müde.

Vor allem aber habe ich noch heftigere Verdauungsprobleme sowie den Eindruck, mein Darm möchte gar nicht mehr verdauen und schalte allmählich auf ‚tot'. Jedes ‚Essen', auch flüssig, wird zur Herausforderung, und selbst nach dem Trinken bekomme ich Schmerzen, Blähungen, und dann kann ich warten, bis alles mehr oder weniger unverdaut durchgeht. Das macht mir Angst, weil ich spüre, dass ich allmählich keine Kontrolle mehr haben kann trotz positivem Denken! Aber ich kämpfe weiter und weiter …

Allerdings war auch das Gespräch in der Gastroenterologie am Dienstag mehr als frustrierend für mich! Ich war nur für ca. 15 min bei dem Arzt, und es interessierte ihn wenig, dass ich die Sellink-Untersuchung abbrechen musste, weil ich eigentlich körperlich zu schwach war. Er ging auch mit keinem Wort auf meine Notaufnahme am Sonntag ein. Er blendete sie komplett aus, ließ mich nie zu Wort kommen, und jegliche Erklärungsversuche von mir, weshalb ich denke, dass es zu der ‚Attacke' kam und wie ich gerade leide, körperlich noch schlimmer dastehe und mich trotzdem noch am Leben halten kann, wurden von ihm komplett abgeblockt! Nur die Ultraschalluntersuchung seines Kollegen im Gastro-Zentrum ließ er gelten, aber die Diagnose dieses Arztes, mit der ich mich gerade abzufinden versuche (weil sie ja alles Übel so gut erklärt), nahm er nicht an. Er meinte, ich sei ein so extremer Fall, dass zu der ‚Lymphozytären Kolitis' auch noch etwas anderes ‚Organisch' für meine Malassimilation verantwortlich sein müsse. Demzufolge möchte er weitere Untersuchungen einleiten und sagte, ich solle möglichst gleich innerhalb eines stationären Aufenthalts eine Computertomografie des Darms machen lassen. Also er meinte damit:

kurzes heftiges Abführen unter Aufsicht, dann Auffüllen (abdominal und rektal) mit Kontrastmittel plus Magenmedikament und dann ein bis zwei Übernachtungen zur Kontrolle! Ob ich das alles verkrafte? Ich bekäme allerdings KEINE Trinknahrung (viel zu speziell für die Klinik!), sondern werde wie ein Intensivpatient behandelt und bekäme nur Infusionen …

Ich war komplett geschockt und reagierte, indem ich den Termin auf Ende August hinauszögerte mit der Begründung, dass ich das Gefühl habe, dass ICH KÖRPERLICH gerade mit nur noch knapp 28 kg SO AM LIMIT bin, dass ich mein Leben nicht aufs Spiel setzen möchte für einen ‚Null-Befund' bzw. nur für ein möglicherweise weiteres hartes Medikament, das noch mehr Gift in mich pumpt!

Außerdem sagte ich ihm deutlich, dass ich diese Untersuchung jetzt nicht durchführen werde, weil ich mich erst wieder von dem jetzigen Rückschritt erholen und nicht noch weiter auf ein nicht mehr lebensfähiges Gewicht zurückfallen möchte und dann nur noch künstlich ernährt werden könnte! DAFÜR KÄMPFE ich erstens PSYCHISCH viel zu sehr für meine Fortschritte, und vor allem habe ich ihm dann noch von Dir und Deiner Therapie erzählt, auf die ich gerade wirklich als Einziges anspreche!

Er willigte am Ende ein, und ich solle diesen Weg mit Dir (bis Ende August) versuchen! Gott sei Dank durfte ich dann gehen …

Aber lieber Engel, ich finde diese Aussagen und sein Vorhaben wirklich nicht gut und fühle mich von ihm im Stich gelassen!

Doch ich gehe jetzt erst recht den neuen eingeschlagenen Weg mit Dir und bete ganz fest, dass mein Körper noch mitmacht und mich nicht verlässt, trotz des vielen Gifts und der Tortur der vergangenen Tage!

Zudem habe ich volle Unterstützung von meinem Hausarzt …

Aus diesem Grund jetzt meine Hauptanliegen dieses Schreibens. Du hast mir Deine weitere Unterstützung angeboten, und ich möchte Dich von Herzen jetzt um HILFE BITTEN …"

Ich bat meine Therapeutin um einen „Therapieblock", wenn es bei ihr zeitlich möglich wäre, mich für einen Monat jede Woche zu behandeln. Ganz wichtig war mir aber ihre Meinung, ihr Wille dazu. Denn ich hatte auch ganz tief in mir ein schlechtes Gewissen, sie zu „überfordern", zu viel von ihr zu „verlangen". Es war mir bewusst, dass ich medizinisch eigentlich zu diesem Zeitpunkt schon „austherapiert" war. Der Stachel der vergangenen

Untersuchungen und Arztgespräche saß tief! Aber ich wollte doch so sehr, dass es mir wieder besser ging. Schwer leiden und Schmerzen ertragen wollte ich auf Dauer nicht. Ich sah mit meinem Verstand, wie schwer mein Körper heruntergekommen war. So tief, dass er schon viele Funktionen abgeschaltet hatte.

Meine Seele schrie verzweifelt nach Besserung. Was sie aber nicht zulassen konnte, dass ich eine Frau werde! Dieser krasse Widerspruch erklärt die Ausweglosigkeit einer durchgreifenden Gesundung zu diesem Zeitpunkt meines Lebens.

Aber es gab jemanden, dem ich uneingeschränkt vertrauen konnte und der mir so viel Hilfe schenkte ohne weitere schwere Untersuchungen und dunkle Zukunftsprognosen. Im Gegenteil, *mein Engel machte mir Mut trotz meines kritischen körperlichen Zustands. Natürlich wusste er, wie kraftlos meine „Hülle" mittlerweile war, aber er sah in mein Herz und meine Seele und verspürte die unbändige Energie, die darin gefangen war und für meine Heilung befreit werden musste.*

Es war das tiefe Gespür, die Annahme und damit das große Entgegenkommen meiner Therapeutin, nach der ich mich sehnte. Aber das Wundervolle war, dass *mein Engel auch heilende Hände hatte und mir so auch körperlich zu einer großen Linderung meiner Schmerzen verhalf. Denn meine Therapeutin ist qualifizierte Osteopathin, Heilpraktikerin und Physiotherapeutin in einem … Allein dadurch scheint vieles „erklärbarer" zu sein.*

Für mich ist es aber bis heute viel wichtiger, die Hilfe *meines Engels nicht mit dem Verstand erklären zu können. Sonst wäre ich nicht der Mensch, der ich heute sein darf. Einerseits ist die Leistung meiner Osteopathin zwar auf ihre lange anspruchsvolle Ausbildung zurückzuführen, andererseits ist es (für mich) vielmehr ihre Berufung, die so einzigartig wirken kann!*

Aus diesem Grund spürte ich, dass nur sie mir noch durch eine weitere intensive Therapie vor Ort helfen konnte …

Und sie wusste erneut meinen Hilfeschrei zu deuten, und wir vereinbarten für einen Zeitraum wöchentliche Termine.

Meine Dankbarkeit und Gefühle nach dem ersten Termin: 13.06.2016

Dieser eine Moment

Am liebsten möchte ich diesen einen Moment festhalten … für immer …

Ihre heilenden Hände spüren,

losgelöst sein von den Schmerzen und Qualen meines Körpers,

frei sein und voller Glück, Zuversicht,

abheben in eine fremde Welt des himmlischen Schleiers, voller Licht und Wärme, heilender Töne,

die Nähe und Geborgenheit spüren, angstfrei und voller Vertrauen in die Zukunft blicken.

Die Psyche geht auf, wird so unendlich leicht, die Gedanken fliegen und die Schwere nimmt ab.

Ihre Worte ermutigen, beflügeln, schenken Hoffnung, zaubern ein Lächeln auf meine Lippen, und ich bin wie ein neuer, anderer Mensch, ohne die Qualen des Entzugs, weil meine Gedanken endlich ruhen können, und entfesselt in eine Dimension gleiten, ohne Raum und Zeit!

Warum aber sind es nur Augenblicke?

Weil Gott will, dass ich in diesen Augenblicken nicht wie gelähmt versinke, sondern daraus unendlich viel Kraft schöpfe, um weitere Schritte für ein „besseres, gesünderes" Leben machen zu können; um Grenzerfahrungen meines Körpers in Stärke umzuwandeln und negative Gedanken in positives Vertrauen übergehen zu lassen.

Gottes Hilfe wird erst fassbar, wenn ich am Boden liege und durch seine Hilfe in Form meiner lieben Therapeutin und ihrer unbeschreiblichen Leistung für mich wieder aufstehen lerne, Schmerzen erdulden kann, bis sie durch meine innere Stärke und mein Wachstum durch dieses Leid in ein gesünderes Leben münden!!

Die Krankheit ist für mich eine Aufgabe, um LEBEN zu erkennen und die BEDEUTUNG meines ICHs für MICH und diese Welt zu finden!!

22.06.2016

Der Therapieblock bei meiner Therapeutin brachte mich einen großen Schritt weiter. Körperlich hielt die Linderung meiner starken Beschwerden zu dieser Zeit zwei bis drei Tage nach einer Behandlung an. Mehr konnte ich mir absolut nicht erhoffen und war auch therapeutisch nicht möglich. Um mir aber insbesondere für meinen schwer geschädigten Darm weitere Hilfe zu leisten, organisierte mir *mein Engel* *den Kontakt zu einem Spezialisten für „Darm-Immunologie", ebenfalls in München. Es ist ein hervorragender, überaus kompetenter und freundlicher Arzt in einer sehr modernen Gemeinschaftspraxis mit integriertem eigenem Labor.*

Ich bekam durch meine Therapeutin bei ihm einen sehr schnellen ersten Termin.

Und was dieser Arzt durch umfangreiche „Tests" feststellte und durch seine Diagnose in die Wege leitete, sollte für mich noch ein entscheidender, jedoch auch überaus harter Weg für meine körperliche Genesung, besser gesagt für mein „organisches Wunder" werden …

Ich spürte nach jeder Behandlung *meines Engels eine große Veränderung in meinem Kopf. Ich lernte immer mehr „anzunehmen" und aus der Situation das Beste zu machen. Vor allem aber konnte ich mich immer mehr „öffnen" und selbst versuchen, die tiefe Problematik anzugehen. Allerdings waren es erst kleinste Schritte, und von einer Annahme und Selbstliebe war ich zu dieser Zeit meilenweit entfernt. Innerlich war ich noch tief gefangen in meinem „falschen Körper" und blockierte daher unbewusst viele organische Funktionen bis auf ein Minimum.*

Aber mein Herz und meine Seele waren erfüllt von unbeschreiblichen (Glücks-)Gefühlen. Das war das Wichtigste, egal wie es mir körperlich ging; mehr brauchte ich nicht. Aus heutiger Sicht wird mir immer klarer, dass ich damals nicht für mich selbst, sondern für *meinen Engel (über)lebte. Deshalb hielt das Gefühl auch immer nur für*

eine bestimmte Zeit an, und dann sehnte ich mich wieder nach seiner Nähe und seinen Worten.

Vor allem wollte mich meine Therapeutin auf den Weg zu mir selbst bringen. Dadurch war der Kontakt zu ihr für mich nicht nur eine „heile Welt“ mit lieben Worten. Ich weiß heute, dass vielmehr ihre immer wieder ehrlichen, klaren, „harten“, vielfach provozierenden Aussagen und Meinungen mir letztendlich mein Leben retteten! Es war vielfach so schwer für mich und auch für sie, der Wahrheit ins Gesicht zu sehen. Aber nur so wurde ich immer wieder wachgerüttelt und versank nicht in der „lähmenden Zufriedenheit“ meiner Gefühlswelt! Für heilsame Schritte war es auch eine wichtige Hilfe durch *meinen Engel, mich von Zeit zu Zeit von meiner „Wolke“ zu stoßen, um neue Denkansätze und Taten herauszufordern. Ein häufig sehr unangenehmer Weg für mich, eingefahrene schädigende Verhaltensweisen mit meinem Verstand versuchen zu verändern.*

Ganz recht hatte meine Therapeutin auch, wenn sie mich immer wieder klar an ihre (therapeutischen) Grenzen erinnerte:

28.06.2016

… Wie ich Dir gesagt habe, ich lese Deine Zeilen, wenn ich Zeit dazu habe, und ich antworte Dir, wenn ich es notwendig finde … Manchmal ist es das aber nicht … Ich begleite Dich gerne, von Herzen. Das weißt Du. Aber ich bin nicht eine Freundin. Das kann ich nicht sein, wenn ich Dir helfen möchte …

Schreib mir, wenn Du möchtest, aber bitte ERWARTE KEINE Antwort, wenn es nur allgemeine Fragen sind, o. k.? …

Für Deine Heilung ist es so wichtig, dass Du lernst Verantwortung für DICH und Dein LEBEN zu übernehmen. DU bist 39 Jahre alt, kein Kind mehr. Du hast die Wahl, Dich zu entscheiden, also tue es, und überlasse die Entscheidung nicht andern Menschen … auch nicht mir. Denn ich werde nicht über Deinen Kopf hinweg etwas entscheiden! Du bist erwachsen. Und als Erwachsenen nehme ich Dich wahr und an …

Mir war klar, dass ich sie in meiner „Euphorie“ nicht erdrücken durfte. Ich wusste, dass es keine Ausrede gab,

und schrieb ihr zurück, warum ich mich dennoch vielfach nicht anders verhalten konnte:

„... Ich bin mit der jetzigen Situation, dass Du mich als THERAPEUTIN begleitest, so unendlich glücklich und zufrieden, dass es klar ist, dass Du mir nicht mehr geben kannst und Du auch keine private Freundin bist. Als Therapeutin bist Du für mich sogar noch viel mehr wert!

... Aber ich möchte diesen gewaltigen Prozess und meine Gefühle dabei aus dem Grund schildern und Dir schreiben, weil Du einfach seit JAHRZEHNTEN der erste Mensch bist, der einen so gewaltigen Schritt bei mir erreicht hat!

Ich lerne immer mehr, zu mir selbst zu finden, und meine Schmerzen werden durch Dich so gelindert ...

Das ist alles so unglaublich WUNDERVOLL für mich, das zu erleben an mir, dass ich Dir als Mensch gegenüber, der dies alles bewirkt hat, immer das Gefühl habe, ständig danken zu müssen. Es ist einfach das Glück, die Zufriedenheit und die Dankbarkeit, die ich versuche rüberzubringen. Ich kannte noch nie dieses Gefühl und war mit dem SELBSTWERTGEFÜHL wirklich TOTAL am ENDE! Aber auch da mache ich Schritte. Allerdings bin ich ehrlich, wenn es mir körperlich dann wieder schlechter geht, dann klammere ich noch zu stark! ...

Und ich spüre einfach auch körperlich, wie Deine Behandlung wirkt, eine Zeit lang anhält, aber auch wieder abflacht, und dann sehne ich mich ehrlich gesagt auch wieder nach Deiner Hilfe! ...

Aber Deine Worte helfen mir wieder so viel, gerade weil Du nicht möchtest, dass ich wieder zu sehr abhängig werde, sondern mich selber mehr annehmen soll ..."

Mein Engel reagierte auf meine „Erklärung" mit großem Verständnis! Er kannte mich und meine unbeschreibliche, aber trotzdem „wortgewaltige" Gefühlswelt mittlerweile besser als ich selbst und schrieb mir zurück:

... Danke für Deine lieben Zeilen und Dein Verständnis.

Ja, genau so ist es. Ich möchte ganz, ganz ehrlich zu Dir sein, denn ich möchte Dich von meinem ganzen Herzen unterstützen. Und da gehört das dazu. Auch wenn's manchmal nicht schön ist ...

Ich wünsche mir, dass es Dir bald wieder besser geht, und deswegen sind gewisse Dinge notwendig zu sagen … Du hast mich aber ganz gut verstanden, auch das ist ein weiterer Schritt!

Du machst das ganz, ganz toll, sei stolz auf Dich! Ich bin es.

Geh mutig weiter! …

Ich habe diesen E-Mail-Austausch ganz bewusst an dieser Stelle so ausführlich wiedergegeben, weil ich damit aufzeigen möchte, dass die Beziehung zu meiner Therapeutin nicht nur ein „himmlisches wundervolles Märchen" war, sondern im Hintergrund für mich immer auch eine Auseinandersetzung mit der „harten" wahren Realität bedeutete. Aber ich wurde dafür immer wieder von *meinem Engel belohnt!*

07.07.2016

An diesem Tag hatte ich einen Doppeltermin in München. Von meinem neuen Arzt der „Immunologie" bekam ich die Ergebnisse seines ausführlichen Allergietests meines Darms und vor allem eine zusätzliche „Diagnose", die mein weiteres Leben komplett verändern sollte:

Ich schrieb als E-Mail:

„… Allerdings bin ich jetzt total ‚geflasht': Der Arzt in der Immunologie, Dr. S., war wieder sehr kompetent und freundlich; die Diagnose hat aber bei mir eingeschlagen wie eine Bombe!

Der Allergietest selbst brachte tatsächlich nicht sehr viel Neues; jedoch die Tatsache, dass die hohe Dosis meines Schmerzmittels ‚Valoron' der vielen vergangenen Jahre wahrscheinlich der Hauptgrund ist für die Malassimilation: weil nämlich das Mittel meinen Darm völlig lahmlegt und ich mir so (mit der psychischen Blockade) erklären kann, dass ich immer weniger vertrage, da die Lähmung immer weiter voranschreitet! Das hat erst jetzt Dr. S. festgestellt und noch kein Arzt in den vergangenen Jahren davor! Wahrscheinlich würde ich bald gar nichts mehr vertragen! Eine extreme Tragweite dieser Diagnose!

Aber er machte mir HOFFNUNG: Ich bekomme jetzt ein pflanzliches ‚Ersatzmittel' und solle versuchen ab heute kontinuierlich jede Woche 3 Tropfen zu reduzieren! Es wäre das Beste, von dem Schmerzmittel komplett wegzukommen, um wenigstens noch etwas zu retten!

Selbstverständlich werde ich dennoch Entzugssymptome bekommen, aber bei dieser Problematik, lieber *Engel*, hoffe ich wieder sehr auf Deine weitere Mithilfe und Behandlung. Ich denke, zusammen mit Dir und Dr. S. schaffe ich auch diese Herausforderung und mein Darm bekommt endlich eine RICHTIGE CHANCE! …!"

An dieser Stelle ist es sehr wichtig zu erklären, dass ich das starke Schmerzmittel „Valoron", das dem Betäubungsmittelgesetz unterliegt, zum ersten Mal vom Frauenarzt am Ende des Jahres 2000 verschrieben bekommen habe. Es war mein Nottermin nach meiner Vergewaltigung, und ich hatte furchtbare Schmerzen und konnte nicht mehr sitzen. Auch psychisch war ich in einem extremen Zustand. Der Frauenarzt konnte nicht anders handeln, als dass er mir in meiner Situation dieses starke Schmerzmittel verschrieb, weil er auf eine körperliche als auch psychische Wirkung hoffte.

Allerdings ermahnte er mich, ich solle die Dosis von nur fünf Tropfen nicht weiter steigern und das Medikament auch nicht auf Dauer einnehmen, da es sonst zu einer Abhängigkeit führen würde.

Für mich aber war das Schmerzmittel die größte Hilfe, vor allem für meinen miserablen psychischen Zustand. Ich fühlte mich „wundervoll" und bekam „Kräfte", durch die ich alles, vor allem meine körperlichen Leiden, Qualen und großen Ängste komplett für eine „kurze" Zeit ausblenden konnte. Allerdings wirkte die geringe Dosis schon bald nicht mehr, und ich musste kontinuierlich die Tropfenzahl erhöhen …

Ein furchtbarer Teufelskreis begann zunächst noch schleichend und zog sich über volle ZWANZIG Jahre einer schweren Abhängigkeit, deren Auswirkungen für meinen Körper und meine Psyche kaum nachvollziehbar waren. Insbesondere im Verlauf meiner lang andauernden Anorexie bei extremem Untergewicht!

Ich spürte immer wieder, dass ich die Dosis eigentlich dringend reduzieren sollte, um noch größere Einnahmemengen des „Gifts" in der Zukunft zu vermeiden. Viele Versuche, so auch der Versuch Anfang 2016 mussten von mir wieder abgebrochen werden, weil die Entzugserscheinungen zur absoluten Tortur wurden.

Der erneute Versuch einer Reduktion der „bittersüßen Droge" sollte für mich zu einem „Ritt durch die Hölle" werden, was ich natürlich nach dem Gespräch mit Dr. S. noch nicht im Geringsten ahnte ...

Aber die Meinung meines neuen Arztes war mir sehr wichtig, und ich wollte doch kämpfen! Vor allem aber wollte ich meinem Umfeld, insbesondere *meinem Engel* *und Dr. S. beweisen, wie stark mein Wille ist.*

Und so begann ich nach Plan die Tropfen zu reduzieren ...

Die unerbittlichen Entzugssymptome ließen trotzdem nicht lange auf sich warten.

Ein weiterer Brief an meine Therapeutin vermittelt einen ersten Eindruck:

19.07.2016

Wenn der „Mann mit dem Hammer" zuschlägt

„Dann spüre ich unweigerlich, wie die ‚bittersüße Dosis' allmählich Tropfen für Tropfen weniger wird und mir gnadenlos die unverfälschte, unverschleierte Realität meines körperlichen Zustands preisgibt.

Selbst meine bereits gestärkte Psyche fährt dann Achterbahn:

Von einem ‚Glücksmoment' aus von einer Minute zur anderen könnte ich nur noch schreien, werde ich aggressiv und wütend oder aber unendlich traurig und könnte nur noch weinen ...

Mein Körper rebelliert mehrfach schon in der Nacht:

Muskelzuckungen, extreme Unruhe, Krämpfe, Schmerzen am ganzen Körper, Zittern, Schweißausbrüche, Frieren, alles raubt mir den Schlaf; mein Darm ist unruhig und vergärt;

Völlegefühl bis zur Übelkeit; dann wieder starker Durst und Heißhunger-Attacken. Jede Nacht das gleiche Spiel, bis ich endlich wieder die nächste (reduzierte) Dosis einnehmen darf, mich dann um drei Uhr nachts auch noch für mindestens eine halbe Stunde schlaflos im Bett wälze und mich nach Ruhe und Wirkung sehne bei viel zu wenig Schlaf!

Am Tag immer häufiger diese starken Glieder- und Kopfschmerzen, die mich zu Boden zu drücken scheinen; auch mein Darm wird immer unruhiger. Ich ‚esse' (fast nur noch Trinknahrung) und trinke nach Plan, da mir selbst bei großer Hitze bei Bewegung im Freien absolut das Durst- und Hungergefühl fehlt! Dann wieder heftige Krämpfe vom Darm ausgehend in die Beine; starke Durchfälle und das Gefühl zu verdursten …

Ich versuche in der Sonne spazieren zu gehen und mich auf meinen Körper zu konzentrieren, was er möchte. Die Sonne scheint mich zu verbrennen. Kurz darauf spüre ich gar nichts mehr, bin wie gelähmt, und eine unendliche Schwäche macht sich breit; ich spüre meine Füße kaum noch, schleppe mich wie in Trance Schritt für Schritt weiter; meine Haut ist trotz der Hitze trocken; meine Adern durchleuchten meine Haut. Mein Blick scheint endlos in die Ferne gerichtet. Ich laufe weiter wie aufgedreht ohne Gefühl; der Blick senkt sich zu Boden; habe Mühe meinen Kopf und Rumpf weiter voranzutragen; wünsche mir auf einmal mich nur noch auf den nackten Asphalt werfen zu dürfen …

Eine unsichtbare Kraft scheint mich regelrecht zu erdrücken; habe Mühe zu atmen; schnappe nach Luft und sehne mich nach ‚Freiheit'! Die nächste Wolke am Himmel nimmt die flimmernde Hitze; aber ich friere wieder bis zum Zittern. Immer wieder wird mir plötzlich übel und furchtbar schwindelig; habe Mühe den Weg geradeaus zu koordinieren; alles scheint zu zerfließen.

Die Welt wird grau und eintönig; wirkt wie eine Sackgasse; am Ende der dunkle Tunnel, aus dem ich nicht mehr rauszukommen scheine …

Ja, ENTZUG ist teuflisch, und schon jetzt macht er mir immer wieder Angst, obwohl ich erst am Anfang stehe!

Aber dann denke ich wieder an München und meine lieben Verbündeten, die wieder auf mich warten, um mich weiter voranzubringen!

Ich spüre ihre unfassbar große Hilfe und dass ich nicht allein diesen so schweren Weg gehen muss.

Ich hoffe, ich schaffe es mit ihrer Hilfe und dem Beistand meiner Eltern, Ärzte und natürlich Gottes Nähe!"

22.07.2016

Aber ich war nicht allein!

Mein neuer Arzt Dr. S. unternahm alles, um meine Symptome zu lindern, insbesondere meinen Darm zu stärken. Eine große Herausforderung für ihn und auch für meinen „Speiseplan", wenn ich bei 42 potenziellen Allergenen nicht ausschließlich von Trinknahrung leben wollte! Aber er hielt für den Notfall auch noch einen „Plan B" für mich bereit, eine spezialisierte Klinik in München, die meinen „Valoron"-Entzug unterstützen sollte.

Die allergrößte Hilfe erhielt ich wieder von *meinem Engel durch ihre lindernde Behandlung, vor allem aber unbeschreiblich viel Kraft und Mitgefühl:*

… vielen Dank für Deine Eindrücke und Deinen Bericht …

Ich kann mir ein wenig vorstellen, was Du durchmachst – ja, es muss höllisch sein … Es tut mir sehr leid, dass Du durch dieses tiefe, dunkle Tal musst …

Wenn Du das Gefühl hast, dass es auch körperlich zu viel wird für Dich – und Du hast ein sehr gutes Körpergefühl, bitte wende Dich an Dr. S. Unbedingt!

Du hast die Wahl, nun dieses durchzustehen oder auf Deinem alten Weg zu bleiben … Wachstumsschmerzen, sagt man auch … Wenn man wächst, was Du gerade tust, dann tut das oft weh … und: Du wirst endlich erwachsen … Du wirst gerade vom Kind zum Erwachsenen – erwachsen sein ist nicht immer einfach … Als Kind braucht man nicht zu entscheiden, ist immer geschützt und hat eine tolle Ausrede: Ich bin doch noch ein Kind – ich kann nicht … Du beginnst aus dieser Rolle herauszuwachsen … das schmerzt. Das glaub ich Dir.

Ich schicke Dir viel Kraft und Mut, viel Gottes Segen.

Frag bitte nach Unterstützung, wenn's nicht mehr geht …

Es waren wunderbare Worte für mich, und ein weiterer sehr wichtiger Termin bei ihr führte mich zu einer tiefgreifenden Entscheidung. Meine körperlichen Beschwerden und Entzugssymptome wurden zu stark, ich musste mich für einen stationären Klinikaufenthalt entscheiden:

28.07.2016

„... Vor allem aber möchte ich Dir wieder sehr dankbar sein für Deine lieben und EHRLICHEN Worte!

Sie haben mich zutiefst berührt und zum starken Nachdenken angeregt! Ich habe auch Deine Angst um mich gespürt und vor allem, dass Du wirklich nur das ALLERBESTE für mich willst.

Ich habe auf dem Weg zu Dr. S. aus diesem Grund beschlossen und das mit ihm gleich fest vereinbart, dass ich mich sofort morgen für den 15. August fest in der Klinik in München anmelde!

Ich sehe ein, dass ich so ziemlich am Limit bin und auch psychisch immer mehr wegtrete! Ich wollte Dir heute vielmehr Dankbarkeit zeigen, aber ich war mit der Situation und Deinen so guten und hilfreichen, einzig und allein stimmigen Worten so überfordert, dass ich am liebsten nur noch losgeheult hätte!

Aber Du hast ja so recht, und jetzt bin ich froh und dankbar, morgen endlich den Termin zu vereinbaren, obwohl in mir diese Angst auch steckt, dass jetzt gerade, wo mir der Entzug ‚alles entzieht', auch noch meine liebe, gewohnte Umgebung ‚genommen' wird. Aber ich sehe ein, halb tot Zuhause macht auch keinen Sinn!

Ich danke Gott tausendfach und damit auch Dir, dass ich jemanden wie Dich habe, der mich wirklich retten will! Und deshalb muss ich in die Klinik für meine Hilfe! ..."

Die Entscheidung, in ein Krankenhaus zu gehen, wenn auch ein sehr spezielles, fiel mir unheimlich schwer. Aber ich hatte keine andere Wahl, wenn ich den Entzug schaffen wollte. Denn mein Leben war zu diesem Zeitpunkt trotz der großen Unterstützung durch *meinen Engel vor allem körperlich die Hölle:*

Weitere Gefühle, während die Tropfen schwinden …

„Heute möchte ich wieder ein paar Zeilen schreiben, um mir ein wenig Luft zu verschaffen …

Es soll keine Klageschrift werden. Nein! Ich weiß und spüre, dass ich diesen schweren Entzug nicht allein gehen muss und eine große Hilfe im Hintergrund habe, die mich Schritt für Schritt begleitet, dass ich diesen Weg überhaupt gehen kann! Aber die Schritte muss ich selbst machen! Ich allein muss mit den Plagen und Schmerzen fertigwerden, und das Tag für Tag, wenn Tropfen für Tropfen schwindet.

Vor allem in der Nacht ist es schwer, ruhig und voller Trost und Hoffnung zu bleiben, wenn ich nicht schlafen kann, obwohl die Augen brennen und die Lider schwer wie Blei erscheinen. Dann ist mir heiß und kalt zugleich. Alle Glieder brennen und schmerzen, und ich habe Mühe, ruhig liegen zu bleiben; ich wälze mich von Seite zu Seite, mal mit, mal ohne Decke. Mein Bauch ist unruhig, mein Darm krampft, ich habe schrecklichen Durst und vielfach auch Hunger, und dann ist mir wieder speiübel. Immer wieder bekomme ich starke Krämpfe in den Beinen, Füßen, Zehen und Fingern, die dann nach allen Richtungen wie gelähmt wegstehen, und ich versuche sie wieder einzurenken und den Schmerz zu lösen. Im nächsten Moment bin ich erneut vor Schmerz fast wie gelähmt und starre an die Decke, möchte mich auf einen heilsamen Punkt konzentrieren; suche verzweifelt nach einem beruhigenden Satz aus der Ferne, vielleicht von Gott? Dann merke ich, wie sich meine Psyche verändert, unbeschreiblich …

Ich bin wie von der Tarantel gestochen, sollte eigentlich aufspringen und bin doch wie festgeklebt und gelähmt auf meinem etzerzausten Laken. Ich merke, wie ich Mühe habe, mich auf etwas Bestimmtes zu konzentrieren. Möchte schreien, um Hilfe flehen und weinen. Aber vielfach gelingt es mir nicht, da ich wie versteinert bin und die Tränen sich nicht lösen wollen. Dann wieder der Wunsch, meinen Kopf oder meine Glieder gegen die Wand zu schlagen, um einen Gegenpol zu dem Zittern und der unbeschreiblichen Unruhe, den Zuckungen meines Körpers zu erzwingen!

Dann wieder und wieder die ewigen Bilder dieser einen schrecklichen Nacht, die ich eigentlich ausblenden und löschen möchte; aber sie sind in meiner schlechten psychischen Verfassung vielmals stärker und kommen mit einer Kraft zurück, die ich nicht beherrschen und auflösen kann! Dann habe ich wieder diese Angst und Panik! Vor allem sind es einfach noch immer sehr viele Details, die ich noch nicht aussprechen und so bearbeiten konnte. Und sie kommen und plagen mich immer und immer wieder. Dann sind auch die heftigen Schmerzen in meiner ‚Tabuzone' wieder mit ‚Gewalt' da, und in diesen Momenten ist es für mich fast unmöglich, Zugang zu dieser Zone zu bekommen, ja sie liebevoll anzuerkennen …

Nach der halben schlaflosen kräftezehrenden Nacht dann endlich der erschöpfte Schlaf, oder aber ich habe die Kraft und nehme die Pfote meines großen Bären neben mir in die Hand, um Hilfe und Beruhigung zu spüren. Dann ist sie wieder da, die Nähe meiner Hilfe: *Ich spüre wieder ihre heilende Hand in der meinen, wie in dieser einen Therapiestunde, die mich so unendlich großartig beruhigt hat: Wie durch ein Wunder spürte ich keine Schmerzen mehr und war wie geborgen und losgelöst von allem Leid.* Ich versuche mir das vorzustellen, aber vielfach fehlt mir allein dazu in der Nacht einfach die Kraft!

Überhaupt merke ich einfach gnadenlos, wie mein Körper immer mehr rebelliert, ich immer trotz verzweifeltem Widerstand schwächer werde und mir alles immer schwerer fällt: Der Alltag, das ‚Essen' und Trinken; ja ein jeder Schritt! Ich merke auch immer häufiger, wie meine Psyche und meine Gedanken komplett aussetzen, ich mich nicht mehr auf meine Aufgaben konzentrieren kann …

Dann habe ich nur Angst, und es fällt mir unglaublich schwer, alles mit Hoffnung zu beleuchten und weiterzugehen!

Aber gerade weil die Tage für mich nicht leichter werden und ich trotzdem diesen Entzug schaffen möchte, habe ich heute schon ganz früh etwas in die Wege geleitet, was bis jetzt bei mir absolut unvorstellbar war! Ich habe in der Klinik in München bei der Patientenvermittlung angerufen, um mich dort vorzustellen, den Kontakt eingeleitet und mir einen Termin geben lassen. Weil es bei mir nicht mehr aus eigener Kraft weitergeht, werde ich dort stationär untergebracht werden können!

Diesen gewaltigen Schritt habe ich gemacht, um in der Not, wenn ich wirklich dauerhaft rund um die Uhr eine professionelle Betreuung brauche, sagen zu dürfen: *‚Ich kann nicht mehr! Mein Körper und meine Psyche sind am Ende!‘*

Solange es geht, versuche ich aber vor allem mit meiner bisherigen großartigen Hilfe und Unterstützung Schritt für Schritt weiterzugehen und alles auszuhalten und zu ‚durchleben‘!

Denn es gibt immerhin auch noch Minuten der Lichtblicke, in denen ich aufatmen kann, die Schmerzen und Qualen etwas leichter sind und ich dann Gott danke für die Nähe und Begleitung, die ich vor allem durch meine Therapeutin erfahren darf und die mich weitertragen und ich wieder Hoffnung schöpfen kann und darf!

Ich werde kämpfen bzw. besser meinen Weg zu gehen versuchen, bis zum Umfallen!“

02.08.2016

Ein weiterer Termin bei meiner Therapeutin ging an diesem Tag viel zu schnell zu Ende.

Am Abend war ich erfüllt von Glück, wollte am liebsten jede Minute in meinem Herzen festhalten.

07.08.2016

Mein Körper schrie nach Hilfe, und ich konnte den Entzug meines Schmerzmittels nicht mehr ohne weitere medizinische Hilfe durchführen. Ich stand einen Tag vor meiner Einweisung in eine Spezialklinik (KFN) in München. Meine Nerven waren bis aufs Äußerste angespannt, und ich schrieb *meinem Engel:*

„… heute möchte ich Dir als Anhang mein letztes geschriebenes ‚Gedicht‘ vor meiner Aufnahme in die Klinik senden.

Ich denke, die Zeilen sind selbstredend und zeigen, wie der Spagat zwischen Angst und Erleichterung, endlich in die Klinik zu kommen, ist!

Aber ich bin wirklich froh und vor allem Dir dafür so dankbar, sagen zu können:

ICH KANN ALLEIN ZU HAUSE NICHT MEHR und denke aber, alles wird besser, und ich gebe nicht auf! Ich will leben! …:

Was bedeutet ENTZUG?

Entzug bedeutet,

neben sich zu stehen und dabei auch noch die Beziehung zur Umwelt zu verlieren.

Der Körper schmerzt in allen Teilen; eine undefinierbare Schwäche drückt einen auf den Boden.

Die Knie und Beine zittern; suchen nach Halt und sicherem Boden.

Eine bleierne Übelkeit zieht alle inneren Organe noch weiter nach innen; ins gefühlte Vakuum.

Der Kopf ist wie Blei; starke Kopfschmerzen rauben die Konzentration; ein Hammer im Kopf.

Die Augen brennen und sehnen sich nach Schlaf.

Der Blick sucht verzweifelt nach einem sicheren Punkt in der Umgebung.

Aber alles verschwimmt zu einem diffusen Bild; der Tag wird zur Nacht.

Gefangen in einem endlosen, dunklen, beängstigenden Tunnel ohne Töne und Geräusche.

Angst und Ohnmacht machen sich breit; man will ausbrechen und fühlt sich dennoch wie in Ketten.

Rennen, Schreien; die Aggressionen wollen frei werden, aber der Körper ist zu schwach sich zu wehren. Tränen wollen fließen und werden von der inneren Härte und Emotionslosigkeit zurückgehalten.

Alles in einem wird hart. Undefinierbar entfernt sich der eigene Körper von der Seele und den wahren Gefühlen; voller Energie für Sekunden; kraftlos und dem Tod näher gefühlt für Stunden.

Die Umwelt erscheint wie in einen Schleier gehüllt; die Realität kann nicht mehr klar wahrgenommen werden.

Science-Fiction im Kopf und ein lähmendes Gefühl bis kurz vor dem Ersticken.

Die Flucht vor der eigenen Angst und Machtlosigkeit wird zur unendlichen Tortur durch Schwäche und den Entzug jeglicher kräftigenden Energie!!

ABER ENTZUG ist auch die CHANCE, FREI ZU WERDEN. EIN NEUES LEBEN ZU BEGINNEN. ZU WACHSEN und STARK ZU WERDEN. Endlich AUSBRECHEN aus der KRANKHEIT; SICH ZU FINDEN und SEINEN WEG GEHEN!

Deshalb gehe ich diesen Weg Schritt für Schritt, egal wie hart er auch ist, egal wie lang und steinig …

Mit Gottes Hilfe, mit dem Beistand und der Nähe meiner Eltern und meiner unbeschreiblich wertvollen Therapeutin sowie mit weiterer ärztlicher Hilfe!

ICH BIN NICHT ALLEIN, und mein AUFTRAG ist zu LEBEN!"

Meine Therapeutin war in Gedanken fest bei mir und schrieb: *… Du schaffst es! …*

Aber zu diesem Zeitpunkt schaffte ich es noch nicht.

Mein für einen längeren Zeitraum geplanter Klinikaufenthalt wurde für mich zu einem äußerst kurzen, aber mit großem „Erfahrungswert"!

08.08.2016 bis 12.08.2016

München – Spezialklinik – Bericht und Erfahrungen

„Ja, nun bin ich hier; mittlerweile ist es der erste Tag nach meiner Aufnahme am Montag, dem 08.08.2016. Die Aufnahmeprozedur war zwar lang, aber die Bediensteten waren höflich, und nach dem Formellen empfing mich dann ein schön eingerichtetes Einzelzimmer: mit Balkon, recht groß und viele Schränke sowie ein geräumiges Bad; also die Einrichtung ist o. k. und auch die Schwestern; Tee, Wasser und Kaffee kann man sich holen, so viel man will – auch gut.

Das Aufnahmegespräch mit der Stationsärztin war eher mühsam; weil sie mich mit meiner Problematik sehr schwer einordnen konnte … Mein Zettel für die Küche habe ich zwar geschrieben, allerdings merke ich sofort, dass sie auf solche Fälle überhaupt nicht eingestellt sind … Am Abend gibt es noch einen Becher Naturjoghurt und eine Nektarine!

In der Nacht bekam ich eine halbe Schlaftablette auf meine Nachfrage hin, nachdem ich extreme Kopfschmerzen und Übelkeit bekam, und konnte dann bis zur Einnahme um 3.15 Uhr besser schlafen!

Am Morgen dann Wiegen, Blutabnahme, Blutdruck messen – an Schlaf war ab 6 Uhr nicht mehr zu denken; mein Darm fühlt sich leer an und krampft extrem; außerdem habe ich starke Vergärungen aufgrund des Bewegungsmangels und wegen der Umstellung für den Darm! Die Toilette war schwer, und ich merkte, wie das Gift drinsteckte, aber eigentlich rauswollte! Beim Frühstück gab es 2 Scheiben für mich nicht verdauliches glutenfreies Brot und ein Stück Melone! Eher frustrierend!

Dann spürte ich, wie ich trotz dem lieben E-Mail-Kontakt mit meiner Therapeutin und Telefon mit den Eltern in ein psychisches Loch fiel ... Erst die Fußreflexzonentherapie gab etwas Auftrieb!

Dann endlich kommt die ‚Chefärztin', nicht der von Dr. S. informierte Chefarzt, und SOFORT werde ich wieder in die ‚ESSGESTÖRTEN'-Schublade gesteckt; der eigentliche Grund, warum ich hier bin, wegen der Schmerzmittel-Reduktion, wird erst ‚nachrangig' angesehen; wenigstens bekomme ich ab jetzt ein Ersatz-Schmerzmittel: ‚Novalgin', und zur Schmerzbehandlung ‚Rollkuren'; aber weder Osteopathie noch Akupunktur! Bezüglich des Essens bekomme ich eine neue Trinknahrung, weil das ‚Modulen' nicht verfügbar ist, und bin damit wieder Versuchskaninchen! Außerdem noch „L-Carnitin- und ‚Kreon'-Kapseln; also ernährungstechnisch bin ich damit wieder weiter unter meinen bisherigen Erfahrungen, was mir guttut. Von einem ‚psychotherapeutischen' Gesprächspartner weit entfernt! Wenigstens darf ich auf dem Ergometer etwas Rad fahren!

Das Gespräch mit der Chefärztin zieht mich momentan doch eher runter, und ich denke, dass meine bisherige Behandlung zu Hause ohne Schmerzmittelreduktion mit meinen Therapeuten und meiner ausgeklügelten Ernährung plus Psychotherapie viel wertvoller war, vor allem für meine Psyche und damit auch für eine langfristige Darmregeneration!

Nach dem ersten psychischen Tiefgang dann das Telefongespräch mit Dr. S. (meinem Immunologen) und danach mit meinen Eltern, die mich wieder etwas beruhigt haben und vor allem meinen Willen gestärkt, eine Woche durchzuhalten, egal was komme! Zumindest sehe ich in der ‚Novalgin'-Einnahme eine große Chance, daheim erfolgreicher an der Schmerzmittelreduktion voranzukommen!

Auch die Diätassistentin aus der Küche kam doch schon heute, und wir hatten ein angenehmes Gespräch; sodass etwas auf meine ‚Ess-Problematik' Rücksicht genommen wird.

Der Kurzspaziergang an der frischen Luft war wesentlich besser für mich als die anschließende ‚Entspannungsgruppe', bei der ich überhaupt nicht abschalten und entspannen konnte!

Die Leere und Einsamkeit sind momentan das Schlimmste für mich, und ich fühle mich verlassen und auch unendlich müde!

Dann eine große Erleichterung: Am Abend merke ich, wie ich tatsächlich keine so schweren Schmerzen und Entzugserscheinungen mehr habe, obwohl ich schon 5 Tropfen in 2 Tagen reduziert habe! Was für eine Voraussetzung für meine weitere Reduktion!!

Eine große Erleichterung macht sich breit, trotz des ‚schlechten' Rohkost-Essens!

Das Telefon mit den Eltern am Abend beruhigt und lässt mich doch mit einer weiteren halben Schlaftablette gut schlafen bis um 2.30 Uhr, dann muss ich ‚Valoron' einnehmen, kann aber bald wieder einschlafen.

Morgens beim Wiegen sehe ich, dass ich doch 300 g abgenommen habe! Das Frühstück ist mit Obst und einem Joghurt wieder mager … Dazu gibt es Trinknahrung, hochkalorisch mit MCT, aber für mich unverträglich, hatte ich daheim auch schon probiert! Das Schönste ist das E-Mail von meiner Therapeutin und das Gespräch mit den Eltern! Die Atemgruppe war nicht besonders aufbauend; ‚seltsame' Menschen und Übungen, zu denen ich kaum Zugang bekam …

Dann endlich das Gespräch mit dem Chefarzt: Gott sei Dank werde ich diesmal nicht in die gleiche Schublade gesteckt; im Gegenteil, aufgrund meiner Argumentation mit dem

‚Novalgin-Erfolg' und dem ‚Esstechnik-Rückschritt' sowie meiner schlechten psychischen Verfassung werde ich am Freitag wieder entlassen!

Jetzt kann ich besser abschalten und wirklich daheim mein Konzept weiterführen plus erfolgreicherer ‚Valoron-Reduktion' mit ‚Novalgin' und vor allem mit meinen Therapeuten!!

Am Freitag wurde ich dann Gott sei Dank entlassen; mit einem Kilo weniger, aber gut eingestellt mit (pflanzlichen) Medikamenten, ausgezehrt und erschöpft!"

Aber mein Leben ging weiter, ich hatte ja noch einen großen Auftrag zu erfüllen, vor allem nicht aufzugeben und immer mehr auf meine innere Stimme zu hören:

11.09.2016

Die innere Stimme

Meine innere Stimme begleitet mich auf meinem schweren Weg und treibt mich voran, trägt mich weiter, macht mir Mut und beruhigt meine angespannte Psyche.

Sie ist immer bei mir; vor allem wenn sich Gebirge vor mir auftürmen, die unbezwingbar scheinen.

Wenn die quälende Schwäche mich zu Boden zu drücken versucht, wenn meine Muskeln schmerzen und schwer wie Blei erscheinen.

Wenn die Augen ins Leere gerichtet sind und keinen Blick mehr zulassen.

Wenn die Übelkeit mir meine klaren Gedanken raubt, wenn der Darm sich krampfend zusammenzieht und sich gegen alles zu wehren versucht.

Wenn das Gift in mir meine Adern und meine Organe zu vernichten scheint, mir meinen Atem raubt, meinen Kopf fast zum Zerbersten bringt.

Wenn meine wahren Gefühle wie gelähmt sind, weil ich häufig so verzweifelt bin und kaum noch glaube, durchzuhalten.

Ja, gerade dann ist sie wieder da, diese unbeschreiblich starke und zugleich liebevolle INNERE STIMME …

Dann stehe ich auf, kämpfe, mache Schritt für Schritt in den Tag, in meine neue Zukunft; blicke nach vorne, in den Himmel; sauge die Sonne und ihre warmen Strahlen in mich auf; entdecke die Natur, höre auf mich und meinen Körper; erkenne den Aufschrei meines Körpers nach Liebe und Zuneigung und versuche einzulenken, einen Moment in mich zu kehren; zu akzeptieren, was mein Körper braucht.

Häufig nur eine kleine liebevolle Geste, Aufmerksamkeit.

Dann kann ich mein Leid annehmen und die Qualen in Stärke umwandeln.

Dann kann ich wieder gehen, aufstehen vom Boden, arbeiten, statt gelähmt zu sein.

Dann kann ich wieder singen, lachen, Freude spüren, statt gelähmt zu sein und im Schmerz zu versinken, und kann unendlich dankbar sein, dass Gott mir diese LIEBE STIMME geschenkt hat.

Es ist seine Antwort in Form meiner Eltern, meiner lieben Therapeutin und weiterer ärztlicher Hilfen, ohne die ich nicht mehr leben würde und ich nicht wieder diesen NEUEN LEBENSMUT, die große HOFFNUNG und das unbeschreiblich große Potenzial an unbezwingbarer INNERER STÄRKE entwickeln könnte, mit der ich über meine Schwäche und Krankheit hinauswachsen kann!

Und ich war wirklich nicht allein. Ein jeder weiterer Termin bei *meinem Engel war für mich einzigartig und wegweisend. Ich schöpfte vor allem psychische Kraft, um mich körperlich immer besser zu stabilisieren. Mein Körper wurde zäher und zäher, und meine Konstitution bei einem Körpergewicht von nur noch 29 kg glich zunehmend einem (medizinischen) Wunder. Nur richtig an Körpergewicht zunehmen, schaffte ich einfach (noch) nicht. Es waren für mich dennoch kleine Schritte des Fortschritts, weil ich immer mehr versuchte, meine Seele anzuhören und nach mir zu suchen; auch nach den Signalen meines Körpers, dessen Stimme nach Zuneigung und Energie noch viel zu oft an meiner eisernen Fassade verhallte. Aber genau diese Härte konnte von meinem Engel von Termin zu Termin immer weiter durchbrochen werden.*

Am 27.09.2016 schrieb ich dazu in einem E-Mail an meine Therapeutin:

„… gerade sind wir wieder gut zu Hause angekommen.

Ich möchte Dir aber von ganzem Herzen, weil ich wieder so tief gerührt bin, für Deine wundervolle Behandlung danken und Dir dafür noch ein paar Worte schreiben:

Alles heute war wieder zum genau richtigen Zeitpunkt und unbeschreiblich heilsam. Eigentlich sind es immer die gleichen Worte für Deine einzigartige Behandlung. Aber immer wieder aufs Neue spüre ich, wie ich von Mal zu Mal besser und intensiver reagiere, denn ich lerne zuzulassen; und deshalb ist es immer wieder eine Nuance wundervoller, was ich nur schwer in Worte fassen kann … Zudem möchte ich Dir auch immer wieder danken, weil es keinen Menschen gibt, der meinen Dank mehr verdient hätte als Du; mein Dank an Dich wird nie enden und kann auch nicht zu viel sein … Manchmal denke ich, Du verstehst mich jetzt besser als meine Mutter; weil Du viel mehr weißt, insbesondere was alles auf meinen Körper gewirkt hat und dadurch ihn, meine Handlungen und Gefühle prägt …

Nur Du darfst so weit an mich heran, und ich kann loslassen und darin riesengroßes Heil und Erleichterung erfahren; Deine Hände sind wie die eines Engels, Deine Nähe schenkt mir so viel Sicherheit, Ruhe, Geborgenheit und Wärme, dass ich mich wie im Himmel fühle. Alle Verhärtungen können sich lösen; ich werde frei; kann Dinge aussprechen, die wie Stachel in mir stecken und mich zu leiten versuchen. Verkrampfungen schwinden und kehren sich in ein Wohlgefühl in mir, wie ich es nur bei Dir erfahren kann. Meine Psyche beginnt zu springen, und mein Körper wird eine Zeit erlöst von den Schmerzen und Qualen.

Bei Dir darf ich ‚ich' sein, so wie ich bin; darf Schwäche zeigen und auch weinen; ich muss Dir nichts vormachen, weil Du ohne Worte nur durch einen Blick mein Inneres und meine Gefühle (er)kennst und so auf alles auch die richtige Antwort weißt.

Du schaffst jedes Mal aufs Neue das Unfassbare für mich, dass Du meinen Körper und meine Psyche erweckst zu neuem Leben, heilst von den Qualen, denen ich ausgesetzt war und noch immer durch meine Lähmung mir selbst gegenüber häufig bin … Das ist der Versuch, dieses unnachahmliche Gefühl der Geborgenheit und Sicherheit nur bei Dir zu beschreiben. Und daraus ergibt sich dieses immer wiederkehrende Glücksgefühl und der herzliche Dank an Dich und Deine Behandlung …

Auch das Oktoberfest war eine tolle Erfahrung und Stimmung, die ich nur durch Deine Behandlung vorab wieder OHNE SCHMERZEN und mit UMGEWANDELTER, FROHER PSYCHE genießen durfte!

Mit meiner Mutter fuhr ich erst Kettenkarussell mit ‚Schwung' und dann noch vor lauter Freude die Topversion ‚Power Tower' allein; ein grandioses Gefühl! …"

19.10.2016

„… ich könnte Dich niemals belügen und möchte Dich auch niemals verletzen, weil ich Dich so sehr achte und Du mir so viel bedeutest …

Manchmal möchte ich diesen *Engel* immer festhalten, niemals verlassen müssen, weil ich Angst habe vor mir und meinen Gefühlen, Ängsten, vor meinen Schmerzen und meiner Umwelt …

Immer wenn ich Deine Praxis und Dich dann wieder verlassen muss, bin ich in meinem schweren Prozess zu MIR und meinem wahren ICH wieder einen Schritt weitergekommen und dadurch ‚gereifter' für meine ‚Welt' draußen und in mir selbst …"

An dieser Stelle ist es mir nochmals wichtig zu erwähnen, dass das Pseudonym *„mein Engel" für meine Therapeutin nicht willkürlich von mir ausgewählt wurde, sondern dem Gefühl aus meinem Herzen entstammt!*

05.12.2016

An diesem Tag stand ein besonderer Termin bei meiner Therapeutin an. Denn ich bekam von ihr zusammen mit einem Arbeitskollegen eine wunderbare, einmalige „spirituelle" Behandlung, die für die Bearbeitung meiner posttraumatischen Belastungsstörung (aufgrund meiner Vergewaltigung) bahnbrechend war:

„… war das ein Tag!

Ich danke Dir und K. ganz herzlich für diese unbeschreiblich tiefgreifende und besondere Behandlung, die ich gerade noch in vollen Zügen versuche zu ‚fassen' und vollkommen wirken lassen möchte … Ich werde alles einfach kommen lassen und mich ganz öffnen … Schon während Eurer Behandlung war ich wie in Trance. Ich spürte Eure riesengroße Mühe, Herzlichkeit und Freundlichkeit und war umgeben von Lösung, Wärme, Fürsorge und Geborgenheit, wie ich sie gar nicht in Worte fassen kann.

Ich habe gespürt, wie Eure Therapie ein Geschenk Gottes für mich ist …

Ich denke, Gottes Nähe und Liebe wurden mir heute in vollendeter Form und in riesigem Heil durch Euch und Eure Arbeit und Nähe in Personen geschenkt!

Ich fühlte mich wie in einer neuen engen Familie geborgen, eingebunden und würde diesen Tag am liebsten immer festhalten …

Jetzt möchte ich fest weiter an allem arbeiten und alles annehmen, egal was kommt, weil es wichtig und gut sein wird.

Herzlichen Dank für die viele Kraft und Energie, die Ihr mir geschenkt habt und die gerade sehr stark in mir weiterwirkt …

Um endlich meinen Weg zu finden und weiter gesund zu werden! Ich denke mit Eurer und Gottes Hilfe werde ich das schaffen …

Ihr habt für mich Euer Bestes gegeben! …"

Meine letzte Behandlung in diesem Jahr war für mich die emotionalste. Nicht nur, weil in vier Tagen Weihnachten war, sondern vielmehr deshalb, weil ich wieder mit starken körperlichen Symptomen zu kämpfen hatte. Vor allem sprach meine immer wiederkehrende Genitalentzündung nicht mehr auf die Antibiotika-Therapie an. Mein Darm dagegen reagierte mit weiteren schweren Folgen. Allmählich spürte ich immer deutlicher, wie geschwächt mein Körper war und dass die vielen vergangenen Jahre meiner Erkrankung tiefe Spuren hinterlassen hatten. Mein Grat wurde schmaler, und meine positive Psyche verlor immer häufiger gegenüber meinem körperlichen Leid den Halt.

Nur an den Tagen, an denen ich bei *meinem Engel in Behandlung war, spürte ich die riesengroße „Freiheit", meinen*

Körper ohne Schmerzen und meine Seele voller Glück. Aber gerade deshalb lohnte sich ein jeder neue Termin, der mir zumindest für einen Tag dieses Leben schenkte. Und in meinen Gedanken hielten ich und auch meine Therapeutin immer daran fest, dass sich diese Tage irgendwann zu einer strahlenden Perlenkette aneinanderreihen und der Kreis zu neuem Leben und meiner Gesundheit geschlossen werden kann!

Mein Engel gab mich zu keinem Tag auf, so schwer es auch für ihn war, weil er sich doch viel lieber größere Erfolge wünschte. Aber er kämpfte mit und für mich in einzigartiger Weise.

20.12.2016

„… Ich kann es einfach nicht in Worte fassen, aber der heutige Tag war noch viel tiefgreifender für mich. Gerade wegen meiner (Todes-)Ängste war mein größter Herzenswunsch heute bei Dir sein zu dürfen; und dieser Wunsch wurde mir mehr als erfüllt! Es war das schönste Weihnachtsgeschenk für mich!

Aber ich war auch noch nie so tief in meinen Gefühlen, und das ist so schön trotz des Leids. Und gerade deshalb konnte ich Dir heute alles sagen, was mich so tief bewegt und auch ganz offen und ehrlich sein, weil ich jetzt weiß und spüre, dass ich mich nicht mehr zu verstellen brauche und so sein möchte, wie ich bin und vor allem, wie es mir geht und ich mich fühle. Dazu gehört auch, Dir zu sagen, dass ich Dich als meine größte Hilfe einfach brauche, ohne mich ‚schuldig' zu fühlen … Ich möchte mich auch in Zukunft nie mehr Dir gegenüber verstellen, sondern offen meine Gefühle und meinen Zustand ausdrücken!

Ich versuche weiter alles Bestmögliche für meine Psyche und meinen Körper mit Gottes Hilfe und durch Deine Unterstützung (auch in Form der wunderbaren inneren Stimme) zu tun; aber ich werde mich nicht mehr mit Gewalt für oder gegen Leid und Schmerzen noch weiterquälen und ankämpfen, sondern ich möchte annehmen, was Gott für mich bestimmt hat; entweder ich darf leben oder aber in Frieden sterben …

Heute allerdings hat er mir durch Dich und München einen wundervollen Tag geschenkt, und Du hast mir wieder so viel geholfen, indem ich jetzt aufs Neue viel weniger Schmerzen habe und mein Herz und Psyche gestärkt sowie in Freude sein dürfen … Dass ich jetzt sehr erschöpft, müde und auch geschwächt bin, nehme ich dankbar an, und die leichte Übelkeit zeigt mir, dass mein Magen-Darm-Trakt immer noch arbeitet!

Jetzt denke ich, dass ich alles gesagt und beschrieben habe …"

Meine Therapeutin schrieb mir zurück:

… ich danke Dir sehr herzlich für Deine E-Mail, die mich sehr berührt hat … Ich bin froh, dass Du nun ein bisschen mehr in Deinem Herz und im Gefühl bist … auch wenn es im Moment extrem hart ist. Und ich bin für Dich da, wenn Du Unterstützung brauchst. Du bist so einen weiten und steinigen Weg gegangen, ich habe sehr großen Respekt davor und vor Dir … als Mensch …

Die Zukunft liegt nun in Gottes Hand, ich bete für dich und schicke Dir viel Licht … Du bist jetzt im Gefühl, darfst spüren und fühlen … das kann auch sehr, sehr schön sein … Im Moment ist es natürlich sehr schwer für Dich, das weiß ich. Ich bin sehr stolz auf Dich, Du hast so viele Schritte gemacht … das ist wirklich unglaublich …

Mit den besten Wünschen beendete sie ihr E-Mail, und ich spürte, für mich war Weihnachten schon heute da!

Doch an Heiligabend sollte alles noch ganz anders kommen: 24.12.2016

Meine (wahre) Weihnachtsgeschichte als Brief an meinen Engel:

„Ich weiß, eigentlich wollte ich Dir nicht schon wieder schreiben und Dir mehr Ruhe gönnen. Aber jetzt habe ich doch den großen Wunsch, es zu tun, weil ich einen besonders ‚einprägsamen' Heiligabend erleben durfte.

Es soll auch keine Klageschrift werden; NEIN! Im Gegenteil; ich denke, Du weißt und spürst mittlerweile so gut, wie kritisch es um mich steht …

Und ich versuche jeden Tag ganz tief auf mein Gefühl zu hören und zu spüren, was geht und wie ich fühle, was ich brauche; manchmal kann ich auch alles annehmen, so wie es ist; ohne groß zu klagen und meinen Zustand zu hinterfragen; aber an manchen Tagen könnte ich dann wirklich nur schreien, heulen, wenn ich merke, wie mein Körper gerade ,zumacht' und die Schwäche unsagbar groß wird …

Aber heute schreibe ich Dir eine Weihnachtsgeschichte.

Es ist eine wahre Geschichte, und es ist MEINE Weihnachtsgeschichte, mit einem riesengroßen Dank an Gott und auch wieder an Dich; weil er mir an Heiligabend ganz tief in meinem Herzen eine rettende ,Engelsstimme', DEINE STIMME gesandt hat:

Am Samstag nach dem ,Mittagessen' nahm das Leid des Morgens und die anbahnende Schwäche eine noch nie da gewesene Dimension bei mir ein: Nach etlichen fast schlaflosen Nächten, anhaltender Übelkeit und schweren ,Fließdurchfällen' nach jedem Versuch, Nahrung zu mir zu nehmen, überkam mich eine so extreme Übelkeit plus Durchfall, dass mir regelrecht die Beine weggebrochen sind und ich mich sofort aufs Sofa bei meinen Eltern im Wohnzimmer hinlegen musste. Ich hatte auch sehr starke Kopfschmerzen mit Schwindel und konnte nicht mehr so ruhig sein. Mich überkam eine große Todesangst. Meine Mutter packte mich in warme Decken und legte mir ein Heizkissen auf meinen Bauch. Beide saßen dann bei mir, und es war eine extrem bedrückende Stimmung, fast lähmend. Und doch war ihr Dasein so beruhigend.

Aber ich bekam nicht mehr so richtig viel mit. Allerdings konnte ich vor lauter Übelkeit nicht einschlafen; es war ein Gefühl des Wegtretens, der dunklen Trance voller Schmerz und Schwäche; wie in einem endlosen Tunnel ins Jenseits; Ja, ich dachte wirklich, meine letzte Stunde wäre gekommen …

Dann nach ca. 2 Stunden aber verspürte ich ganz tief in meinem Herzen diese warme Stimme; ein Ruf von Ferne, und ich wusste und spürte plötzlich, wie Du es warst, als die von Gott gesandte Stimme …

Ja, Du BIST DA, WENN ICH DICH BRAUCHE, auch ohne ,reelle Nähe'.

Und dieses Gefühl des ,bei mir seins', der Hilfe, meiner Rettung an diesem Nachmittag, war dann das ,Schöne', so tief im Gefühl zu sein.

Und tatsächlich, die Stimme rief mir zu, mich langsam zu bewegen, wieder aufzustehen; weil ich es durfte und konnte, um weiterzuleben!

Und ich konnte tatsächlich wieder ganz langsam aufstehen, gehen, mich bewegen; die Übelkeit wurde etwas besser, und ich lief in der Wohnung dann so lange fest auf der Stelle, bis ich spürte, dass ich wieder über dem Damm war.

Sogar eine warme Dusche konnte ich mir noch gönnen, und dann wurde es auch für mich Heiligabend. Ein schöner Abend mit Bescherung, Musik und viel besinnlicher Ruhe mit meinen Eltern und meiner Oma; sogar ein kleines Eis konnte ich noch essen …

Jedenfalls war es noch ein Heiligabend, für den ich so sehr dankbar bin … Vor allem auch Dir in Deinem Beisein, so fantastisch das alles auch klingen mag.

Und ich bekam ein Zeichen von Gott, dass er gerade möchte, dass ich leben darf und soll!

Alles Weitere werde ich jetzt geduldig abwarten und mein Bestmögliches geben, damit es weitergehen darf …"

Das Jahr 2016 endete für mich mit den Worten meiner Therapeutin:

… ich bin sehr mit meinen Gedanken bei Dir, weil ich wirklich spüre, wie wenig Energie und Kraft Du gerade hast … Und wie sehr Du im Gefühl bist, was natürlich auch sehr bedrohlich für Dich sein kann und sich beängstigend anfühlt … Das verstehe ich gut.

Sei Dir gewiss, dass Du beschützt bist und nicht allein. Was auch immer Gottes Wille ist, wird geschehen.

Ich zünde eine Kerze für Dich an und schließe Dich in meine Gebete ein …

Und einem Spruch für meine Pinnwand:
Es wird ein Engel dir gesandt,
um dich durchs Leben zu begleiten.
Er nimmt dich liebend an der Hand
und bleibt bei dir zu allen Zeiten.
Er kennt den Weg,
den du zu gehen hast,
und trägt mit dir der Erde
Leid und Last.
Karl May

Das Jahr 2016 war für mich ein zutiefst umwälzendes Jahr. Es war gespickt von Hochs und Tiefs, die wichtig waren, um einen ersten kleinen Zugang zu mir zu erhalten. Vor allem aber hatte ich jetzt einen Engel zur Seite, dem ich blind vertrauen konnte und der mich auf meinem weiteren Weg führte.

Dazu war es für mich auch sehr wichtig, immer wieder meine Vergangenheit Revue passieren zu lassen, um daraus Erklärungen abzuleiten, Erkenntnisse zu ziehen und für die Zukunft zu versuchen zu lernen.

Aus diesem Grund möchte ich an dieser Stelle einen weiteren Brief an meine Therapeutin veröffentlichen, der einerseits eine Zusammenfassung meines bisherigen Lebens ist, andererseits vieles zu erklären versucht. Empfindungen und Gefühle, die ich so erst Ende 2016 beschreiben konnte:

Die „Erklärung" meiner Gefühlswelt – Ein Rückblick in meine Vergangenheit

„Gibt es einen Menschen, der mehr leisten und Gutes tun kann, als einem anderen das Leben zu retten? Der einem aus der Verzweiflung und völligem Leid heraus wieder eine Zukunft eröffnet? Der einen geradezu dazu auffordert nach Hilfe zu schreien, um endlich Hilfe annehmen zu lernen?

Und was ist diese besondere Beziehung zwischen einer Therapeutin und mir, die ohne große Worte, sondern mit tiefstem Verständnis, Einfühlungsvermögen, den innigsten Gedanken, uneingeschränktem Respekt und Achtung voreinander auskommt, ohne dabei körperliche Nähe zu fordern?

Ich denke, es ist eine besondere ‚Liebe' meinerseits, die nicht mit Worten zu beschreiben ist. Aus therapeutischer Sicht ist es mehr als bloße Therapie. Es ist eine Hilfe auf anderer Ebene, eine menschliche Gnade und eine besondere Gabe, auf einen anderen einzugehen und ihm zu helfen, ohne auf eigene Bedürfnisse als Erstes Rücksicht zu nehmen, die wahrscheinlich nur Du, *mein Engel*, besitzt. Manchmal denke ich, Du leistest etwas ‚Unmenschliches', welches all Deine Kräfte und Dein Einfühlungsvermögen fordert, ohne selbst Forderungen zu stellen. Es ist etwas ‚Großartiges, Wunderbares', das Dir von Gott als Eigenschaft geschenkt wurde und das Du jetzt an mich weiterreichst.

Dabei leistest Du mir eine zweifache Hilfe, sowohl körperlich als auch psychisch.

Doch wie ist mein Gefühl zu Dir zu erklären, wieso hast Du so eine unbeschreiblich tiefe Bedeutung für mich? Was ist das für eine Liebe, ohne körperliche Nähe und Bedürfnisse?

Ich kann dieses Gefühl nur mit meiner Vergangenheit zu erklären versuchen:

Schon als kleines Kind mit ca. 5–6 Jahren wurde mir durch meine lieben fürsorglichen Eltern die Mädchenrolle zugeordnet, denn nach ‚außen hin' war ich ein Mädchen, das sie sich so sehnlichst wünschten. Ich aber empfand diese Rolle als puren Zwang und Einengung. Lange Haare, hübsche Kleider, Mädchenspielzeug waren mir zuwider. Ich wollte doch einfach schon immer ein Junge sein, umringt von Jungs in der Nachbarschaft, und voll in ihrem Kreis aufgenommen werden. Mädchenfreundschaften waren mir zu kitschig und einfallslos. Ich wollte so gern kurze Haare tragen, freche Shirts und Bluejeans, Sportsocken. Mit Jungs freche Spiele und Mutproben machen, mit ihnen um die Wette kämpfen, mich schmutzig machen, Fußball spielen, schwimmen gehen nur in einer tollen Badehose ohne Oberteil. Und vor allem im Stehen und mit Jungs um die Wette pinkeln. Mir fehlte einfach was in der Hose. Das machte mich schon damals traurig. Meine Kindheit war mehr ein Traum in einer anderen Person. Ich sprach mit mir selbst als Junge und nannte mich ‚Body', manchmal auch Matthias.

Dann der pubertäre Schock mit zwölf: Die Jungs schlossen mich aus, bei Mädchen fühlte ich mich nicht wohl und dann auch noch diese 'schlimme' Entwicklung zur Frau. Meine erste Periode warf mich völlig aus meiner ‚Traumwelt' als Mann, zudem meine erste Liebe in meine beste Sportsfreundin!

Ich reagierte mit völligem Entzug von mir selbst und meinem Körper, indem ich ihn aushungerte, ihn zum ‚Neutrum' zwang, um mich selbst als Frau nicht mehr spüren zu müssen, und dabei meine Sexualität erwürgte. Kein Verlangen mehr nach Liebe … Nur noch Leistung war maßgebend und der Rückzug in Arbeit und Sport, weit weg von meinem Körper.

Viele Jahre liegen bis zu meinem 20. Lebensjahr dazwischen, mit allen Höhen und Tiefen, aber auch eine negative Therapie, die mich dennoch wieder etwas mehr zu mir brachte (ca. 38 kg) und endlich den Gedanken, ‚ich sei lesbisch' etwas zuließ, obwohl ich doch viel lieber ein Mann sein wollte. Dann kamen noch mal zwei Frauen, die mir sehr gut gefielen, aber beide ‚hetero' waren. Also wieder verdrängen.

Und dann, eigentlich in einer Hochphase meiner eigenen Akzeptanz und Entwicklung, die ganze Geschichte meiner Vergewaltigung mit 23 Jahren:

Er fügte mir körperlich die allerschlimmsten Schmerzen zu, entwürdigte mich, stellte mich bloß als ‚hilflose' Frau und nicht als Mann, benutzte mich als Spielzeug für seine Fantasien. Er erdrückte im wahrsten Sinne des Wortes ‚schutzlos' meine letzte ‚Reinheit', zwang mich mit einem Körperorgan, das ich mir eigentlich selbst so sehr wünschte, zu unbeschreiblichem Ekel bis zur absoluten Übelkeit. Demütigte mich tief. Ich war nicht in der Männerrolle, nicht ein Gewinner des Kampfes, sondern eine körperlich zu schwache Frau. Mein Selbstbild wurde zerfetzt in tausend Stücke, meine körperliche Sexualität wurde erdrückt, mein Unterleib in Taubheit versetzt und meine Psyche zerschmettert.

Es folgte schwerste Krankheit; ein ‚Vakuum' in Schmerzen und Gefühllosigkeit. Ich war ein ‚Nichts', abgetötet in all meinen Gefühlen und Empfindungen, unterstützt durch die hohe Dosis des Schmerzmittels ‚Valoron'.

Und dann kamst Du!

Eigentlich WIEDER, nach langen fünf Jahren … Meiner zutiefst vergrabenen Empfindungen für Dich.

Davor die große ‚Krise' in mir; die Verschlechterung meiner Psyche aus großer verzweifelter Trauer um Dich, als hätte ich Dich für immer verloren, und aus Angst, Dich bei der Kontaktaufnahme erneut zu verlieren …

Und dann das unfassbare Wunder! Du trägst mich seither in eine nie gekannte Akzeptanz und dem Versuch der Eigenliebe. Mit Deiner Annahme von mir und Deiner Hilfe konnte ich mich erst öffnen, alles beim Namen nennen, der Wahrheit ins Gesicht sehen. Ich erkannte wieder Gefühle, meinen eigenen Körper, meine Krankheit.

Aber meine Psyche eilt dem Körper voraus. Ich bin körperlich nicht so weit, noch nicht weiterentwickelt. Deshalb die unbeschreiblichen ‚Kopf-Empfindungen' für Dich, die ‚Liebe' zu meinem Lebensretter und ‚Erlöser' OHNE körperliches Verlangen. Aber gerade deshalb kann und darf unsere „Beziehung" funktionieren, mehr als jede andere zwischen Therapeutin und Patientin. Wenn ich Dich sehe und Deine Behandlung erlebe, ist dies das größte Heil für mich; aber auch die ‚Sprache ohne Worte' über die Ferne, die mir so guttut, die mich weiterführt.

Deine Worte, E-Mails, Deine Ehrlichkeit und Aufopferung, vor allem die Verbundenheit durch ‚pures Denken' aneinander, das Verständnis ohne Worte.

Ich bin durch Dich nicht allein.

Aber um meiner Krankheit zu entfliehen, ist es noch ein weiter, harter Weg, den ich mir ohne Deine Hilfe nicht vorstellen kann.

Deshalb bitte ich Dich immer wieder um Unterstützung …

Ich hoffe, dieser Brief erklärt meine wahren Empfindungen, aber auch stets wiederkehrenden Ängste.

Ich danke Dir immer und ewiglich für Deine Größe und Kraft, die Du mir schenkst.

Deine Patientin Martina"

2017 – Das Jahr meiner Keiminfektion

Schatten der Nacht

Ich wollte nicht nur träumen
in dieser dunklen Nacht.
Ich hab auf dich gewartet,
hab nur an dich gedacht.
Du kamst auf mich zu
und nahmst mich in den Arm.
Ich hab geweint und gelacht,
doch als ich erwachte,
waren es nur die Schatten der Nacht.
(geschrieben von Martina Steinert im Jahr 1997)

Das Jahr 2017 wurde zu einer extremen Herausforderung für mich. Ein Winterspaziergang Anfang Januar endete in einem „Schockerlebnis", dessen Folge mich das ganze Jahr hinweg in einen unfassbaren, körperlichen „Ausnahmezustand" katapultieren sollte. Eine bittere Erfahrung, dass ich noch tiefer fallen musste, um weiterzukämpfen. Diesmal wirklich um mein Leben und in medizinischen Abteilungen, die zuvor nicht einmal in meinen schlimmsten Träumen vorkamen.

Die Chronologie der schlimmen Ereignisse begann am 06.01.2017 mit einem furchtbar schmerzhaften Erlebnis:

Ein folgenschwerer Winterspaziergang

„Einen Tag darauf schrieb ich meiner Therapeutin:

„,… Ich habe ja seit der Grippeimpfung (im Oktober 2016) immer wiederkehrende starke Krämpfe und auch Einblutungen, vor allem an den Fingern, die dann stark blutunterlaufen anschwellen, sehr dick werden und wehtun. Vor zwei Tagen war auch mein linker Fuß betroffen …

Aber gestern Nachmittag beim Spazierengehen im Schnee traf es den linken Fuß wie ein starker Blitz. Ich bekam stechend ziehende Schmerzen und dachte, es wäre wieder eine solche Einblutung. Zu Hause gegen Abend wurden die ziehenden, brennenden Schmerzen immer schlimmer und mein rechter zweiter kleiner Zeh samt Vorderfuß-Ober- und Unterseite wurden immer dicker; allerdings ohne erkennbare Verfärbung. Ich verband den Fuß mit „Kytta-Plasma“ und musste vor Schmerzen ziemlich bald ins Bett; habe kein Auge zugemacht und bekam dann solche Schmerzen, dass ich überhaupt nicht mehr auftreten und wirklich vor Schmerz nur noch schreien und weinen konnte! Ich informierte meine Eltern und bin dann zu meiner Mutter ins Bett; mir war sehr übel, und ich konnte kaum noch atmen. An Schlaf war nicht zu denken bis noch für zwei Stunden nach einem Aspirin. Trotzdem habe ich bis jetzt diese heißen, stechend ziehenden Schmerzen, und das auch ausfolgendem Grund:

Am Morgen lag ich fast ganz im Bett, bis dann mein Hausarzt heute tatsächlich gegen 12.30 Uhr vorbeischaute und den Fuß, der mittlerweile stark geschwollen und auch mittlerweile sehr rot war, anschaute: Bei der „Einblutung“ hat es dann von einer kleinen Blase unterhalb des kleinen Zehs Keime in den gesamten Fuß geschwemmt; Diagnose: schwere Keiminfektion!

Er verschrieb mir sofort ein starkes Antibiotikum zum Einnehmen; und zur lokalen Kühlung Kamille mit Desinfektionstinktur. Wenn das Antibiotikum bis am Montag nicht anspricht, brauche ich es über die Vene und muss in die Klinik, damit der Knochen von der Infektion verschont bleibt!

Ohne klagen zu wollen, ist es gerade die Hölle. Nach dem Antibiotikum heute Nachmittag wurde es mir noch übler, und ich bekam gleich extreme Durchfälle, ohne heute schon viel gegessen zu haben. Die Schmerzen und die Rötung sind bis jetzt kaum besser. Ich kann überhaupt noch nicht auftreten und liege auch vor Schüttelfrösten fast ganz im Bett; zum Schreiben am Laptop nehme ich jetzt aber im Sitzen meine ganze Kraft zusammen …

Doch ich denke, Gott will es jetzt so. Außerdem stehen meine Eltern nah bei mir und helfen mir so viel … Zudem kann ich den ganzen Schmerz in dieser Dimension mit der Übelkeit und den Durchfällen durch Weinen und Schreien zulassen, und ich DARF DIR SCHREIBEN, obwohl ich es Dir wirklich nicht antun wollte!

Jetzt geht es um mein Leben, das spüre ich; das Antibiotikum muss anschlagen, und mein Gewicht mit 28 kg hat kaum noch Luft nach unten!

So Gott will, werde ich es schaffen, oder aber er möchte es nicht …!"

Die Tage gingen schmerzgeplagt wie in Zeitlupe an mir vorbei.

Am 11.01.2017 schrieb ich in einem weiteren E-Mail:

„… Also ich bin bezüglich der Klinik sicher über dem Berg, die Entzündungswerte sind etwas rückläufig, auch die Rötung. Das kommt von der Antibiotika-Intensivtherapie: nach 3 Tagen Antibiotika-Tabletten von Samstag bis Montag, 6-mal je 250 mg, bekam ich gestern beim Doktor 1,5 g über die Vene direkt verabreicht, heute sogar 2 g, morgen noch mal 1,5 g, und dann geht es den Werten entsprechend mit Tabletten weiter … Aber ich weiß, dass es notwendig ist, weil der Knochen sonst auch noch entzündet würde und ich dann doch in die Klinik müsste.

Die Schwellung muss ich ab heute gezielt mit kurzer Belastung weiter abbauen, ansonsten kann ich noch nicht richtig auftreten.

Wie mein Zustand sonst ist, kannst Du ja bestimmt erahnen, das brauch ich nicht zu schreiben … Auf das Schmerzmittel Ibuprofen spreche ich Gott sei Dank an, aber es wirkt auch auf den Darm. Schlafen kann ich kaum, obwohl ich so extrem müde und erschöpft bin.

Doch trotz meiner Verzweiflung und manchmal auch einfach der Momente des Aufgebens kommen immer wieder antreibende innere Impulse und natürlich auch die Dankbarkeit für die große Hilfe, die ich durch meine Eltern, den Hausarzt und natürlich durch DICH erhalte. Dann spüre ich, dass die Zeit zu gehen für mich noch nicht gekommen ist …

Ich danke Dir von Herzen für Deine Nähe, ich kann sie spüren, und das ist wunderbar!

Bitte bleibe bei mir! …"

Das Schlimmste war zu dieser Zeit für mich, dass ich natürlich keine weitere „Reise" nach München zu *meinem Engel machen konnte. Seine Behandlung fehlte mir sehr, obwohl ich meine Therapeutin sogar immer wieder telefonisch kontaktieren durfte.*

Aber es sollte noch viel mehr auf mich zukommen:

13.01.2017

Antibiotika-Intensivtherapie und Nottermin in der Klinik

„… Nach einer trotz Schmerzmittel sehr schmerzintensiven Nacht ohne Schlaf von Mittwoch auf Donnerstag habe ich gemerkt, dass die Entzündung sehr intensiv unterhalb des zweiten kleinen Zehs konzentriert sitzt. Die großflächige Entzündung plus Schwellung ist dagegen etwas zurückgegangen. Nach meiner Antibiotika-Infusion am Donnerstagmorgen hat sich mein Hausarzt den Fuß angesehen und bestätigt, dass sich die Entzündung lokal nochmals verschlechtert hat, und mich dann gleich per Telefon in die zentrale Notaufnahme der Klinik zur weiteren Untersuchung überwiesen. Es ging dann sofort in die Klinik, der Arzt dort war trotz der Massen an Patienten höflich, hat mich zum Röntgen geschickt.

Dadurch konnte Gott sei Dank eine Knochenentzündung ausgeschlossen werden. Allerdings ist es nach dem Klinikarzt eine ‚seltene', sehr heftige Keiminfektion, die er nach dem Aussehen des Fußes nicht einordnen kann. Er hat mich dann wieder entlassen bzw. zur weiteren Behandlung an meinen Hausarzt übergeben. Aber das Antibiotikum über die Vene kann nach 3 Anwendungen beendet werden und muss durch ein anderes in Kapselform ersetzt werden. Also habe ich gleich noch in der Klinik die nächste Kapsel bekommen und nach der Klinikstrapaze am Abend die nächste … Der Arzt in der Klinik hat aber mit meinem Hausarzt die weitere Behandlung per Telefon besprochen, worüber ich sehr froh bin.

Heute Morgen war ich nach einer völlig erschöpften Nacht mit Schlaf wieder bei meinem Hausarzt, und Gott sei Dank sind die Entzündungswerte im Blut weiter rückläufig. Nur die lokale Entzündung ist noch nicht besser, weshalb ich weiter kaum auftreten kann bzw. nur auf der Ferse oder an Krücken kurze Strecken laufe …

Aber die meiste Zeit sitze oder liege ich gerade bei der großen Schwäche und Erschöpfung gerne … Kein Wunder: Nach drei Tagen Kapsel-Antibiotika, weiteren 3 Tagen Hochdosis in die Vene plus gestern noch zwei Kapseln ‚darf' ich jetzt für mindestens eine weitere Woche bei den Antibiotika-Kapseln bleiben in der Dosierung 3 x 300 mg!

Aber trotz allem bin ich noch nie so in meinen Gefühlen gewesen: völlig fertig, in mich gekehrt und mit einer teilweise unheimlichen Ruhe. Ich nehme alle Schmerzen und die unsagbare Erschöpfung fast dankbar an, weil ich darf daheim sein bei meinen Eltern und im Herzen Deine Begleitung und Hilfe spüren. Mehr brauche ich gerade gar nicht und nehme mein Leben zwischen Bett, etwas Nahrung, Medikamenten und Toilette so geduldig wie möglich an, freue mich jeden Abend als Highlight noch auf ein kleines Eis oder etwas, nach was ich mich sehne, und insbesondere unendlich auf den Tag, an dem ich wieder zu Dir nach München gehen kann und darf! …"

Die Situation spitzte sich für mich immer mehr zu, weil die Heilung meines rechten Fußes absolut stagnierte. Im Gegenteil, es kam noch schlimmer:

18.01.2017

Mein Schreiben nach der Computertomografie des rechten Fußes in der Radiologie:

„… In der Nacht auf heute hat sich mein rechter Vorderfuß samt Zehen wieder so verschlechtert, dass ich umgehend von meinem Hausarzt in die Radiologie für eine Computertomografie überwiesen wurde. Nach endlosem Warten erhielt ich nach der Untersuchung den Befund samt Beurteilung:

‚… Kein Anhalt für eine knöcherne Verletzung. Auch in den Metatarsalia keine Fraktur. Auffällig ist das nahezu völlige Fehlen der Spongiosa Struktur in den mittleren Abschnitten der Metatarsalia.

Proximal sind die Knochenbälkchen unregelmäßig aufgelockert. Verminderte Trabekelstruktur auch in den Grundphalangen …

Abklärung bezüglich eines PLASMOZYTOMS empfohlen. Für eine Osteomyelitis kein kennzeichnender Befund.‘ So die Originalversion aus der Radiologie.

Und jetzt in meinen Worten:

Mein gesamter unterer rechter Vorderfuß ist sehr stark ‚weich‘ bzw. ‚entkalkt‘, also fast schon vollständig ohne Zwischenknochengewebe, was sehr schmerzhaft ist. Zudem liegt bei mir direkt darüber auch noch die Entzündung vom Zeh her. Die Meinung des Arztes war, dass die Schmerzen hauptsächlich vom ‚weichen‘ Knochen herrühren, dieser Befund aber Gott sei Dank jetzt durch die Entzündung festgestellt werden konnte.

Das sehr beunruhigende Resultat für mich aufgrund meiner weiteren Symptome lautet also:

Entweder habe ich den Beginn einer ‚starken‘ Osteoporose oder aber eines (sehr dringend abzuklärenden) PLASMOZYTOMS, also den Beginn einer Form von Blutkrebs, der das Knochenmark befällt und in den Endgliedern beginnt! …

Morgen Vormittag habe ich gleich den nächsten Termin bei meinem Hausarzt, der die weiteren Ausschlussuntersuchungen einleiten muss, dann beginnt das Warten …“

Es war zu diesem Zeitpunkt wie ein weiterer, extremer Schlag für mich. Dass ich auch noch Krebs haben könnte, war für mich eine Dimension, die ich mir absolut nicht vorstellen konnte. Ich war wie gelähmt. Was sollte noch alles auf mich zukommen?

23.01.2017

Nicht auch noch Krebs!

„… gerade hat sich die wahnsinnige Anspannung der vergangenen Tage etwas gelöst, und ich möchte Dir kurz schreiben …

Noch am Freitagnachmittag habe ich in der Radiologie den Termin für die Knochendichtemessung und ein ‚sehr beunruhigendes‘ Ergebnis erhalten:

Eine Osteoporose konnte tatsächlich ausgeschlossen werden; ich habe die Knochendichte einer Zwanzigjährigen! Für den Radiologen ein Phänomen!

Aber weil gegensätzlich dazu mein rechter Vorderfuß diese starken ‚Löcher' zeigt, ich gerade in diesem Bereich auch bis heute starke Schmerzen, eine immer noch schlechte Struktur der Fußunterseite habe und auch noch nicht auftreten kann, stand für den Radiologen nur noch die mögliche Diagnose Plasmozytom aus. Er verwies mich weiter an meinen Hausarzt zur dringenden Abklärung durch die ausstehenden Blutwerte …

Erst heute Nachmittag habe ich von ihm das Ergebnis erhalten, dass ich KEIN MYELOM habe, sich die Problematik also noch nicht weiter ausgebreitet hat!

Allerdings muss der Fuß jetzt noch dringend lokal genauer untersucht werden:

Am Freitag habe ich gleich noch einen Termin in der HÄMATOLOGIE der Klinik, wo dann geklärt wird, was es ist: ein lokales Plasmozytom, das dann dringend behandelt werden müsste, oder aber etwas anderes, das meinen Knochen ‚zerfressen' hat und dann hoffentlich behandelt werden kann …!

Also das Allerschlimmste ist ‚vom Tisch', aber ich bin wirklich gerade fix und fertig, weil ich auch noch stark unter der Antibiotika-Therapie (erst gestern die letzte Einnahme!) leide, zu den ‚üblichen' Symptomen …

Ich denke, Du kannst Dir vorstellen, wie es mir geht … Auch meine Eltern sind am Ende (mit den Nerven); aber natürlich sind wir trotzdem sehr dankbar, dass es wenigstens keine große Krebserkrankung ist; und sich alles ‚noch' lokal abspielt!

Alles Weitere wird sich am Freitag um 10.30 Uhr in der Hämatologie zeigen …!"

So erleichtert ich auch war, eine große Freude kam bei mir nicht auf …

Meine Therapeutin fehlte mir sehr. Sie schrieb mir zwar regelmäßig, und ich durfte mit ihr zu vereinbarten Terminen telefonieren, aber ihre Nähe und lindernde Behandlung waren dadurch nicht zu ersetzen.

Allerdings sah ich ein, dass allein die Fahrt nach München zu diesem Zeitpunkt für mich ein großes Risiko dargestellt hätte.

Dass ich körperlich ein absolutes Limit erreicht hatte und mehr einem „wandelnden“ Wrack glich, verdeutlicht am besten auch die Menge an Antibiotika, die ich im Zeitraum vom 07.01. bis 22.01.2017 verabreicht bekam:

Über zwei Wochen hinweg insgesamt 4 x 250mg („Cefuroxim“) plus 33 x 300mg („Clindamycin“), insgesamt 37 Kapseln; plus an drei aufeinanderfolgenden Tagen über die Vene jeweils 1,5g (vom 10.01 bis 12.01.2017)!

Obwohl meine Entzündung im Fuß noch nicht vollständig abgeklungen war, musste ich am 22.01 die Antibiotika-Therapie aufgrund schwerer Nebenwirkungen und des großen Resistenzrisikos beenden!

Es war eine zwingend notwendige Maßnahme, und über die weiteren Folgen für meinen Darm konnte ich mir damals gar nicht viel Gedanken machen, denn es ging Schlag auf Schlag weiter ...

Am 25.01.2017 folgte ein „sehr kurzer“ Notbesuch in der Chirurgie MVZ in K., da mein Hausarzt meinte, es könnte sich auch um einen „versteckten“ Abszess unterhalb meines rechten kleinen Zehs handeln. Allerdings bekam ich dort eine „grobe“ Abweisung, weil es nichts zu „schneiden“ gäbe!

Weitere zwei Tage des Wartens vergingen, ohne auch nur annähernd eine richtige Diagnose zu kennen.

In der Hämatologie

Es folgte der Termin in der HÄMATOLOGIE der Klinik am 27.01.2017 mit einer intensiven Besprechung durch eine sehr nette Ärztin mit anschließender großer Blutuntersuchung und die Weiterleitung an die Chirurgie sowie Orthopädie am 30.01.2017. Doch im Grunde genommen waren die Ärzte ratlos, und es gab keine weitere Behandlungsmöglichkeit. Auch eine geplante Knochenbiopsie wurde wegen der „unklaren Lage“ nicht durchgeführt. Am ehesten hätte es sich noch um folgende Symptomatik handeln können:

„MGUS: Monoklonale Gammopathie unklarer Signifikanz (bei keinem Nachweis einer Plasmazellvermehrung im Knochenmark), also der VORSTUFE eines PLASMOZYTOMS. Die möglichen Ursachen (weitestgehend noch unklar!):

Impfung, stark erniedrigtes Immunsystem, heftige Entzündung (bei mir sehr zutreffend). Symptome: lokale Osteolyse; Müdigkeit; Abgeschlagenheit; Nachtschweiß; Infektanfälligkeit; Luftnot bei Belastung; Kopfschmerzen; Beeinträchtigung der Nierenfunktion; Anämie.

Die Behandlungsmöglichkeit beschränkt sich in diesem Stadium auf weitere intensive Laborkontrollen bei vordergründiger Schmerzbekämpfung!“

Jedenfalls trafen die Symptome bei mir weitestgehend zu. Doch natürlich musste ich davon ausgehen, dass viele körperliche Beschwerden auch eine Folge meines extremen Untergewichts waren. Und daher kam es zu völlig „unklaren“ Überschneidungen und Differenzialdiagnosen. Das Schlimmste für mich war die Tatsache, dass mir niemand richtig helfen konnte. Weder über Medikamente noch durch weitere Therapiemöglichkeiten!

Ich konnte nur durchhalten und auf eine durchgreifende Besserung hoffen …

Obwohl mir die Ärztin in der Hämatologie bezüglich meines Fußes nicht weiterhelfen konnte, wurde sie aufgrund des Ergebnisses meiner Blutuntersuchung auf eine ganz andere große Problematik gelenkt. Sie war vielmehr äußerst besorgt über meinen sehr schlechten Immunstatus, vor allem in Bezug zu meinem starken Untergewicht.

Ich möchte an dieser Stelle noch nicht von „lebensbedrohend“ schreiben. Denn meine Leukozyten-Anzahl (Anzahl an weißen Blutkörperchen als wichtigster Immunmarker), die am 27.01.2017 gerade noch den Wert von 1,95 (Normwert: 4,00–9,00/nl) aufwies, sollte bei der nächsten Untersuchung noch weiter abgesunken sein mit

weitreichenden Folgen als zukünftiger „Stammgast" in der Hämatologie ...

Doch so weit war es noch nicht. Für weitere Untersuchungen fehlte mir Ende Januar nicht nur die psychische Bereitschaft. Ich war körperlich komplett von den Folgen der verzögerten Heilung meines Fußes sowie der Antibiotika-Therapie eingenommen und daher sehr geschwächt ...

Zum besseren Verständnis möchte ich an dieser Stelle ein paar Bilder einfügen:

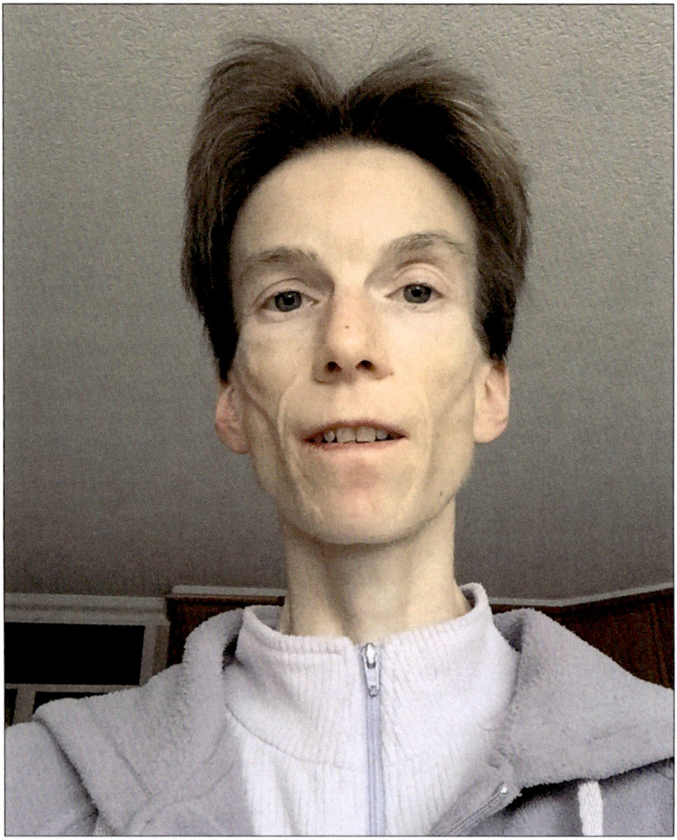

13.01.2017

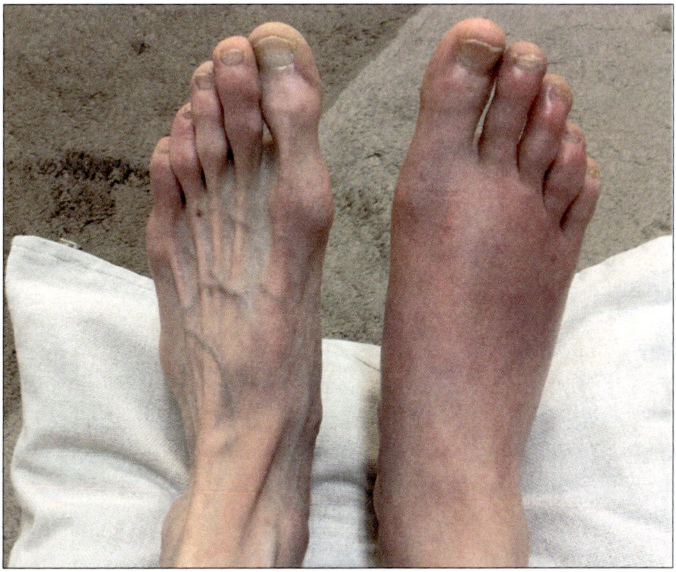

Vergleich meiner Füße am 13.01.2017

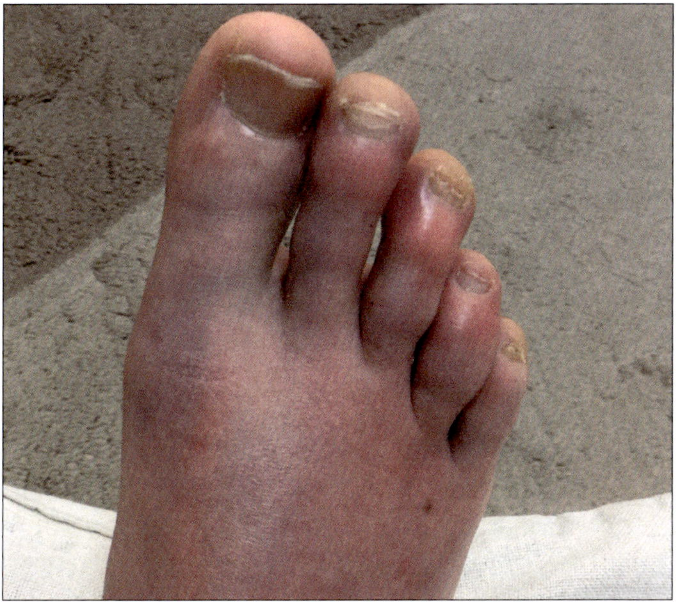

Kranker rechter Fuß

Vor allem war ich mit den Nerven völlig am Ende und suchte verzweifelt nach einer weiteren Lösung. Ich befand mich in einem endlos erscheinenden dunklen Tunnel, indem meine Schmerzen und das körperliche Leid viel geringer waren, als meine unbeschreibliche Sehnsucht nach meiner letzten Hilfe, ***meinem Engel!***

Und so kam es, dass ich meine Therapeutin am 02.02.2017 nochmals besuchen durfte. Aus heutiger Sicht weiß ich, dass es von ***meinem Engel*** *ein riesiges Entgegenkommen war, für das es fast keine Worte gibt. Sein unbeschreibliches Mitgefühl, vor allem Gespür für meine Seele, erlaubte mir den Termin bei ihm trotz meines körperlichen Zustands. Denn er wusste, dass es für mich die letzte Hilfe und Linderung darstellen würde, und meine Therapeutin kannte mich ja mittlerweile besser als ich selbst! Trotzdem bat sie mich inständig in ihrem letzten E-Mail vor dem Termin, ich solle mir alles bezüglich der Strapaze und des Sinns der weiten Anfahrt nochmals gut überlegen.*

Für mich aber gab es keine Überlegung. Was konnte ich verlieren? Mein Leben war für mich mehr als sinnlos, und ich lebte nur noch für dieses Gefühl tief in meinem Herzen, das alles Leid bezwang und durch die reale Nähe zu *meinem Engel* noch um ein Vielfaches stärker wirken konnte!

Natürlich übernahm ich die volle Verantwortung für meine Entscheidung, in Begleitung meiner Eltern mit dem Auto nach München zu fahren und die ersehnte Behandlung wahrzunehmen. Die kurze Strecke bis zur Praxis konnte ich auch gut mit den Krücken zurücklegen. Und mein Wille war stärker als alle Gebrechen!

Doch nach diesem Termin musste ich einsehen, dass vieles im Leben ganz anders kommen kann, als man erwartet hatte, und nicht alles planbar ist. Vor allem war es für mich eine wichtige Erfahrung, dass ich zwar meinen Körper nicht mehr unter Kontrolle hatte, dafür Wunder geschehen können, die dann aber auch manchmal mit einschneidenden Veränderungen einhergehen, denn:

Mein lebensrettender Engel

… ich lag auf der Behandlungsliege meiner Therapeutin und fühlte mich wundervoll frei, geborgen, und mein ganzes Leid schien davonzugleiten. Ihre Hände hielten meinen Kopf und umrahmten eine unbeschreiblich heilsame Aura, in der sich meine Gedanken verloren. Es war wie eine Befreiung, ein Moment der tiefen Zufriedenheit und des Glücks, den ich so nur bei *meinem Engel* empfinden konnte. Dann aber verspürte ich plötzlich wieder diesen stechend brennenden Schmerz wie ein Blitz durch meinen kranken Fuß ziehen. Mit schmerzverzerrtem Gesicht versuchte ich meinen Aufschrei zu unterdrücken; er verstummte in mir, indem er mir den Atem nahm. Mein Herz musste in diesem Moment stillgestanden sein … Ich vernahm aber deutlich die Stimme *meines Engels*: „Ich bin bei Dir …" Seine Worte waren ein verzweifelter Reflex, wie auch der sanfte, aber entscheidende Ruck seiner Hände an meinem Kopf. Von einer Sekunde zur anderen war ich wieder da, mein Herz schlug, und meine Atmung verlief ruhig und gleichmäßig. Ich setzte mich langsam mit seiner Hilfe auf. Unterstützt wurde mein „Erwachen" von der Klingel der nächsten Patientin. Auch meine Mutter stand schon vor der Tür, mich abzuholen. Meine Therapeutin bat sie noch dringend, mein Vater solle vor die Tür fahren, damit ich gleich ins Auto einsteigen könne … Meine Therapeutin war völlig verzweifelt und in größter Sorge! Damals konnte ich ihre Situation und ihren Zustand gar nicht erfassen, weil ich selbst noch wie in Trance war und im wahrsten Sinne des Wortes todmüde. Niemals zuvor fühlte ich so; einerseits voll tiefsten „Glücks" in meinem Herzen, erlöst von den schlimmsten Schmerzen der Realität; andererseits dem Himmel so nahe …

Noch am Abend schrieb ich *meinem Engel* ein E-Mail:

„Ich weiß gar nicht, wie ich den heutigen Besuch bei Dir in Worte fassen kann, aber vielleicht brauch ich das auch gar nicht, denn ich denke, Du weißt und spürst alles so genau …

Vor allem aber danke ich Dir für Deine wundervolle Behandlung, die mir so gutgetan hat und sogar meine Leiden wundervoll lindern konnte.

Ganz besonders durfte ich das große unbeschreibliche Geschenk empfangen, dass Du heute noch näher, ja real bei mir warst. Ich fühlte und spürte Deine wunderbare Begleitung, die Wärme und Geborgenheit, Deine Worte und Hilfe. Es war heute für mich schon fast wie im Himmel, aber ich spürte, dass der Zeitpunkt noch nicht der richtige war …

Dennoch fühle ich jetzt noch weniger Druck, mehr Ruhe und Befreiung, und wenn es so kommen soll, zu gehen, dann bin ich bereit dazu …

Du bist der wichtigste Mensch für mich, und deshalb möchte ich Dir alles anvertrauen mit der unbeschreiblich großen Verneigung und Hochachtung für Deine Leistung sowie Begleitung für mich!

Wenn ich aber noch weitergehen darf, dann danke ich Gott dafür und melde mich bald wieder bei Dir mit dem großen Wunsch für einen neuen Termin …

Mehr schaffe ich heute nicht zu sagen …"

Zum ersten Mal fehlten meiner Therapeutin die passenden Worte …

Ich bin mir heute bewusst, dass es keine weiteren Worte gab. Es musste ein absolutes Schockerlebnis für meine Therapeutin gewesen sein … Nachdem ich den Vorfall aus ganz anderer Sicht betrachten konnte, hatte ich ihr gegenüber noch lange große Schuldgefühle! Allerdings wollte ich damals nicht sterben. Aber mein Körper war am Ende. Sein klares Signal war es, endlich abzuschalten, an dem Ort, wo er am meisten Gehör fand. Und ich weiß, dass mir meine Therapeutin mein Leben gerettet hat! Nicht nur durch ihre direkte Reaktion bei der Behandlung, sondern vielmehr noch durch ihr weiteres Handeln in der Zukunft.

Denn sie konnte mir natürlich in diesem extremen Zustand keine weiteren Termine mehr geben. Zudem sehe ich heute klar, dass sie sich nur „erholen" und selbst schützen konnte, indem sie diese „Härte" durchzog. Aber genau darin bestand ihre unbeschreibliche Fähigkeit, immer die größte Hilfe für mich zu sein.

Auch wenn ich es damals nicht fassen konnte und ich fast verzweifelt wäre. Ich musste endlich lernen, Verantwortung zu übernehmen; für mich, für meinen Körper und mein Leben, wenn ich nicht sterben wollte.

Doch der Weg zu mir war immer noch weit und lange nicht zu Ende …

Schafft mein Körper eine Wende?

Februar und März 2017
Die beiden Monate nach dem Termin am 02.02.2017 bei meiner Therapeutin waren geprägt von weiterem großen Leid. Die Heilung meines Fußes verlief äußerst schleppend und wirkte sich sehr belastend auf meinen Gesamtzustand aus. Dieser war mittlerweile auf einem sehr „kritischen" Niveau angelangt mit großer Schwäche, Übelkeit und „totem" Magen-Darm-Trakt sowie starken Durchfällen. Ich konnte mich fast nur noch von Trinknahrung ernähren. Dazu kamen nach wie vor heftigste Schmerzen/Nervenschmerzen in meinem rechten Vorderfuß, die mir immer mehr meinen Schlaf raubten.

Ich bekam zwei neue Medikamente, deren Wirkung jedoch sehr schwach war.

Die letzte Chance auf eine klarere Diagnose stellte eine MRT-Untersuchung in der Radiologie Ende Februar dar. Mit einem absolut „verblüffenden" Ergebnis, auf das ich weiter unten noch eingehen werde.

Für die Ärztin aus der Hämatologie der Klinik war mein Fuß jedoch schon fast kein Thema mehr. Denn nach einer weiteren großen Blutuntersuchung wurde am 28.02.2017 festgestellt, dass meine Leukozyten-Anzahl auf den Wert von nur noch 1,64 abgesunken war. Vor allem der Anteil an Lymphozyten war so niedrig, dass mein Immunstatus mittlerweile als lebensbedrohend eingestuft werden musste. Die große Frage stellte sich jetzt: War diese sogenannte schwere Leukopenie eine Folge meiner lang andauernden Unterernährung, oder lag doch eine Erkrankung der blutbildenden Zellen des Knochenmarks vor?

Die Ärztin der Hämatologie wollte unbedingt zu einer entscheidenden Diagnose kommen, weshalb ich ab diesem Zeitpunkt noch ein ganzes Jahr von der Hämatologie betreut werden musste. Vor allem aber stand mir für die genaue Untersuchung meines Knochenmarks am 27.03.2017 auch noch eine Knochenmarkpunktion bzw. -biopsie bevor!

Psychisch ging es mir damals selbstverständlich ebenso schlecht. Ein jeder Tag stellte einen (Überlebens-)Kampf dar, und mein Wille, ihn zu gewinnen, wurde auf eine harte Probe gestellt. Ich vermisste die Behandlungen bei *meinem Engel* sehr. Doch ich war auch schon sehr froh darüber, dass ich mit meiner Therapeutin telefonieren durfte. Und ein jeder Telefontermin trieb mich voran. Ich spürte, dass ich nicht verlassen war und nicht aufgeben durfte. Vielmehr in meinem Herzen für meine Therapeutin als für mich selbst!

Und ich konnte ja noch schreiben und durfte meinen Gedanken und Gefühlen freien Lauf lassen …

23.03.2017

Der folgende Brief an *meinen Engel* beschreibt zusammenfassend wieder am besten meine Gefühlswelt und die Ereignisse der vergangenen zwei Monate:

Erster Brief als „Lebenszeichen" nach zwei Leidensmonaten

„… nach langer Zeit habe ich das dringende Bedürfnis, Dir wieder einmal etwas zu schreiben. Nach einer Zeit des schweren Leidens und den Erfahrungen mit ‚Todes'-Ängsten und dem Gefühl, schon ‚jenseits bei Gott' gewesen zu sein …

Aber momentan spüre ich deutlich, dass der liebe Gott noch nicht will, dass ich gehen darf. Trotz Schmerzen und enormer Schwäche meldet sich ein starker, unbeschreiblicher ‚Kämpfer' in mir, der möchte, dass ich diesen Kampf noch weiterführe, um vor allem meinen ‚toten' Darm, der nichts mehr ‚Festes' akzeptieren will, doch noch durch ein Wunder zum Leben zu erwecken.

Momentan habe ich mich sogar wieder etwas stabilisiert, sogar 1 kg zugenommen, weil mein Körper so ein ‚Wunderwerk' ist und ich von ca. 400–500 kcal/Tag, ohne abzunehmen, ‚leben' und mein Darm selbst aus unverdautem ‚Gift' noch Energie gewinnen kann!

Aber WIE lebe ich?

Jeden Tag Schmerzen, Trauer, Leid, Einsamkeit, Verzweiflung ... Mein Zustand lässt sich am besten beschreiben mit den Worten: ‚Zum Sterben zu stark, zum Leben zu schwach!' Dennoch sehe ich es als Auftrag von Gott, noch mal einen Versuch zu wagen, um für mein Leben zu kämpfen. Aus diesem Grund mache ich den Schritt, den auch Du schon so lange wolltest, dass ich mich vor allem von meinem ‚Suchtmittel Valoron' zu verabschieden versuche, um meinen Darm und Körper endlich zu ‚befreien'. Vielleicht ‚vom Tod auferwecke'.

Vor einer Woche, am 14.03.2017, habe ich auch meine ‚harten' Medikamente für meine Darmentzündungen abgesetzt, da sie für eine bessere Verdauung überhaupt nichts gebracht haben und lediglich die brennenden Schmerzen etwas lindern konnten. Dafür aber wurde ich noch schwächer, und mein Immunsystem war im ‚freien Fall' bzw. meine Leukozyten haben einen Tiefstwert erreicht!

Dann habe ich begonnen, mein ‚Valoron' wieder zu reduzieren (bis auf null ist mein Ziel!). Momentan bin ich nach 8 Tropfen weniger (innerhalb von 10 Tagen) wieder auf dem Level 10/9/10.

Also Du siehst, ich gebe nicht auf! Vielleicht ist dieser Weg meine letzte Chance, wieder einmal ein besseres, schöneres Leben führen zu dürfen.

In der Hämatologie der Klinik habe ich momentan meine einzige Unterstützung, weil ich dort hinwollte und für den Termin samt Untersuchungen alles darangesetzt habe! Von dort aus wird meine weitere ‚harte' Behandlung mit ‚Wachstumsfaktor'-Spritzen eingeleitet, die meine Leukozytenbildung anregen sollen und vielleicht noch eine große Chance für mich werden. Allerdings sind diese Spritzen immer wieder in einem Abstand von ca. 3 Wochen erforderlich und sehr schmerzhaft im gesamten Organismus. Aber ich werde auch noch diese Schmerzen auf mich nehmen, möglichst ohne weitere Schmerzmittel dagegen einzunehmen. Die Spritzen bekomme ich erst, wenn ich zuvor am 27.03. die erforderliche Knochenmarkpunktion und -entnahme in der Hämatologie überstanden habe und das Ergebnis o. k. ist.

Was also ist mein Stand?

Um weitere Fortschritte zu machen und die ‚Valoron'-Reduktion parallel durchführen zu können, benötige ich viel Hilfe und Unterstützung. Viel weniger in Form immer neuer ‚unverträglicher' Medikamente, sondern vielmehr durch alternative, schmerzlindernde Behandlungen …

Ja, es ist ein Flehen, eine ungeahnte Sehnsucht nach Deinen lindernden Behandlungen, die diese schreckliche Leere, Einsamkeit, Traurigkeit und die quälenden Schmerzen jeden Tags bekämpfen können.

Momentan habe ich im größten Kampf außer meinen Eltern niemanden. Ohne weitere ‚Suchtmittel' als Ziel kann und darf die alternative Medizin für mich doch wieder eine Chance sein!? Oder soll ich absolut ohne Hilfe meine Leiden ertragen, ohne sterben zu dürfen? Warum?

Zu allem anderen Leid kommt dazu, dass ich noch immer mit ‚ausstrahlenden' Nervenschmerzen von meinem rechten Vorderfuß zu kämpfen habe.

Eigentlich auch kein Wunder: Denn erst nach gut zwei Monaten wurde als ‚weitere' Diagnose zu der Entzündung und dem ‚ausgehöhlten' Knochen in der Hämatologie nach eingehender Begutachtung des MRT-Bildes (aus der Radiologie!) eine eindeutige FRAKTUR des 5. MITTELFUSSKNOCHENS festgestellt! Weder nach dem Röntgen, der CT noch von den Radiologen, Chirurgen sowie Orthopäden konnte mir diese Diagnose (die ich selbst vermutet hatte) gestellt und entsprechend behandelt werden! Jetzt heilt die Fraktur, aber die Nerven sind stark beeinträchtigt.

Eigentlich das kleinste Leid, das ich tragen muss und schon fast vergessen habe."

Diesen Brief hatte ich meiner Therapeutin im folgenden E-Mail als Anhang gesandt, weil mein Durchhaltevermögen immer und immer wieder auf einen Nullpunkt absank und ich es nicht mehr aushielt, um einen Termin zu bitten:

28.03.2017

„… heute habe ich den großen Wunsch, mich bei Dir zu melden …

Ja, mein Wille zu leben ist wieder da; jedoch bin ich von einem lebenswerten Leben noch weit entfernt und habe daher auch noch extreme Tiefs!

Allerdings kann ich schon wieder längere langsame Spaziergänge in Begleitung meines Vaters machen und etwas ‚Frühlingsluft' in mich aufnehmen; meinen Haushalt organisieren und meinen Eltern ein wenig helfen. Vielfach jedoch ist mein Leben noch eher ein ‚Dasein' und ein täglicher Kampf mit ständigem Leid.

Weil ich aber noch nicht sterben darf und soll, muss ich versuchen, die letzte Chance zu ergreifen, um meinen toten Darm vielleicht doch wieder zum Leben zu erwecken und etwas schmerzfreier und besser leben zu können.

Deshalb habe ich wieder einiges geplant und mir neue Ziele gesetzt. Bitte lese dazu meinen Brief, den ich extra dafür geschrieben habe, um meinen jetzigen Zustand und meine Vorhaben bestmöglich zu beschreiben!

Vor allem aber habe ich mir die Reduktion meines ‚Valorons' als oberstes Ziel gesetzt … In den letzten anderthalb Wochen habe ich schon 10 Tropfen reduziert und bin jetzt bei 10/9/9 angelangt! Ich bin darüber schon etwas stolz; aber der Weg ist für mich deshalb gerade jetzt hart und schmerzvoll. Ich bin auch noch zu weiteren Schritten bereit. Nur schneller kann ich nicht reduzieren, da mein Körper das nicht schaffen wird!

Vor allem aber schaffe ich das NICHT ALLEIN, wenn die schulmedizinischen ‚Teufelsmittel' von mir nicht mehr genommen werden!

Die momentane Trennung von Dir als Therapeutin ist für mich unbeschreiblich hart und schmerzhaft, gerade weil ich den Weg ohne schulmedizinische Schmerzmittel-Betreuung gehen möchte und dann niemanden mehr habe (außer natürlich meinen lieben Eltern, die aber weder Ärzte noch Therapeuten sind).

Aber ich brauche doch jetzt erst recht Hilfe!

Deine Therapie ist für mich so unbeschreiblich wichtig, weil ich wieder leben möchte; aber so wie momentan ist es noch kein Leben!

Und die Therapie bei Dir wirkt so wunderbar! Ich brauche das nicht auszuführen. Aber mit dem Unterschied, dass ich in meinem Zustand überhaupt nicht an eine glückliche Wunschvorstellung denken kann, die es nie geben wird, und das akzeptiere ich auch voll und ganz; mir geht es jetzt überhaupt ‚nur' um Schmerz- und Leidlinderung, damit ich überhaupt weiterleben kann; also um Dich als meine THERAPEUTIN!

Gestern hatte ich die notwendige Knochenmarksentnahme in der Hämatologie, und bis in zwei Wochen werde ich dann hoffentlich die Leukozyten-stimulierenden Spritzen bekommen (siehe Brief!).

Also jetzt meine riesengroße Bitte und Anfrage an Dich:

Könntest Du mir bis in ca. 4 Wochen wieder einen Termin ermöglichen?

Natürlich würde mein Vater mit dem Auto fahren, und sterben möchte ich bei Dir nicht, sondern weiterarbeiten und den guten Weg von Anfang dieses Jahres weiterführen!

Entschuldige für heute bitte das lange E-Mail mit Brief; aber es hat mich Tage und Nächte umgetrieben …"

Meine Therapeutin antwortete mir:

… Es tut mir sehr leid für Dich, dass es Dir so schlecht geht. Ich kann mir vorstellen, wie schrecklich das alles für Dich sein muss …

Du bist sehr tapfer, und ich bin fest überzeugt, dass Du Deinen Weg gehst. Ich traue Dir zu, dass Du die richtigen Entscheidungen für Dich triffst.

Ich darf Dich hiermit nochmals an unsern Deal erinnern: Wenn Du 30 kg wiegst, kann ich Dich weiterbehandeln. Alles, was drunter ist, ist für mich als Osteopathin nicht machbar. Wir haben das ausführlich besprochen …

Ich wünsche Dir alles, alles Gute, viel Licht und Mut! …

Ihre Antwort war damals für mich sehr hart, aber nicht ganz neu. Denn diesen „Deal" hatte meine Therapeutin schon in ihrem letzten Telefonat geäußert. Zunächst reagierte ich mit purer Verzweiflung, weil ich mir

absolut nicht vorstellen konnte, dieses Gewicht zu erreichen. Aber tief in meinem Innern kam von Tag zu Tag ein unbändiger Wille in mir auf, der mich enorm vorantrieb. Egal wie, aber ich wollte den „Deal“ gewinnen, denn nur so durfte ich wieder zu *meinem Engel fahren …*

Ich bin mir heute sicher, dass mich nur dieser „Deal“ zu diesem Zeitpunkt am Leben hielt. Meine Psyche litt so stark unter der Trennung, dass ich alles dafür tat, *meinen Engel* *wiederzusehen. Dabei konnte ich über alles körperliche Leid hinwegsehen, nur mit einem Ziel im Auge, die Forderung meiner Therapeutin so „schnell“ wie möglich zu erfüllen. Die „harte“ Methode meiner Therapeutin, die sie aus tiefster Überzeugung und Kenntnis meiner Person gewählt hat, wurde für mich zu einer „Über“lebenssicherung. Meine Psyche sorgte dafür, dass mein Körper immer zäher wurde, damit ich mich an einer „Reißleine“ den schmalen Grat entlanghangeln konnte. Um weiterzukommen durfte ich nicht abstürzen. Der größte Feind meiner Psyche war und blieb aber mein elender Körper, der sich mit aller Kraft gegen meinen Plan stemmte. Ich wollte so gerne zunehmen, für* ***meinen Engel. Ich konnte es aber nicht für mich, den der zu hohe Preis dafür war, eine Frau zu werden! Aus diesem Grund zog sich der „Deal“ immer mehr in die Länge und blieb bei einem Kampf am Limit! Meine mühsam errungenen Erfolge verliefen sich häufig schon an der nächsten unberechenbaren Attacke meines Körpers …***

Ein nächster Bericht von mir folgte an Ostern, um meinem „Schmerz“ etwas Luft zu verschaffen:

14.04.2017

Schwere Ostern

„… für mich ist Ostern wie ein trauriger Film, der nicht enden will und unumkehrbar scheint … Ich durchlaufe gerade die Hölle; aber alles weil ich wie verzweifelt versuche, mein Leben doch noch etwas zu verändern und ‚schöner‘ gestalten zu können.

Allerdings werden die Chancen auf Besserung immer geringer, zumindest auch für meinen Darm und seine Resorptionsfähgkeit.

Die Diagnose in der Hämatologie nach der Knochenmarks- und intensiven Liquid-Zelluntersuchung war relativ niederschmetternd für mich:

Mein ganzes Knochenmark ist so stark strukturell verändert, dass nur eine sehr geringe Chance besteht, dass ich durch die gezielten Spritzen mit Wachstumshormonen für die Leukozytenbildung selbst wieder mehr Leukozyten bzw. Blutkörperchen bilden kann.

Zudem ist es sehr naheliegend aufgrund meiner Symptome, laut der Ärztin in der Hämatologie, dass auch meine Darmzellen mittlerweile so geschädigt sind, dass die Resorptionsleistung bzw. Verdauungssaft- und Enzymbildung fast ausbleibt …

Aber das Schlimmste für mich ist, dass ich gerade noch so viel ‚Wertvolles' ausprobiere und versuche zu essen, es will einfach unter diesen Umständen nicht verdaut werden, was mich psychisch jetzt doppelt trifft!

Dennoch nehme ich die empfohlene ‚Tortur' der Spritzen als empfohlener Versuch auch für die letztmögliche Darmanregung auf mich und befinde mich mittendrin …

Zwei Spritzen habe ich schon erhalten, und die jetzigen Muskel- und Knochenschmerzen sind extrem! Manchmal kann ich fast nicht mehr gehen, und das Schmerzmittel (Paracetamol) wirkt wieder lähmend auf meinen Darm, weshalb ich es nur nachts nehme, weil da die Schmerzen sonst nicht mehr auszuhalten wären …

Am kommenden Mittwoch habe ich die nächste Blutuntersuchung; dann wird entschieden, ob es überhaupt was bewirkt und wie viel weitere Spritzen ich bekomme. Meine ‚Valoron'-Tropfen habe ich dennoch weiter reduziert (9/8/7); das niedrigste Level überhaupt …

Ja, ich kämpfe, aber ohne Deine Behandlung ist es für mich gerade unbeschreiblich hart und nicht in Worte zu fassen.

Vor allem, weil ich weiß, dass eine weitere Gewichtszunahme für mich fast unmöglich zu schaffen ist. Momentan sind es fast 28 kg, und diese Zunahme bis jetzt ist auch schon fast ein Wunder.

Mehr kann ich nicht sagen und schreiben, weil ich weiß, was Dein Limit ist.

Aber ich bin ehrlich und schreibe nur, weil ich noch nie so gelitten habe und verzweifelt gewesen bin, wie momentan! Weil ich mich so nach Deiner begleitenden Behandlung und München sehne; nicht nur in meinen Träumen …"

Mein Engel dachte an mich und wünschte mir alles Gute. Ich wusste, er verließ mich nicht und schickte mir viel Licht. Doch an manchen Tagen schien es so, als würde das strahlende Licht in meinem Herzen von meinem Körper ausgelöscht werden.

Meinen weiteren Weg beschrieb ich nach einer längeren Durchhaltephase in einem weiteren E-Mail:

28.05.2017

Kleine Fortschritte und eine große Bitte

„… Wenn ich alles schreiben und beschreiben würde, was in mir in der letzten Zeit vorgegangen ist, dann würde es ein Roman! Davor möchte ich Dich aber bewusst verschonen, weil ich weiß, dass ich mit weniger Worten viel mehr ausdrücken kann und Du bestimmt viel mehr hinter den Zeilen lesen kannst, weil Du mich ja so gut kennst und ich Dir ja auch schon so viel geschrieben habe!

Jedenfalls habe ich in den letzten Wochen so viel gekämpft für mein Leben wie noch nie. Ich möchte aber aufgrund meiner Schritte dennoch keine Minute bereuen oder klagen. Ich bin wieder einmal mehr durch die Hölle gegangen, und ich bin sehr ehrlich, noch nicht ganz durch …

Aber ich schreibe Dir auch, weil ich wieder ins Leben zurückgefunden habe und dafür jede Stunde aufopfere und weiter hart arbeite. Ich bin wieder ‚leistungsfähig', ich kann etwas arbeiten (im Haushalt und Garten), Unternehmungen/Spaziergänge allein unternehmen und mein Leben auch wieder mehr gestalten und schöne Dinge aufnehmen!

Der Grund ist, dass ich es geschafft habe, über meine sehr schlechte Verdauung hinweg zu versuchen zu leben, es als „Meins" besser zu akzeptieren und aus jeder Stunde, ja Minute das Beste zu machen. Dafür habe ich das ‚Wunder' geschafft, ein wenig an Gewicht zuzulegen, weil ich trotz der extremen Belastung versuche, so viel wie möglich natürliche Lebensmittel zu integrieren, wenn auch nur kleine Bissen, aber dafür kontinuierlich, und ich freue mich darauf. Auch auf ein Stück Kuchen, Eis oder etwas Schokolade als Belohnung für meinen so geplagten Darm.

Ich bin ehrlich, das Genießen und auch wieder zu lachen, zu singen und laut Musik zu hören ist manchmal fast unerträglich schwer; wenn die Schmerzen die Oberhand gewinnen …

Aber ich WILL diesen Weg weitergehen, weil ich es geschafft habe, meine ‚Valoron'-Tropfen auf nur noch SIEBEN STÜCK (3/4) zu reduzieren (von 24 an Ostern!) trotz aller Entzugssymptome. Ich habe auch die harten Spritzen der Hämatologie ertragen, wodurch tatsächlich meine Leukozyten wieder auf ein akzeptables Maß angestiegen sind, weil ich wieder fast 29 kg wiege. Ja, ich bin ehrlich, es sind noch keine 30 kg, aber das ist momentan für mich nicht zu schaffen.

Ich denke, ich habe so große Schritte bisher gemacht …

Doch jetzt habe ich ohne weitere therapeutische Hilfe ein absolutes Plateau erreicht! Mehr schaffe ich nicht ALLEINE; aber ich möchte doch noch so viel weiterkommen, noch weitere Wunder erleben dürfen. Ich war sogar schon auf vier Tropfen unten; aber dann hat der Körper versagt, ich wäre fast umgekippt, es war einfach noch zu früh …

Doch ich möchte doch endlich die Tropfen ganz loswerden; meinem Darm noch eine Chance geben, auch meiner Psyche und meinem Körper. Ich bin überzeugt, dass Du mir jetzt gerade wieder so unendlich viel weiterhelfen könntest; noch mehr zu erreichen; vor allem durch diesen schrecklichen Entzug und seine Folgen durchzukommen und weitere Heilungsschritte zu machen …!

Aus diesem Grund bitte ich Dich heute wieder von ganzem Herzen um Deine Hilfe und einen neuen Termin bei Dir in München? …"

Doch es war noch zu früh. Es waren erst vier Monate seit dem letzten Termin bei *meinem Engel vergangen … Aus meiner heutigen Sicht ist es mir klar, dass mich meine Therapeutin*

trotz meiner kleinen Fortschritte zu diesem Zeitpunkt „durchschaut" hatte. Von einer Stabilität war ich noch weit entfernt, und aus diesem Grund war es von ihr die einzig richtige Entscheidung, meiner Bitte noch nicht nachzukommen, damit ich weiter lernen musste, meinen Weg für MICH zu finden.

Aber sie glaubte an mich und machte mir sehr viel Mut, trotz der „harten" Tatsache, dass ein nächster Termin in weite Ferne rückte ...

... ich freue mich sehr für Dich, dass Du weiterhin so große Schritte machst! Du kannst sehr stolz auf Dich sein. Es ist ganz großartig, dass Du die „Valoron"-Tropfen reduzieren konntest.

Ich kann mich nur noch mal wiederholen, und ich halte auch mein Wort!

Dreißig Kilogramm, dann behandle ich Dich gerne weiter ... Das ist der Deal.

Dazu stehe ich ...

Ich höre Dein Anliegen, Du bist sehr tapfer, und ich bin stolz auf Dich ...

Und ich musste weiter tapfer sein.

Denn das Jahr war noch lange nicht vorbei und hielt noch einige „Ereignisse" für mich geheim. Tag für Tag, Woche um Woche verging, dass ich verzweifelt gegen meinen eigenen Körper ankämpfte. Aber im Grunde genommen konnte es nicht besser werden. Denn nur meine Psyche wollte den „Deal", die geforderte Gewichtszunahme erreichen, um wieder zu meiner Therapeutin zu kommen. Dafür aber musste ich essen und mein Darm verdauen, um die Energie an meinen Körper weiterleiten zu können. Doch ich hasste diesen Körper, weil er nicht zu mir gehörte. Ich konnte ihn nicht einmal im Spiegel ansehen. Und wenn, dann sah ich eine schrecklich abgemagerte Person, die nichts mit mir zu tun hatte. Sie war nicht ich, es war nicht mein Körper. Ich kannte meinen Körper nur in Form von Schmerz, Leid und negativen Gefühlen, die er mir als „drohendes" Signal immer und immer wieder sandte. Mein eigenes Ich, die Person, die ich war und sein wollte, war noch immer

gefangen. Sie konnte nur ab und zu etwas frei werden, durch das unbeschreibliche Gefühl der Liebe zu *meinem Engel. Und ein jeder Versuch, zu Selbstliebe zu gelangen, zerschmetterte erneut an der steinernen Fassade meines eigenen Körpers und wurde zu erbittertem Selbsthass, der jegliche körperliche Verbesserung verbot.*

Ich lebte für die einzige Hoffnung, „irgendwann" wieder von meiner Therapeutin aufgenommen zu werden. Alles andere war mir egal und wurde so gut wie möglich „akzeptiert", vielmehr ausgeblendet. Doch die Signale meines Körpers wurden immer lauter; der Grat, auf dem ich mich nur noch schwankend bewegte, immer schmaler ... Bis dann Ende des Jahres 2017 ein erneuter schwerer Absturz drohte, auf ein Niveau, das von meiner Vorstellung zu „leben" weit entfernt sein würde.

Mit einem weiteren Schreiben an meine Therapeutin hielt ich schweren Herzens bis kurz vor Weihnachten durch. Hauptsächlich deshalb, weil ich die Forderungen absolut nicht erfüllen und nichts Gutes zu berichten hatte:

20.12.2017

Weihnachtsbrief an meine Therapeutin

„Schon wieder ist ein Jahr vergangen, und ich habe den großen Wunsch, Dir endlich auch wieder ein paar Worte zu schreiben. Obwohl kein Tag vergeht, an dem ich nicht an Dich denke, habe ich es mir bis jetzt nicht getraut, Dir zu schreiben ...

Bestimmt weil ich spüre, dass Du es von irgendwoher erahnen kannst, dass es mir nicht gut geht, und vor allem, dass ich nicht nach München in Deine wundervolle Behandlung kommen kann. Gerade diese Gedanken sind so schmerzhaft für mich, weil es mir letztes Jahr während Deiner Behandlung noch sehr viel besser gegangen ist!

Ich möchte Dir auch nicht das halbe Jahr erzählen, das würde Seiten sprengen. Nur ein paar Worte aussprechen ...

Ja, es geht mir gerade wieder sehr schlecht. Eigentlich zusammengefasst stehe ich vor der Notwendigkeit einer ausschließlich künstlichen Ernährung über einen zentralvenösen Zugang über den Hals – dauerhaft.

Jeder Tag besteht gerade darin, mich durch extremen Aufwand über Pulver und zubereitete Trinknahrung aus den notwendigsten Nährstoffen, vor allem viel MCT-Fett, noch selbst ernähren zu können, um nicht schon jetzt am Schlauch zu hängen. Intensiv betreut vom Hausarzt in Absprache mit der ‚Hämatologie' und auch meinen Eltern.

Im Sommer war ich noch voller Motivation. Doch dann stürzte ich und zog mir dabei einen zunächst harmlos wirkenden Rippen-Anbruch zu, mit schwerwiegenden Folgen für meinen Darm.

Im Herbst ging dann vor allem verdauungstechnisch gar nichts mehr; ich baute ab und hatte fast keine Kraft mehr zu laufen. Eine zusätzliche schwere Eisenmangelanämie und erneut fast bis auf null gesenkte Leukozytenwerte führten bis heute zu immer wiederkehrenden Infusionen und den harten Spritzen für die Stimulation des gesamten Knochenmarks über Wachstumsfaktoren …

Es kam eine Rippenprellung Anfang Oktober dazu. Eine heftige Darmgrippe erzwang vor zwei Wochen parallel zu weiteren Spritzen auch noch eine intensive Antibiotika-Kur mit weiteren Folgen für meine Verdauung.

Meine ‚Valoron'-Reduktion musste ich schon im Sommer unter mehrmaliger Lebensgefahr und Gefahr eines Herzstillstandes leider aufgeben, weil mein körperlicher Zustand dies einfach nicht mehr zulässt …

Die Tage sind voller Qual und schweren Schmerzen, Schwäche und Leid; zumal mein Darm auch keine gängigen Schmerzmittel mehr akzeptiert.

Aber ich gebe auch nicht auf; ich spüre, ich habe noch irgendeinen Auftrag; ich soll und darf noch leben, auch wenn es nur der Aufrechterhaltung meiner 27 kg Lebendmasse dient und viel weniger einem so ersehnten besseren, gesünderen Leben!

Ich denke, mehr kann und brauche ich Dir nicht zu schreiben. Ich möchte Dich auf keinen Fall quälen …

Nach München zu kommen ist unmöglich für mich, obwohl ich mich so nach Deiner Unterstützung sehne!

Dieser Schmerz des ‚Alleinseins' ist sehr groß, gerade jetzt …"

Doch trotzdem wurde es für mich wieder Weihnachten, denn *mein Engel* war bei mir, wenn auch nur aus weiter Ferne:

… Natürlich tut es mir sehr leid zu hören, dass es Dir nicht besonders gut geht. Ich kann mir gut vorstellen, wie hart Deine Tage sein müssen und wie viel Schmerzen Du ertragen musst. Das tut mir sehr, sehr leid für Dich.

Ich weiß aber auch, dass Du sehr tapfer bist, und wir wissen ja alle nicht, was noch so kommt im Leben … Aber der liebe Gott wird Dich behüten und beschützen … Du weißt ja, wir fallen nie tiefer als in Gottes Hand …

Ich werde für Dich beten und Dir viel Kraft und Licht schicken …

Das Jahr 2017 möchte ich mit einem Bild von mir abschließen. Ich habe es mir lange überlegt, ob ich es überhaupt veröffentlichen kann und soll. Ich bin dann aber zu der Entscheidung gekommen, diesen Schritt doch zu wagen. Der Hauptgrund ist, zu zeigen, dass ich mit den Beschreibungen meines Zustands im Jahr 2017 nicht übertreiben wollte. Es soll auch auf keinen Fall die „Sensationsgier" vieler Menschen heutzutage befriedigen. Vielleicht ist es für manche Leser eher als Warnung zu verstehen.

Es ist die „nackte" Tatsache meines Daseins auf dem Tiefpunkt. Es stellt eine elende Person dar, ausgehungert, sich sehnend nach Leben, auf der Suche nach der eigenen Identität … Es war mein Körper, nicht mein „wahres Ich":

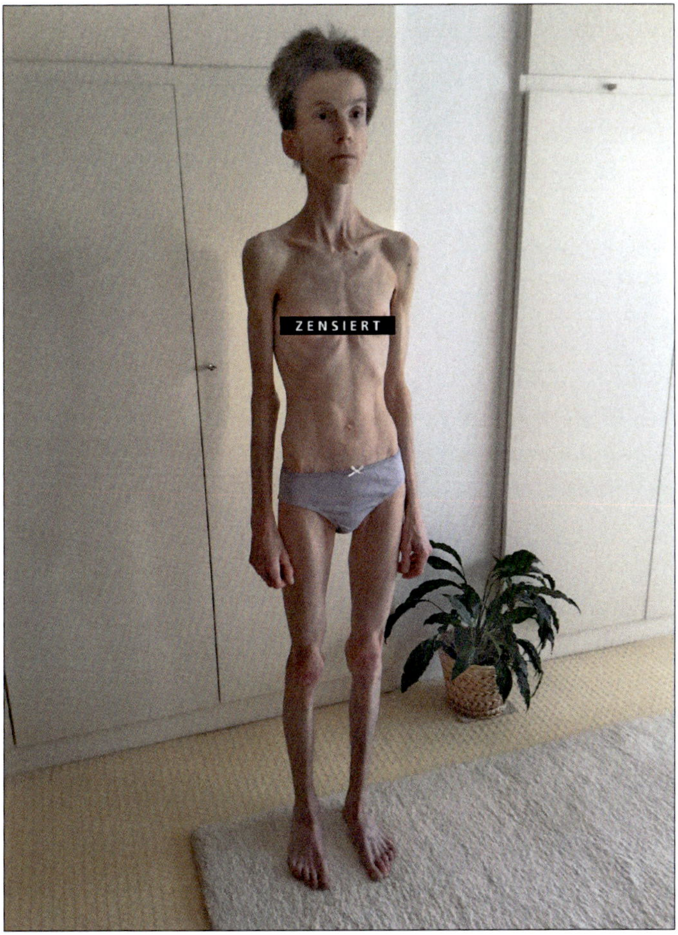

10.01.2017
Anfang 2017:
Körpergewicht: 26kg (Körper-Analysewaage), bei einer Körpergröße von 1,58m
Körperfettanteil: 5%
Fettmasse: 1,3kg
Magermasse: 23,6kg

2018 – Das Jahr des Stillstands

Über dieses Jahr gibt es am wenigsten zu schreiben, vor allem wenig Gutes.

Es gab nicht viele Höhen und Tiefen. Es war das Jahr der Stagnation in meiner körperlich sehr gefährlichen Verfassung. Mein Körper zwang mich in einen lähmenden Zustand, in dem meine Seele zu ersticken drohte.

Meine Psyche klammerte sich an *meinen Engel, dessen Signale sich aus der Ferne zu einer alles übertönenden Stimme tief in meinem Herzen vereinigten, die mich am Leben hielten. Ich glich mehr einer Maschine, die tagtäglich die gleichen Abläufe durchlief. Doch der Sprit, der sie antrieb, wurde immer weniger und die Gefahr, dass sie vollends stehen blieb, immer größer.*

An dieser Stelle möchte ich eine Kurzgeschichte veröffentlichen, die ich schon Ende 1996 geschrieben habe. Ich denke, sie könnte aber sinnbildlich als Einleitung für das Jahr 2018 nicht besser passen.

Dabei ist es für den Leser wichtig zu wissen, dass die Figur der „Lucy" damals die „Forderung" meiner Umwelt an mich, „Frau zu werden", aus heutiger Sicht widerspiegelt. Der „dunkle Verfolger" stellt dagegen die innere verzweifelte Stimme meiner wahren Identität dar:

Kurzgeschichte

Der Wecker klingelte. Ich erwachte wie immer blitzschnell aus meinen schwachen Träumen. Eigentlich war es ein ganz normaler Morgen. Doch am heutigen Tag überkam mich ein seltsames Gefühl. Etwas verunsichert rieb ich meine Augen, um einen besseren Blick zum gegenüberliegenden Fenster zu bekommen. Fahles Licht schimmerte durch die halb offenen Läden, und eine sonderbare Kühle drang ins Zimmer. Mein Kopf fühlte sich schwerer an als sonst, und nur mit großer Anstrengung konnte ich mich zum Aufstehen überwinden. Sollte ich meine Arbeit einfach sausen lassen? Nein, auf keinen Fall, das würde meine Pläne völlig durcheinanderwerfen. Zudem fiel mir ein, dass ich doch am heutigen Morgen Lucy im benachbarten Samsa besuchen wollte. Schon lange machte sie mir bittere Vorwürfe, dass ich vor lauter Arbeit kaum noch Zeit für sie hätte und mein letzter Besuch schon ein halbes Jahr zurückliegen würde. Ich spürte, wie sich in mir Widerstand regte. Dennoch, nach ein paar Schluck kalten Kaffees vom Vorabend, machte ich mich schließlich auf den Weg. Nebelschwaden zogen durch die Straßen, alles wirkte leer und selbst die alte Allee wie ausgestorben. Schwere Kälte durchdrang meine Jacke. Mit beiden Händen zog ich den Kragen höher und blickte starr geradeaus. Ich zweifelte an mir selbst. Oder hatte sich die Welt um mich herum wirklich so verändert?

Ein einzelnes Auto rauschte an mir vorbei; zwei schwarze Raben flogen erschreckt auf, um in den näherkommenden Wald zu flüchten. Ich hatte das Gefühl, nicht mehr weiterlaufen zu können; und doch trieb eine unsichtbare Kraft, die wie eine feuchte, große Hand an meinen Rücken drückte, mich weiter und weiter in den Wald hinein. War es denn überhaupt der richtige Weg, den ich eingeschlagen hatte? Ein Schatten lag über meiner Erinnerung. Krampfhaft suchte ich nach irgendwelchen Merkmalen. Doch die Bäume und Sträucher waren stumm, nicht einmal ein Windhauch entzog ihnen ein leises, beruhigendes Rascheln. Die Einsamkeit schien mich zu erdrücken. Trotzdem war ich froh, nicht schon jetzt die krächzende, durchdringende Stimme von Lucy hören zu müssen. Mitten im Wald hielt ich abrupt inne. War da nicht ein Knacken hinter mir?

Meine Knie begannen zu zittern, was sollte ich nun machen? Sollte ich mich verstecken oder einfach weitergehen? Bevor ich einen klaren Gedanken fassen konnte, versetzte mir diese geisterhafte feuchte Hand einen unerwartet starken Stoß, sodass ich fast auf den aufgequollenen Waldboden gestürzt wäre. Kurz darauf vernahm ich Schritte. Es waren große, lange, die mich schon bald zu überrollen schienen. Alles um mich herum wirkte dunkel, unnahbar, obwohl ich doch schon längst die Helle vom Waldende her, meinem Ziel, wahrnehmen sollte. Ohne nur einen Blick nach hinten zu wagen, begann ich zu rennen. Meine bleiernen Füße zwangen mich zu kleineren Schritten. Aber ich musste doch weiter; die großen, langen Schritte, die mich bald einholen würden!

Eine innere Stimme meldete sich, drückte auf meine Brust, nahm mir fast den Atem und rief immerfort: „Du bist zu spät, du bist zu spät ...!" Das Herz begann zu rasen, Schweiß rann mir von der Stirn. Wird es ein Ende geben?

Da vorne, plötzlich Licht; die letzten qualvollen Schritte. Doch warum war da kein Haus, das Haus von Lucy, in das ich mich hätte flüchten können?

Anstelle dessen ein riesiger Friedhof, umgeben von den letzten Bäumen meines Weges. Schon von Weitem erkannte ich ein großes Kreuz, einsam und drohend, allein in der Mitte sitzend. Hinter mir immer noch die großen, langen Schritte; in mir wieder diese Stimme.

Doch jetzt, in den ersten Sonnenstrahlen, zeigte sich die zu den Schritten gehörende Gestalt, als mächtiger, alles umfassender Schatten, der über dem einsamen Kreuz schwebte und mir den Weg zu versperren schien. Verzweifelt versuchte ich um ihn herumzukommen, wollte umkehren. Die innere Stimme jedoch zwang mich zu Boden, lähmte meinen Körper, meine einzelnen Glieder, schwoll zu einem unermesslich tiefen Bass an und hämmerte auf mich ein:

„Du bist zu spät, du bist zu spät!"

Hängt mein Leben nur noch an einem künstlichen Schlauch?

Anfang Januar stand ich dann vor einer großen Entscheidung, die mein Leben vollends auf den Kopf gestellt hätte. Konnte mein Leben wirklich nur durch eine dauerhaft künstliche Ernährung über meine Halsvene gesichert werden?

Schon Ende des vergangenen Jahres stellte sich mir diese Frage. Sie wurde allerdings durch die Feiertage mehr oder weniger „verschoben". Doch Anfang 2018

spürte ich deutlich, dass ich meinen Zustand nicht mehr verdrängen konnte. Wenn ich weiterleben wollte, musste ich dringend mit meinem Hausarzt nach Möglichkeiten suchen, wie meine Ernährung aufrechterhalten werden könnte. Meine gesamte Verdauung war an einem absoluten Limit angelangt und ließ keine Kompromisse mehr zu. Das war mir bewusst. Und doch war die Dimension einer ausschließlich künstlichen Ernährung für mich damals gedanklich zu groß. Vor mir schien sich ein schreckliches Gespenst aufzutürmen, über das ich nicht hinwegsehen konnte. Ich hatte riesige Angst vor einem undefinierbaren Kontrollverlust. Aus meiner heutigen Sicht weiß ich, dass sich meine Panik darauf bezog, jegliche Freiheit vollends zu verlieren. Auch noch körperlich, wobei meine Seele doch eh schon gefangen war! Und natürlich hätte es auch bedeutet, dass ich zu einem absoluten Pflegefall geworden wäre!

Mir ging es aber so schlecht, dass sich sogar meine Gedanken und Sorgen aufzulösen schienen. Ich musste etwas tun. Ich wollte doch für mein letztes schönes Gefühl in meinem Herzen kämpfen!

Nach dem Gespräch mit meinem Hausarzt schien dann alles klar zu sein. Ich schrieb meiner Therapeutin:

03.01.2018

„… mit dem heutigen Tag steht ziemlich fest (durch den heutigen Termin plus Gespräch mit dem Hausarzt), dass ich ab jetzt einen venösen Kathederzugang für kontinuierliche KÜNSTLICHE ERNÄHRUNG über eine Pumpe im Hals brauche. Meine Blutwerte und mein Zustand sind wieder so kritisch (bekomme ab heute erneut für die nächsten Tage Knochenmarksspritzen für den Übergang), dass Trinknahrung nicht mehr reicht …

Den Termin für den operativen Eingriff im Krankenhaus bekomme ich in den nächsten Tagen. Von da ab muss ich, wenn ich wieder daheim bin, kontinuierlich parenteral in Verbindung mit häuslichen Besuchen durch einen Fachmann (für die Durchführung, die langwierige Einstellung mit der richtigen

Nahrungszufuhr und das ständige Reinigen und Auswechseln des Zugangs) ernährt werden. Mehr weiß ich noch gar nicht bezüglich meines Daseins bzw. der Mobilität etc.

Ich habe nur an Dich den riesigen Wunsch und die Bitte um gedankliche Unterstützung … Das würde mir sehr viel weiterhelfen …"

Und auf *meinen Engel* war Verlass. Er dachte fest an mich und versuchte mich zu beruhigen. Vielleicht spürte er besser als ich, dass es für mich doch noch eine andere Chance gab …

… Ich kann mir vorstellen, dass du sehr angespannt bist und Dir große Sorgen um die Zukunft machst … und dass es Dir Angst macht … das verstehe ich gut …

Nach über einem Monat bangen Wartens wurden mir dann doch unerwartet zumindest für eine kurze Zeit die größten Ängste genommen:

18.02.2018

Nach dem Termin im Krankenhaus schrieb ich:

„… Ich bin gerade in intensiver Betreuung vom Chefarzt der Gastroenterologie und Inneren Abteilung der Klinik und habe keinen zentralvenösen Zugang erhalten, weil ihm in meinem Fall, wegen meines sehr labilen Immunstatus und meiner Halsvene, das Risiko einer Sepsis viel zu hoch gewesen wäre.

Ich hätte sonst als Intensivpatientin aufgenommen und völlig in „Quarantäne" auf der Intensivstation ohne direkten Kontakt zur Außenwelt ernährt werden müssen. Diesen Zustand wollte er mir noch nicht zumuten, da ich ja noch ‚leben', vor allem mich zu Hause noch selbstständig bewegen und versorgen kann und nicht weiter an Gewicht verloren habe. Zumal es dann wirklich eine künstliche Ernährung für mein ganzes Leben wäre, ohne Hoffnung für eine mögliche Besserung meines Darms, da er ja völlig ausgeschaltet würde und ich mich kaum noch in der Öffentlichkeit, wegen der großen Infektionsgefahr, bewegen dürfte!

Diese ‚Maßnahme' möchte er wirklich nur für den Notfall einer weiteren Gewichtsabnahme unter 26 kg einleiten! Ich bin jetzt froh und auch nicht … Es ist unendlich schwer, meinen Zustand zu beschreiben …

Jetzt bekomme ich eine sehr restriktive Sonden- und Trinknahrung, praktisch ausschließlich als Ernährung. Weil ich mich gegen eine Sonde und für das Schlucken entschieden habe; obwohl der Geschmack fast unerträglich ist und ich auf alle weiteren Lebensmittel-Experimente strikt mit eisernem Willen verzichte …

Aber ich bin unendlich froh, dass mir immer noch ein paar kleine Freuden, meine Lieblings-„Breie", aufgelöstes Brot und etwas Eis erhalten bleiben, welche ich einigermaßen verdaue und die das tägliche Highlight sind!

Mein Tag ist ansonsten von schweren Schmerzen und Erschöpfung geprägt und von vielen Medikamenten …

Aber ich darf noch leben und kann meinen Alltag meistern und noch mit meinen Eltern zusammen sein. Das ist schon sehr, sehr viel Freude bzw. Dankbarkeit und Annahme meines Zustands! Des Weiteren werde ich intensiv von der Hämatologie betreut, weil ich jetzt für mein Immunsystem jede Woche ein bis zwei der Knochenmarksspritzen für die Leukozytenbildung brauche, und das ist für mich schon sehr hart, da diese Spritzen große Schmerzen, Übelkeit und Schwäche verursachen und auch noch gegen meine Darmgesundheit wirken. Aber ich brauche sie sehr dringend, weil ich sonst an einer banalen Infektion sterben könnte …

Doch ich will nicht klagen; ich versuche alles anzunehmen, wie es anscheinend für mich bestimmt sein soll. Mein größtes Ziel ist es, mich wieder einmal von Dir behandeln lassen zu können … Mein größter Wunsch, auf den ich hart hinarbeite, weil ich weiß, wie Du mir meine Schmerzen lindern könntest; wie gut Deine Behandlung auch für meine Psyche wäre!

Momentan sind es genau 28,3 kg; ja ich habe sogar trotz oder gerade wegen der harten Umstellung in den letzten Wochen 300 g zugelegt!

Für mich ein endlos erscheinender Kampf … Aber ich gebe nicht auf.

Bitte lass mich weiter spüren, dass Du an mich denkst und ich tief in meinem Herzen nicht allein bin. Das ist das schönste Gefühl, gerade für mich! …"

Die Hilfe *meines Engels* aus der Ferne war unbeschreiblich groß. Seine Antwort war immer genau die richtige, um mich wieder ein Stück weiter zu „tragen“:

… Ich freue mich, dass Du nun wieder etwas zugenommen hast. Du bist ja auf einem guten Weg … Ich schicke Dir viel Mut weiterhin, viel Kraft und viel Segen! Mach weiter so …

Wenn Du Dich dann kräftig genug fühlst, um eine Reise nach München anzutreten, bist Du natürlich herzlich willkommen. 29,5 kg würde ich auch akzeptieren …

Dieser Satz war für mich wie Weihnachten und Ostern zusammen! Ich spürte förmlich, wie mein eiserner Wille neu entfacht wurde. Ich wollte dieses magische Limit unbedingt erreichen. Doch so schnell, wie ich es mir wünschte, ging es nicht.

Noch Ende März musste ich meine Immunsystem stimulierenden Spritzen aufgrund einer starken Unverträglichkeit und weiterer Nebenwirkungen sofort absetzen. Von diesem Tag an hing auch noch meine ganze Abwehrkraft an dem seidenen Faden meines geschädigten Darms. Doch ich hatte ja ein Versprechen vor Augen und arbeitete mich dafür Schritt für Schritt nach vorne.

Am 28.04.2018 konnte ich meiner Therapeutin seit Langem eine etwas positivere Nachricht schreiben:

„… ich habe es jetzt tatsächlich geschafft und den (hoffentlich nur) Zwischenschritt von 29 kg erreicht!

Viel wichtiger als das Gewicht ist allerdings meine doch so hoffnungsvoll und fast unglaublich wirkende Stabilisierung meines Gesundheitszustands; vor allem meiner Leistungsfähigkeit und Belastbarkeit, seit ich die Spritzen absetzen musste! Gestern hatte ich wieder eine große Untersuchung mit Sonografie des gesamten Bauchraums bei meinem Hausarzt. Er war insgesamt sehr zufrieden und erstaunt über meine Entwicklung und mein Durchhaltevermögen bez. der täglichen Probleme und Schmerzen. Mein Immunsystem ist auch ohne Spritzen fast wie ein Wunder stabil, eher etwas besser!

Die linksseitig verlagerten starken chronischen Darmschmerzen und Verdauungsprobleme konnte er per Sonografie jetzt sogar ziemlich erklären:

Da meine Leber mittlerweile durch das viele Gift so überlastet ist, ist sie im Vergleich meiner anderen Organe um das Doppelte vergrößert und nach links verschoben und drückt so auf den linken Darmabschnitt und die weiteren Organe …

Aber dennoch habe ich einige Schritte in die richtige Richtung gemacht und habe noch viel vor … Allerdings bedarf es weiterer Unterstützung und Hilfe …“

Ich musste noch einige Monate durchhalten und hart an mir „arbeiten“, bevor ich wieder zu *meinem Engel nach München fahren durfte. Es war ein großes Entgegenkommen und Geschenk für mich von meiner Therapeutin, da ich zu diesem Zeitpunkt noch nicht ganz 29,5 kg wog. Aber es waren immerhin 29 kg und mein Engel wusste, dass ich trotz guten Willens momentan nicht mehr erreichen konnte und ich ihre „reale“ Unterstützung mehr als alles andere herbeisehnte.*

24.07.2018

Der Termin in München bei meiner Therapeutin war für mich erneut unbeschreiblich wertvoll. Meine Psyche konnte endlich neue Kraft tanken, und nur ihrer Fähigkeit hatte ich es wieder zu verdanken, dass auch meine Schmerzen deutlich gelindert wurden. Ich wünschte mir, der Tag wäre nie vergangen …

Was ich an diesem Tag glücklicherweise noch nicht erahnen konnte, war, dass es in diesem Jahr das erste und letzte Wiedersehen bei *meinem Engel gewesen sein sollte.*

Denn mein Körper war noch längst nicht „fertig“ mit mir. Meine Seele zeigte sich zutiefst verbittert, immer noch ungehört in mir gefangen zu sein. Mein Auftrag war noch längst nicht erfüllt, endlich meine wahre Identität offenzulegen und dadurch auch zu mir selbst zu finden. Also folgte mein Körper den Signalen meiner Seele, mich weiter „vernichten“ zu müssen; als Strafe für meine Selbstverleugnung und als Mittel, mein „Frau werden“ zu verhindern.

Schon im August verschlechterte sich meine Verdauung von Tag zu Tag. Unaufhaltsam geriet ich in einen Strudel, aus dem ich mich allein mit meinen positiven Gedanken immer weniger befreien konnte. Ich bekam

immer größere Ängste, weil ich deutlich spürte, dass ich die Kontrolle über meinen Körper verlor. Was musste noch alles passieren? War es wirklich noch ein Leben oder tatsächlich nur ein schreckliches „Überleben“?

Meine weitere Talfahrt begann …

02.09.2018

Im September schrieb ich in großer Verzweiflung dann mein nächstes E-Mail an *meinen Engel:*

„… heute habe ich leider ziemlich traurige Nachrichten. Und zu schreiben fällt mir unbeschreiblich schwer.

Ich habe einen sehr heftigen gesundheitlichen Rückschlag. Näheres werden erst die ab morgen stattfindenden Untersuchungen beim Hausarzt ergeben. Jedenfalls trifft mich bestimmt auch noch zusätzlich der starke Wetterumschwung. Aber es geht mir wirklich gerade wieder sehr schlecht: extreme Schwächeattacken mit Kreislaufproblemen, Atemnot wechseln sich mit undefinierbaren Muskel-, Glieder- und Kopfschmerzen sowie heftigen Darmkrämpfen und Übelkeit ab. Eigentlich die ganze Palette … Aber ich werde weiterkämpfen, mit Gottes Hilfe!

Ich möchte jetzt auch keine falsche Stärke vortäuschen; im Gegenteil zeigen, dass ich richtig entscheiden und handeln möchte für meinen Körper …

Ich möchte daher unseren Termin am 18.09. absagen; ich hoffe, dass es Dir keine Schwierigkeiten bereitet. Aber ich merke, dass die Fahrt nach München in meinem Zustand wieder nicht mehr möglich ist.

Auch wenn ich so darunter leide, weil mir Deine Therapie so viel helfen würde. Aber ich weiß auch, dass sie vor allem psychisch wirkt und mein körperlicher Zustand wieder zu schlecht ist, um mich erfolgreich von Dir behandeln lassen zu können.

Ja, die Absage bricht mir fast das Herz; aber ich möchte realistisch und nicht ohne Hoffnung in die Zukunft blicken! … Ich möchte auch momentan keinen weiteren Termin vereinbaren, da ich meine Entwicklung noch nicht abschätzen kann.

Du hast mir bislang so viel geholfen, ich danke Dir dafür sehr, und ich hätte noch einen ganz großen Wunsch für meine weitere Zeit:

Es wäre wunderbar und eine große Hilfe für mich, wenn ich weiter Deine Hilfe und Unterstützung, durch ein paar E-Mail-Worte und den schriftlichen Kontakt, bekommen würde … damit ich weiter von ferne Deine unbeschreibliche Stärke spüren dürfte …"

… Natürlich kannst Du mir schreiben, wenn es Deine Kraft zulässt – wir bleiben in Kontakt, versprochen …

Ich war sehr froh und erleichtert, dass ich *meinem Engel* *weiter schreiben durfte. Es bedeutete mir unendlich viel, weil es noch die einzige Möglichkeit meiner Gefühlsäußerung war. Ich verstummte und verschloss mich meiner Umwelt immer mehr. Aber wenn ich* ***meinem Engel*** *schrieb, öffnete sich mein Herz für einen kurzen Moment, und alles Leid wurde viel erträglicher.*

Das Jahr neigte sich dem Ende zu, und ich konnte nicht mehr viel Positives berichten. Im Gegenteil, es kamen wieder neue Herausforderungen auf mich zu, die mir weitere Kräfte raubten und meine Psyche langsam, aber sicher aufzehrten:

02.09.2018

„… mein Gefühl hat mich nicht getäuscht, und die Deutung meiner heftigen Symptome lag richtig …

Gut, dass ich gerade noch rechtzeitig zum Hausarzt gegangen bin! Meine Eisenspeicher sind fast vollständig entleert. Das einzige wichtige Spurenelement, das ich wegen der Nebenwirkungen auf den Darm nicht oral einnehmen kann und wodurch ich als Folge wieder einen schweren Eisenmangel habe.

Zudem ist natürlich eine ständige Sauerstoff-Unterversorgung für meinen Darm auch eine Katastrophe, und deshalb verdaue ich jetzt noch schlechter. Auf jeden Fall brauche ich in den nächsten drei Wochen drei Eisen-Infusionen beim Hausarzt; immer dienstags, also eine Infusion pro Woche. Mehr geht nicht, da die Nebenwirkungen für meinen Körper heftig sind und der Stoffwechsel sonst kapituliert; zudem muss meine Armvene durchhalten!

Aber ich hoffe sehr, dass der Tausch, Infusionen statt Deiner Behandlung in München, mich bald wieder zu Kräften kommen lässt …

Ich habe wieder harte Wochen, die auf mich zukommen. Fast ausschließlich mit hoch dosierter Trinknahrung, um jegliche weitere Belastung für den Darm auch zu vermeiden.

Aber ich habe ja eine so große Hilfe durch meine Eltern. Und wenn ich weiter so spüren darf, dass auch Du an mich denkst und bei mir bist, dann ist das eine so große Hilfe, dass es mir vielleicht bald wieder besser gehen wird …!"

Aber von einer Besserung konnte ich noch lange nicht reden und auch nicht schreiben. Doch ich wollte *meinem Engel* *zeigen, dass ich wenigstens noch nicht ganz aufgab und zu lernen versuchte, mein Schicksal besser anzunehmen.*

21.10.2018

„… Mein größtes Geburtstagsgeschenk für Ende Oktober wäre gewesen, wenn ich für November mit Dir einen weiteren Termin hätte vereinbaren dürfen. Aber leider soll der Zeitpunkt noch nicht gekommen sein. Es geht mir gesundheitlich ziemlich schlecht. Meine Leber und mein Darm machen gerade einfach nicht mehr mit. Deshalb werden meine Blutwerte trotz ständiger Infusionen – Eisen und Vitamin C im Wechsel – nicht besser und natürlich auch nicht mein Zustand mit den Nebenwirkungen der Infusionen.

Aber ich habe weiter gelernt „zu leiden" und meine „Gesundheit" zu akzeptieren, anzunehmen versuchen, jeden Tag aufs Neue, weil es anscheinend so für mich sein soll …

Obwohl es mir jetzt gerade sehr schwerfällt und ich manchmal nur noch weinen könnte! Aber ich spüre auch die Hilfe, die ich bekomme und die mich trägt, immer weiter …

Bis es mir wieder besser geht (und ich auch wieder nach München zu Dir fahren darf). Aber momentan würde ich die anstrengende Reise einfach nicht packen …"

Die relativ langen Abstände zwischen meinen E-Mails verdeutlichten am besten meinen Kampf. Einerseits wollte ich so gerne schreiben und meinen „traurigen" Gedanken freien Lauf lassen. Andererseits war es für mich sehr schmerzhaft, dass ich mich von einem Termin bei meiner Therapeutin immer weiter entfernte.

02.12.2018

„... Heute möchte ich Dir endlich wieder ein paar Worte schreiben ...

Bestimmt auch, weil Schreiben viel mit Befreiung und Loslassen zu tun hat. Und mit Durchhalten, vor allem jetzt gerade, weil mein geschwächtes Immunsystem noch schwächer geworden ist und ich vor gut einer Woche von einer heftigen bakteriellen Infektion des Mund- und Rachenraumes heimgesucht wurde. Jetzt heißt es wieder einmal Antibiotika-Kapseln schlucken, um eine weitere Ausbreitung, vor allem Richtung Lunge und Darm zu verhindern. Jedenfalls sind die Nebenwirkungen nach heute 14 von 28 Kapseln geradeso erträglich, und ich habe vor allem den Eindruck, dass die Infektion nicht weitermacht! Doch mein Darm ist nicht sehr erfreut, von meiner Leber ganz zu schweigen. Aber allemal besser als eine drohende Lungenentzündung! Ich werde versuchen, die Zähne zusammenzubeißen und anzunehmen. Nicht ans Aufgeben denken!

Denn ich weiß, ich bin nicht allein, und ich bekomme Hilfe ...

Du glaubst ja gar nicht, wie mich die Gedanken an Dich stärken und immer weitertragen ... Wieso und warum ist egal, ich denke, es ist so bestimmt und es wird einen Grund geben, weiter für mein Leben zu kämpfen; auch für meine lieben Eltern! ...!

Das Jahr endete wie immer mit lieben Weihnachtswünschen und einer Kerze, deren Licht Wärme schenkte und uns über die Distanz hinweg ohne Worte verband.

Die starke Flamme dieses Lichts spiegelte sich hell leuchtend und am längsten in meinem Herzen, während der nur noch schwach glimmende Funke meiner Seele und meines Körpers im kommenden Jahr vollends zu erlöschen drohte.

2019 – Das Jahr meiner Todessehnsucht bis zum Beginn meiner „Wiedergeburt“

Es war ein Jahr, das ich bestimmt niemals in meinem Leben vergessen kann. Obwohl das Schreiben meiner gesamten Biografie eine intensive, wichtige und häufig auch „harte“ Aufarbeitung für mich darstellte, gingen mir meine umfangreichen Aufzeichnungen und Texte aus dem Jahr 2019 am tiefsten unter die Haut.

Die Erlebnisse dieses Jahres sind für mich auch am schwierigsten in „nackte“ Worte zu fassen, weil die Gefühle die wichtigste Rolle spielten. Ich denke, die Erfahrung, bewusst sterben zu wollen, weil die Seele nach Erlösung schreit und der Körper nicht mehr will, kann in seiner Dimension nur „erlebt“ und schwer beschrieben werden. Trotzdem möchte ich versuchen, meinen Spagat zwischen Tod und Leben zu formulieren. Vor allem auch aus riesiger Dankbarkeit meiner Therapeutin gegenüber, die immer an mich und mein LEBEN geglaubt hat. Nur ihrer Hilfe habe ich es zu verdanken, dass ich nicht sterben konnte. Und nach einem Jahr tiefster Todessehnsucht reichte am Ende ein einziger Termin bei ihr, der mich letztendlich aus meinem Käfig riss und zu meiner unfassbaren „Wiedergeburt“ führte.

Doch zuvor musste ich noch einmal durch die „Hölle“ gehen, die mir den Blick zum „Himmel“ versperrte und in deren Dunkelheit ich endlich meine falsche Identität abwerfen konnte, um frei zu sein für den Weg zu mir selbst.

Ein letztes Gefühl von Hoffnung

27.01.2019

„… Heute habe ich ein Foto für Dich …

Das Bild habe ich gemacht, weil es gerade so viel von meinen Gefühlen widerspiegelt:

Wenn alles unfassbar dunkel und schwer, erdrückend erscheint …

Dann ausbrechen, aufstehen, dem Licht entgegengehen und nicht verzagen …

Der Glaube hält fest und klammert sich an neues Leben, auch wenn der Weg von der Knospe zur Blüte unendlich weit und schwer wirkt.

Und schon kleine kurze Lichtblicke ermöglichen Leben, und eine unglaubliche unsichtbare Kraft aus der Ferne verhilft aus den dunkelsten Tiefen neue Hoffnung zu schöpfen!

Jeden Tag mit Deiner Hilfe von ferne in der tiefen Empfindung aufstehen zu dürfen, alle Qualen und Leiden neu zu überwinden und nicht aufzugeben für die kleinen kurzen Lichtblicke, die mir jeden Tag noch geschenkt werden, von meinen lieben Eltern und von Dir.

Danke für dieses Gefühl, nicht allein zu sein …!"

Mein Denken veränderte sich von Tag zu Tag mehr. Von meiner Umwelt isolierte ich mich immer mehr, weil sie für mich zu „schnell" wurde. Die Anforderungen eines sozialen, flexiblen Lebensstils konnten von mir in meinem Zustand nicht mehr erfüllt werden. Alles an meinem Tagesablauf wurde zu einem Ritual, um die Qualen noch einigermaßen kontrollieren zu können. Eine einzige neue „Attacke" meines Körpers bedeutete einen weiteren freien Fall ins Ungewisse. Doch der Fall endete immer wieder in den schützenden Händen *meines Engels, des tiefen Gefühls in meinem Herzen, das meinem Dasein noch einen letzten Sinn gab.*

Ich konnte nicht mehr länger warten, ich musste meine Therapeutin um einen weiteren Termin bitten:

09.02.2019

„… Eigentlich weiß ich gar nicht richtig, was ich schreiben soll …

Ich denke, mein Gesundheitszustand ist so unverändert, manifestiert auf meinen schweren Symptomen, dass ich in letzter Zeit wie gelähmt bin. Dennoch kommt jetzt keine Klage, sondern ich versuche und kann jeden Tag mehr oder weniger akzeptieren, annehmen, dass mein Magen/Darm ziemlich funktionslos geworden, mein Tagesablauf von viel Schlaf, wenig Arbeit, Energieaufnahme und danach immer mehr oder weniger schnell von schweren Symptomen, Schmerzen und Durchfällen gezeichnet ist. Allerdings ist mein Körper schon so angepasst, dass ich dennoch mein Gewicht und damit mein Leben halten kann.

Aber ich bin mir sehr sicher, dass ich durch eine erneute Behandlung von Dir nur gewinnen kann. Denn was habe ich noch zu verlieren?

Ich sehne mich immer mehr nach Deiner Behandlung, weil ich spüre, dass Du zwar keine Wunder vollbringen, aber mir eine wunderbare Linderung ermöglichen und wieder etwas ins Fließen bringen kannst.

Ohne Dich in irgendeiner Form unter Druck zu setzen, weil ich weiß, ich bin zu krank …

Aber ich möchte weiterleben, und ich weiß, nur Du kannst mir noch Linderung verschaffen für ein etwas besseres Leben! Nur Du schaffst es jetzt schon von ferne, mich täglich weiterzuführen, und dann wäre eine Behandlung noch so viel mehr …

Natürlich würde ich diesmal wieder in Begleitung meiner beiden Eltern mit dem Auto zu Dir fahren, der Zug ist zu anstrengend.

Ich denke, Du spürst, es ist ein großer Hilfeschrei von mir, um es kurz auf den Punkt zu bringen …"

… ich habe versucht einen „längeren Termin" für Dich im Februar zu organisieren …

Mein Angebot: 26.02. um 13.30 Uhr bis 15.30 Uhr.

Ich hoffe, das passt für Dich …

Natürlich passte der Termin, was für eine Frage!

Meine erste Behandlung von meiner Therapeutin in diesem Jahr war wie immer wunderbar und nur schwer in Worte zu fassen. Ich möchte mich auch nicht immer wiederholen. Jedoch versuchte ich diesmal sehr viel mehr eine jede Minute bei *meinem Engel* *in mich aufzusaugen. Ich wünschte mir, die Zeit wäre stehen geblieben. Irgendetwas in* *mir veränderte sich spürbar. Ich konnte aber dieses Gefühl zu diesem Zeitpunkt noch nicht richtig formulieren. Aber der Abschied fiel mir unheimlich schwer …*

Zwei Tage später habe ich dann doch versucht meine „neuen" Gefühle niederzuschreiben, indem ich meine Gedanken sortierte, meinen Ängsten nachspürte und mich als Gegenpol an die Erinnerung der Zeit bei *meinem Engel* klammerte.

Mein Brief an ihn:

28.02.2019

„… Eigentlich möchte ich Dir heute wieder so viel schreiben. Aber weil ich Dir bereits alles geschrieben habe, fallen mir die passenden Worte schwer …

Ich denke, Du spürst die Dankbarkeit von mir, die wirklich eine andere nicht zu begreifende Dimension ist: diese Verbundenheit aus der Ferne und besonders auch jetzt wieder Deine erneute Aufnahme und Behandlung von mir.

Ich habe so große Hochachtung vor Dir, weil ich wieder zu Dir darf und Du mir eine so große Linderung, Hoffnung und den größten Lichtblick ermöglichst!

Aber ich weiß und spüre, dass meine Zeit nur noch sehr begrenzt ist …

Nur Du erfährst die ganze Wahrheit meines Gesundheitszustandes:

Ich bin so krank, dass ich immer mehr schlafen werde und kaum noch leistungsfähig bin, weil meine inneren Organe, vor allem Darm, Leber und Magen so geschädigt sind, dass sie immer mehr abschalten. Ich werde immer weniger aufnehmen können, immer schwerere Durchfälle bekommen und Blut und Nährstoffe verlieren. Schon jetzt spüre ich die totale, immer wiederkehrende Entkräftung, mein schwaches Herz, die unerbittlichen Krämpfe, mein Ringen nach Luft …

Ja, wenn es gut läuft, habe ich noch etwa 5 Jahre. Bei meinem mittlerweile Jahrzehnte lang andauernden schweren Untergewicht mit seinen organischen Folgen wäre alles darüber hinaus ein ‚medizinisches Wunder'.

Und diese Jahre möchte ich mein Leben noch versuchen zu leben mit allen Sinnen und was mir dazu noch möglich ist …

Und Du bist (neben meinen Eltern) der wichtigste Mensch für mich.

Ich möchte Dich nicht zu sehr bedrücken und belasten, aber deshalb mein weiterer Hilfeschrei und das ‚Flehen' um Deine weitere Behandlung in München.

Nur Deine Hände können meinen Körper und vor allem meine Seele in wundervoller Weise noch erreichen und mir so viel Linderung verschaffen, dass ich besser durchhalten kann und noch etwas mehr für mein kurzes Leben habe.

Deine Kraft ist so enorm, ich kann Sie nicht in Worte fassen ...

Ich würde für Dich mehr als um die Welt laufen und für Dich alles tun ...

Aber ich weiß, ich habe mehr denn je jetzt die Aufgabe, noch das Beste für mich zu tun und zu zeigen, dass Deine Hilfe als Therapeutin wirkt, wenigstens für ein paar schöne Stunden ...

Ich danke Dir für Deine Bereitschaft und bitte Dich natürlich auch noch für Deine Begleitung von ferne und durch weitere Behandlungen in angemessenen Abständen, wenn es für Dich möglich ist.

Denn noch möchte ich ein wenig leben mit Deiner Hilfe, die jetzt stärker wirken darf in Form Deiner Behandlung, Deines Daseins und Münchens, meinen längsten Reisen. Für die schönsten Stunden im Gefühl und einer Linderung für meinen fertigen Körper!

Danke, dass es Dich gibt, für alles ... Du bist für mich ‚perfekt'; bleibe einfach so. Kein anderer Mensch ist für mich mit Dir nur im Geringsten zu vergleichen ...

Weil Du *mein Engel* bist und bleibst!

Diese Worte sind bestimmt nicht leicht, sie kommen aber aus meinem tiefen Herzen ..."

Meinen nächsten Behandlungstermin bekam ich schon nach drei Wochen wieder. Meine Therapeutin konnte meine Briefe deuten und spürte, dass die geplanten fünf Wochen für mich nur schwer durchzuhalten wären.

Doch auch die Zeit zwischen den Terminen wurde durch ihre aufbauenden kurzen, aber immer genau „treffenden" E-Mails verkürzt.

Ich schrieb ihr am 11.03.2019:

„... Ich denke, Du spürst immer, wenn das Leid und die Schmerzen fast unerträglich werden.

Aber immer dann bist Du wieder mit Deiner wunderbaren Kraft für mich da, mit Deinen Worten und Bildern ...

Wenn ich hinfalle und kaum noch gehen kann, nimmst Du mich wieder an der Hand und ziehst mich hoch!

Ja, und ich denke, ich habe einen Auftrag, diese wunderbare Hilfe anzunehmen und durch Dich jeden Tag aufs Neue die ‚Extreme' überwinden zu lernen und aus Dankbarkeit wieder aufzustehen und noch etwas weiterzugehen ..."

Ich kann und möchte nicht mehr

Doch mein Weitergehen wurde von Tag zu Tag schwerer. Nicht nur mein „schwankender", zielloser Gang, auch meine Gedanken. Die Attacken meines Körpers steigerten sich und trieben mich immer häufiger in den gefühlten „Wahnsinn", weil ich ihnen nichts mehr entgegenzusetzen hatte:

14.03.2019

Der Giftanschlag meines eigenen Körpers

Wieder einmal habe ich einen Giftanschlag meines Körpers überlebt.

Ironischerweise habe ich den Eindruck, dass nach eigentlich lindernden Medikamenten die Giftanschläge immer härter werden.

So auch dieses Mal nach der zweitägigen Einnahme der MCP-Lösung, die gegen meine schwere Übelkeit verschrieben wurde. Doch diesmal hatte ich wirklich den Eindruck, dass es aus ist ...

Ich kenne diese Giftattacken meiner „Nichtverdauung" so gut. Ungefähr alle zwei Wochen kommt so eine Schwerstsymptomatik, die ich eigentlich kaum beschreiben kann. Über Nacht eine große Wassereinlagerung bzw. vielmehr Giftbrühe, die meinen nicht mehr vorhandenen Bauch mit Gewalt und zusätzlicher Luft unter den Rippen vorwölbt … ein halber Liter pures Gift.

Die Übelkeit wird fast unerträglich, mein Kopf fühlt sich an, als würde das Gift überall heraustreten wollen; ein extremer Druck verlagert sich in alles Gewebe; mir ist schwindelig; die Knochen und Gelenke schmerzen. Vor allem aber der extreme Schmerz unterhalb des Magens; wie ein immer weiter zuschnürender Gürtel um meinen Darm. Ein unfassbares Gefühl der Lähmung schiebt sich zusätzlich bis in meinen Unterbauch, das Becken bis in die Oberschenkel.

Manchmal habe ich das Gefühl von einer brennenden unaufhaltsamen Taubheit, die meinen unteren Torso durchzieht und abtöten will! Ein jeder Schritt schmerzt und fällt mir unendlich schwer. Ich bin „tod"müde und würde am liebsten auf den Boden fallen. Aber ich kann vor Krämpfen auch nicht ruhig liegen und schlafen.

Ohne Ablenkung bin ich noch mehr in dem schmerzhaften Kreis gefangen, kann mich auch in Gedanken nicht mehr lösen; bin wie in einen bösen dunklen Schleier gehüllt. Versetzt in eine andere dunkle Welt, ohne Sinn und Lebensfarben, ohne Töne. Wie in einem tiefen dunklen Tunnel, der nicht enden will und mir die Luft zum Atmen, ja selbst die Tränen zum Weinen nimmt …

Ich möchte nur noch schreien, aber selbst dazu fehlt mir die Kraft!

Ein extremer Durchfall nimmt mir zwar die letzten Kräfte, lindert aber wenigstens die wahnsinnigen Vergiftungserscheinungen bis zur weiteren Attacke meines Körpers gegen mich.

Wozu lebte ich noch, wenn mein Leben nicht mehr lebenswert war?

Diese Frage stellte ich mir immer häufiger. Die Antwort meiner verzweifelten Mutter wurde durch ihre Tränen erstickt. Allein die Stimme in meinem Herzen war noch stark genug und rief mir zu: „Du hast noch einen Engel hier auf dieser Welt, der auf Dich wartet, um Dir zu helfen!"

… Und … Du darfst auch schwach sein … das ist o. k. …

Ein Satz, eigentlich nur ein paar Worte meiner Therapeutin, die mich sehr berührten, umtrieben, mir wieder ein paar Schritte in dieser Welt ermöglichten.

Denn war dieser „genial gewählte" Satz *meines Engels tatsächlich ein Schlüssel für mein weiteres „Bestehen"? Sollte ich nicht viel mehr auf meine Gefühle hören, meiner Seele Luft verschaffen, ihre Signale achten, bevor ich ganz aufgab? Was erwartete ich von meinem Körper? Wollte ich nicht deshalb sterben, weil ich keine Leistung mehr erbringen konnte, meine Stärke, Kraft und die Kontrolle über meinen Körper verlor? Wenn ich weiterleben wollte, musste ich erst einen Zugang zu mir selbst finden, meine Schwäche akzeptieren, für mich selbst und meinen Körper Gefühle entwickeln, nicht nur für meinen Engel …*

Ich versuche aus meinem heutigen Verständnis der Worte meiner Therapeutin zu erklären, dass sie wohl einen ersten Versuch von ihr darstellten, überhaupt wieder einen Zugang zu meiner eingesperrten Seele zu erhalten, um sie vielleicht doch zum Leben zu befreien.

Doch für diese Gedankengänge hatte ich damals keine Kraft. Ich durfte zwar schwach sein, aber nur in Gegenwart *meines Engels.*

Aus diesem Grund wurde meine Todessehnsucht von Tag zu Tag stärker. Ich hatte aber nie den Gedanken, Selbstmord zu begehen. Ich wollte in „Ruhe" an körperlichem Versagen sterben und mich vor meinem Tod noch unbedingt von *meinem Engel* verabschieden. Die Zeit rannte mir davon, denn den Zeitpunkt meines Sterbens konnte ich mir ja nicht aussuchen. Aber ich wollte unbedingt für den nächsten Termin durchhalten. Schon allein der Gedanke, meine Therapeutin nochmals wiederzusehen, verlieh mir die psychische Kraft, die ich körperlich eigentlich nicht mehr hatte.

Und es kam der nächste ersehnte Termin bei *meinem Engel*:

19.03.2019

„… Ich bin mehr als gerührt …

Deine Behandlung, das Gespräch, Deine Nähe waren für mich wieder eine riesengroße Hilfe, Freude und Entlastung …"

Aus meiner heutigen Sicht weiß ich, dass es der wichtigste Termin bei *meinem Engel* *in diesem Jahr war. Er bedeutete* *den Wendepunkt in meinem Denken. Allerdings konnte ich diese „Führung“, die hinter den Worten meiner Therapeutin stand, noch nicht erahnen. Das sehr emotionale Gespräch mit ihr über meinen Wunsch zu sterben, rettete mir letztendlich mein Leben, weil sie durch ihr tiefes Verständnis und die Akzeptanz meiner Entscheidung „gehen zu wollen“, genau das Gegenteil in mir bewirkte. Von ihrer Seite aus durfte ich gehen, weil sie sah, dass mein Leben in diesem Leid für mich zu qualvoll war und ich mich nach Erlösung sehnte. Allerdings brachte sie mir nahe, dass ich allein für mich sterben wollte, für niemand anderen sonst. Sie könne mich loslassen, wenn es mein tiefer Wunsch wäre. Und ich bräuchte auch keine Angst zu haben, weil es für mich im Himmel bestimmt viele liebe, sorgende Engel gäbe. Aber ich allein müsse die Entscheidung für mich, nicht für sie, treffen. Sie könne mir nur helfen, indem sie versuche, mir die Angst vor dem Fall zu nehmen. Ich dürfe aber von ihr nicht erwarten, dass sie mich anstößt zu fallen …*

Und eine noch viel tiefgreifendere Überlegung musste sie gar nicht aussprechen. Sie sollte sich von selbst, aber dafür umso einprägsamer, in meinem Gefühl entwickeln:

Wenn ich gehen wollte, dann allein. Ich müsste mich dann für immer von *meinem Engel lösen, denn er begleitete mich nicht auf meinem Weg ins Jenseits!*

Genau diese Gedanken waren es, die mich aus meiner Todessehnsucht wachrüttelten und die Basis bildeten für den Blick und die weiteren großen Aufgaben meiner Zukunft, im Leben.

Doch es war ein Prozess, der mich noch zwei ganze Monate in einer beängstigenden „Todeszone“ hielt, weil ich vor allem auch meine körperlichen Qualen aushalten musste, die meine klaren Gedankengänge stark einschränkten.

Ich war noch ganz von meiner Todessehnsucht eingenommen und schrieb meiner Therapeutin am Abend des Termins einen weiteren Brief:

Ein jedes Mal, wenn ich noch bei Dir sein darf und Deine Behandlung und Nähe spüren, ist es für mich wie eine kleine Wiedergeburt, ein weiteres Stück Leben.

Ich habe Dir schon so viel geschrieben.

Aber ich habe immer mehr den Wunsch, noch mehr zu sagen, Dir noch viel mehr zu danken. Gerade weil Du mir so unendlich viel hilfst, mir so viel Gutes tust. Wenn Du mir Deine Freude mitteilst und Du mich aber auch gehen lassen kannst; mir so viel Mut und Hoffnung vermittelst, auch für meinen Platz im Himmel.

Deshalb ist es für mich Zeit, Dir endlich in Worten, in Deinem Beisein, es auszusprechen …

Mein innigster Wunsch, nur einem einzigen Menschen, nur Dir zu sagen, was ich für Dich empfinde; fernab von körperlichen Bedürfnissen, viel tiefer, wie ich es nicht in Worte fassen kann.

Ich weiß, Du kannst und brauchst nicht mehr für mich tun.

Denn Du leistest und hast für mich schon unfassbar viel geleistet …

Ich wünsche Dir unendlich viel Gesundheit und ein wunderbares Leben, aber das steht nicht in meiner Macht. Doch unser Gott wird Dich reich belohnen …

Ich würde für Dich alles tun.

Ich denke, Du spürst es, und ich spüre es.

Und auch dafür danke ich Dir von ganzem Herzen.

Ich wollte diesen Brief *meinem Engel* auf jeden Fall senden, falls es keinen weiteren Termin mehr geben würde.

Ich bekam immer größere Ängste. Deshalb organisierte ich auch Daheim alles, was mir möglich war vor meinem Sterben. Ich schrieb mein Testament, Briefe für meine lieben Eltern und ging mit meiner Mutter sogar zu einem Bestatter, damit alles meinem Wunsch gemäß vorbereitet werden konnte! Es waren tiefgreifende, qualvolle Gespräche, die mir aber wenigstens etwas Sicherheit vermittelten.

29.03.2019

„… Doch ein großer Wunsch für heute ist auch, Dir noch drei Lieder zu senden, die mir so am Herzen liegen, weil sie so viel aussagen …

Noch ist jeder Tag ein Geschenk, und was ich Dir heute noch senden kann, ist mir so wichtig, dass ich es nicht versäumen will.

Ich denke, die Texte sprechen für sich (und ich habe mit meiner Mama vereinbart, dass sie auch bei meiner Beerdigung gespielt werden) …"

(„Anders sein" und „Der letzte Weg" von Kerstin Ott; „In the Presence of Angels" von Gandalf)

Gibt es im Himmel einen solchen Engel?

Meine Therapeutin ermöglichte mir fast wöchentliche Termine, weil sie wusste, dass meine einzige Überlebensstrategie darin bestand, mich von einer Behandlung zur nächsten „irgendwie" durchzukämpfen. Immer in der riesigen Angst, es könnte das letzte Treffen sein. Aber ich konnte auch deshalb nicht sterben, weil ich, um durchzuhalten, wenigstens versuchen musste, mir noch das Notwendigste an Flüssigkeit und Nahrung zuzuführen. Dadurch wurde mein Körper nicht schwächer, sondern immer genügsamer, aber auch beständiger in seiner qualvollen Symptomatik am Limit.

Und mein Herz hielt mich weiter am Leben, und dieses Gefühl wollte ich nicht verlieren. Mir wurde tief in meinem Unterbewusstsein immer klarer, dass ich ohne *meinen Engel nicht sterben konnte, weil es im Himmel bestimmt keinen „Ersatz" geben würde!*

02.04.2019

Dankesworte für meine Therapeutin

„… Ich weiß gar nicht, wie ich den heutigen Besuch bei Dir in Worte fassen kann, aber vielleicht brauch ich das auch gar nicht, denn ich denke, Du weißt und spürst alles so genau!

Vor allem aber danke ich Dir wieder für Deine Behandlung, die mir so gutgetan hat und sogar meine Leiden lindern konnte. Ganz besonders durfte ich heute empfinden, dass Du noch näher, ja real bei mir warst. Ich fühlte und spürte Deine wunderbare

Begleitung, die Wärme und Geborgenheit, Deine Worte und Hilfe. Es war heute für mich schon fast wie im Himmel, aber ich spürte, dass der Zeitpunkt noch nicht der richtige war …

Dennoch fühle ich jetzt noch weniger Druck, mehr Ruhe und Befreiung, und wenn es so kommen soll, zu gehen, dann bin ich bereit dazu.

Aber dann mit meinem größten Wunsch dabei, bei Dir zu sein, so wie heute …

Denn Du bist der wichtigste Mensch für mich, und deshalb möchte ich Dir alles anvertrauen mit der größten Hochachtung für Deine Leistung sowie Begleitung für mich!

Wenn ich aber noch weitergehen darf, dann danke ich Gott dafür und melde mich bald wieder bei Dir mit dem großen Wunsch für einen neuen Termin. Mehr schaffe ich heute nicht zu sagen …"

Aus meiner heutigen Sicht erkenne ich deutlich, dass das Schreiben wie ein Hammer auf meine Therapeutin gewirkt haben muss. Doch nicht nur meine Briefe und Berichte. Alles, was sie, insbesondere in diesem Jahr, mit mir durchgemacht, ertragen und mitgefühlt hat, ist mit keinen Worten zu beschreiben und mit nichts auf dieser Welt als Gegenleistung auszugleichen. Der Druck, der auf ihr lastete, musste immens gewesen sein. Und dennoch ließ sie mich nie im Stich. Im Gegenteil, ihre Fähigkeit, immer genau das Richtige auszusprechen und mit großem Feingefühl „punktgenau" zu handeln, war und ist für mich einzigartig. Ich konnte auch damals noch nicht erkennen, in was für eine belastende, schwierige Situation ich meine Therapeutin gebracht haben muss. Doch im Nachhinein hielten meine Schuldgefühle lange an. Bis mich meine Therapeutin mit ihren eigenen Worten in meinem „neuen" Leben entlastete. Eine erneut unglaubliche Geste und riesiges Entgegenkommen, das mir zu weiteren ungeahnten Kräften verhilft, meinen Weg bis heute und noch weiter befreiter gehen zu dürfen.

Mein Engel konnte mich in der Phase meiner Todessehnsucht bestimmt auch nur deshalb so intensiv unterstützen und mir mein Leben retten, weil sie mich besser kannte als ich selbst und sich

sicher war, dass ich nicht sterben konnte. Und sie spürte, dass nur sie die Person war, die mich allein am Leben hielt.

Ich war mittlerweile dreigespalten. Ich klammerte mich an *meinen Engel*, den Blick in die Tiefe gerichtet, während meine Seele nach Anhörung und Anerkennung rang, mein Körper schrie „Spring!“ und mein Herz flehte: „Halt mich fest!“

09.04.2019

Meine andere „tiefe“ Welt

„... heute habe ich wieder den Wunsch, ein paar Zeilen zu schreiben ...

Eigentlich habe ich alles gesagt und bin tief in meinem Herzen auch sehr froh darüber. Und gerade deshalb sind meine Empfindung und meine Gefühlswelt viel tiefer geworden.

Aber von vorne, der Reihe nach:

Mein Versuch, ein anderes Schmerzmittel einzunehmen, ist an den starken Nebenwirkungen gescheitert, denn weil ich ‚Valoron‘ nehme, kann ich nicht einfach auf andere Opioide umsteigen, und ich muss jetzt entscheiden, möchte ich „lieber“ starke Gelenk- und Muskelschmerzen oder extreme Übelkeit und Darmschmerzen akzeptieren. Aber mein Gesamtzustand ist insgesamt so labil, dass ich vor Schwäche die Schmerzen und Übelkeit so weit annehmen kann und ich sie gar nicht mehr so spüre ...

Ich denke, weil ich immer mehr in diese andere Welt abdriften kann und ich ein so ruhiges Gefühl entwickle, wie ich es noch nie erfahren durfte.

Zudem hat die starke Erhöhung meiner ‚Valoron‘-Dosis die wohl beste Wirkung, indem ich so ‚gedämpft‘ werde, dass ich die anderen Nebenwirkungen viel weniger wahrnehme, selbst die permanente Übelkeit. Aber ich glaube, das letzte offene Gespräch mit Dir und Deine so verständnisvollen Worte sind die allergrößte Hilfe für mich und meine andere, ‚tiefruhige‘ Welt ...

Wie in Erwartung auf meine Erlösung kann ich jetzt endlich auch noch meine ‚tiefe Empfindung‘ zu Dir in mir zulassen, ja sogar noch etwas ‚genießen‘.

Ich spüre so Deine ‚Fern-Nähe' ganz tief in meinem Herzen, und ich weiß, Du bist bei mir, jetzt und auch, wenn ich gehen darf …

Für dieses wunderbare Gefühl lebe ich noch, dass ich meine Empfindung endlich ohne Vorwürfe und Scham auf Erden spüren kann.

Ja, Du bist es.

Und unser lieber Gott wird mir so lange die Kraft geben, zu Dir zu fahren, solange er will, und mir diese unbeschreibliche Freude ermöglichen. Und momentan habe und bekomme ich diese Kraft noch.

Ich denke, ich spüre auch dann sein Zeichen, wenn ich nicht mehr gehen kann …

Aber gerade ist es noch nicht so weit, und ich freue mich so sehr auf den nächsten Termin. Einfach zwei Stunden bei Dir sein zu dürfen, ein wenig reden, Deine wunderbare, lindernde Behandlung spüren zu dürfen …

Jetzt ist dies mein letzter großer Wunsch für mein Leben, ein Stück Himmel für mich jetzt noch im Dasein …"

Und manchmal sagen Bilder mehr als tausend Worte:

12.04.2019

„... Heute Abend nur ein ganz kleiner Gruß aus meinem Herzen ...

Siehst Du die vielen Sterne und das helle Licht in dunkler Nacht?

Du bist mein Licht, und die unzähligen Sterne sind Deine hellen Zeichen, ein jeder einzelne für Deine funkelnden, leuchtenden Momente in meinem Herzen!

Egal wohin das Licht mir meinen Weg weist, ob noch ein Weilchen auf Erden oder in den Himmel, es ist wunderschön und immer für mich da, wenn auch nicht greifbar.

... und alle Sterne sollen auch für Dich leuchten ... und nie verglühen ...!“

Mein Stern leuchtete dann am hellsten, wenn ich wieder bei ihm sein durfte und er mir immer mehr verdeutlichte, dass es den besten *Engel* doch auf Erden gibt:

16.04.2019

Ich schrieb am Abend:

„… Ich bin von den zwei Stunden bei Dir immer noch völlig ‚überwältigt' und zutiefst emotional ‚gerührt'. Heute fehlen mir wirklich die Worte zum Schreiben …

Und ich werde viel ruhiger, jetzt noch für eine Weile auf Erden oder auch für mein ‚beruhigtes' Gehen in eine andere schöne ‚Zeit' im Himmel …"

Doch das größte Problem und Hindernis an meiner Umkehr, dem Wunsch nach Leben, war mein Körper. Ich war so weit abgesunken, mein Zustand so extrem, dass meine Organe zu versagen drohten, die Schmerzen und meine Schwäche immer stärker wurden. Ein jeder Tag wurde zu einer Qual, Körper gegen Psyche und meine Todessehnsucht zu einem Kampf mit dem Tod, der mich immer mehr das Fürchten lehrte.

24.04.2019

Mein Gefühl der Endzeit

Ich schrieb mir meine Verzweiflung aus dem Herzen:

„… Ich bin jetzt so weit in meinem ‚Stadium' angelangt, dass ich seit gestern zusätzlich zum ‚Valoron' in Absprache mit meinem Hausarzt auf hoch dosierte ‚Cannabinol'-Tropfen eingestellt werde …!

Es ist sehr, sehr hart; aber ich hoffe, dass die schlimmsten Zustände bald ‚gefühlt' und durchlitten sind und ich dann hoffentlich noch ruhiger werde und die Schmerzen nicht mehr so wahrnehme …

Hier noch ein paar Zeilen, die ich gestern geschrieben habe:

Ich möchte Licht sehen, sehe aber nur Dunkel.

Ich möchte Luft atmen, ersticke aber fast.

Ich möchte sehen, mein Blick sieht ins Schwarze.

Ich möchte spüren, habe aber keine Empfindungen mehr.

Lediglich die tiefe Verbundenheit zu Dir besteht wie ein Fels in der Brandung.

Der einzige mir noch bewusste Halt in meinem Leben.

Im voranschreitenden Übergang in meine andere, ‚Himmels'-Welt.

Lediglich das langsame Gehen verspüre ich als einzig positive Bewegung; auch wenn die Welt um mich verschwimmt, allmählich wegbricht vor meinen Füßen in einen nicht erkennbaren Abgrund.

Nur Du vermittelst mir noch ein ‚tiefes' wunderbares Gefühl.

Meine letzte Beruhigung.

Ansonsten gibt es nichts mehr in meinem Leben, meiner letzten Zeit auf Erden.

Keine Freude, keine Ablenkung, keine Aufgabe mehr.

Nur eine unbeschreiblich tiefe umfassende LEERE, ein erdrückendes, furchtbares Vakuum.

Eine unfassbare Trauer und ein Weinen ohne Tränen.

Und die Sehnsucht nach Erlösung oder die Kraft, die mir Gott schenkt, Dich wieder zu besuchen.

Ich spüre, wann ich diese wunderbare Kraft noch einmal erhalte oder aber endlich gehen darf!"

Und ab morgen der Versuch mit Cannabinol als Tropfen zur letzten Linderung und Beruhigung; vielleicht sogar noch mal für ein etwas positiveres Gefühl für meinen letzten Abschnitt in dieser grausam schmerzhaften Welt.

In diesen Tagen, die meinen absoluten Tiefpunkt bedeuteten, fühlte ich mich wie in einen dunklen Schleier gehüllt. Einerseits bot er mir einen letzten „sicheren" Raum, indem ich mich vor meiner Umwelt abschotten konnte, die mich schon lange aufgegeben hatte. Andererseits erdrückte er mich fast, ohne einen Blick in den hellen Himmel freizugeben. Lediglich der Kontakt zu ***meinem Engel konnte den Schleier für einen kurzen Moment anheben, damit ich in meinem Gefühl in einen „anderen" imaginären Raum eintreten, atmen und frei sein durfte, in dem die schreckliche Realität, mein Leid verschwamm.***

Meiner Umwelt gegenüber verstummte ich. In meiner „Welt" wurden die Worte an meine Seele dagegen immer lauter: „Ich werde dich lieben bis in den Tod!"

27.04.2019

Worte nach vier Tagen „Cannabinol“

„… Ich sitze da und möchte so gerne schreiben, einfach meine Gefühle und meinen Zustand vermitteln. Aber es fällt mir schwer, die passenden Worte zu finden …

Meine starken Medikamente lähmen meine Gedanken, auch etwas meine undefinierbaren Schmerzen, und das Gefühl dieser erdrückenden Schwäche wird etwas leichter.

Eine tiefe Ruhe breitet sich in mir aus; dieses Gefühl, am Abgrund zu stehen, aber noch nicht fallen zu dürfen, obwohl die Angst vor der unbekannten Tiefe sich immer mehr zu einer Sehnsucht nach Erlösung wandelt.

Auf der anderen Seite diese dunkle Leere, das Interesse an irgendetwas ist mir abhandengekommen, und ich überlege, an was ich überhaupt noch Freude habe, was ich noch tun möchte, vor allem kann.

Alles um mich hat sich verändert, denke ich.

Doch vielmehr wird mir klar, dass ich mich immer mehr verändere; immer mehr zurückziehe, sowohl körperlich als auch geistig, weil ich spüre, dass ich mit der realen Welt und ihren Ansprüchen nicht mehr Schritt halten kann und sie immer weniger verstehe.

Aber dann wendet sich mein Blick wieder auf eines Deiner Bilder. Und ich spüre dann wieder dieses tiefe Gefühl der Beruhigung und Freude, von Licht und Wärme getragen und so unbeschreiblich schön!

Ich hoffe so sehr, dass Deine Freude immer anhält und Du nie Trauer und Kummer verspürst …

Danke, dass ich Dir schreiben darf, um für Momente Tiefen zu überwinden und die Leere auszufüllen.

Danke, dass es Dich gibt! …“

30.04.2019

Der vorerst letzte Termin bei meiner Therapeutin vor ihrem Urlaub bedeutete für mich einen ersten vorsichtigen Schritt meines Unterbewusstseins zurück ins Leben. Denn ohne darüber auch nur einen Moment nachgedacht zu haben, erwähnte ich in meinem Schreiben nach dem

Treffen „meine Seele". Also war nicht nur mein Herz, sondern auch meine „eingesperrte" Seele von *meinem Engel beeinflussbar … Eine Chance für mein weiteres LEBEN.*

„… Es war einfach wunderbar für meine Seele, mein Herz und auch für meinen Körper …!"

An dieser Stelle ist es mir sehr wichtig, die unbeschreibliche Fähigkeit meiner Therapeutin, ihr Handeln in einem Bild zu beschreiben zu versuchen:

Ich stand an einem steilen Abgrund, der so tief war, dass ich nicht einmal den Grund erkennen konnte. Neben mir *mein Engel. Er hielt meine Hand. Ich wollte springen, weil ich nicht mehr stehen konnte und mich meine eigene Last immer weiter nach unten drückte. Aber der letzte Impuls für den Fall ins Ungewisse war mir allein zu riskant. Doch mein Engel ließ meine Hand weder los, noch zog er mich zurück. Er sah mich fragend an und forderte meine eigene Entscheidung heraus. Doch er würde meine Hand lösen, wenn mein letzter Wunsch der Flug wäre. Allein, ohne ihn.*

Ich konnte aber auch nicht ohne sicheren Halt am Abgrund stehen bleiben. Der nächste Sturm würde mich unweigerlich in die Tiefe drücken. Meine einzige Chance bestand darin, mich selbst aus eigener Kraft umzudrehen, mich ganz auf mein Gefühl zu konzentrieren. Herauszufinden, was meine Umkehr blockierte. Meine Seele zu befreien, die meinen Körper explosionsartig in die andere Richtung weg vom Abgrund lenken konnte. *Mein Engel neben mir wusste die Lösung besser als ich. Er konnte mir den entscheidenden Impuls geben. Aber ich musste mich erst wieder selbst für die andere Richtung, das Leben, entscheiden. Er konnte mir die Entscheidung weder abnehmen noch meinen Körper um 180 Grad drehen. Wenn ich mich aber für das Leben entschieden habe, würde er mich weiter an seiner Hand auf meinem neuen Weg begleiten. Und ich hätte meinen Lebensretter, meinen Engel, nicht verloren!*

Habe ich noch eine Chance zu leben?

Die Zeit, in der meine Therapeutin im Urlaub war, passierte tief in mir ein erstes kleines Wunder. Ich kann diese Vorgänge nicht in Worte fassen und möchte es auch nicht beschreiben. Ich habe in meinem Buch bisher so vieles mit dem Verstand zu erklären versucht, damit mein Spagat zwischen Leben und Tod etwas „begreifbarer“ und nachvollziehbarer wird. Aber mir ist noch viel wichtiger zu betonen, dass viele Dinge nur von einem selbst EMPFUNDEN und GEFÜHLT werden können. Ein Wunder kann nur ein Wunder sein und bleiben, wenn es nicht durch den Verstand kaputt gemacht wird.

Über vier Wochen lang durchhalten zu müssen war für mich äußerst schwer. Das Ziel meines Überlebenskampfes schien so weit weg, und ich war zum ersten Mal seit längerer Zeit auf mich allein gestellt. Doch darin befand sich meine Chance. Ich musste versuchen, meine körperlichen Leiden nicht nur zu ertragen, sondern zu verstehen.

Warum konnte ich einerseits nicht sterben, aber andererseits meinem Körper auch nicht weiterhelfen? Diese Frage stellte ich mir immer häufiger, bis ich von mir selbst eine Antwort bekam. Ich lebte bislang nur für dieses tiefe Gefühl in meinem Herzen, für *meinen Engel. Alle anderen notwendigen Gefühle und Empfindungen für mich selbst ignorierte ich, weil es für mich Schwäche bedeutete, und die Signale meines Körpers durften nicht angehört werden, weil ich ihn hasste. Dadurch waren manche Vorstellungen von mir komplett verdreht. Die Schmerzen und das Leid fügte mir mein Körper zu, also musste ich ihn dafür bestrafen und ihn weiterquälen. Dabei waren es die Signale, der Schrei meiner eingesperrten Seele, nach Anhörung, Befreiung, und mein Körper das gefolterte Kind, das so weder eine Frau war noch zu einem Mann werden konnte. Meine Psyche stand irgendwo verzweifelt dazwischen. Ich wollte einerseits für das wunderschöne Gefühl der Liebe überleben, anderseits sterben, weil ich mich (noch) nicht selbst lieben konnte und mein wahres Ich, für das es sich zu leben lohnen würde, noch nicht befreit hatte.*

Ich war in diesem Gedankenkreis gefangen. Aber der erste Schritt, mir selbst zu helfen, bestand darin, mehr auf meine eigenen Gefühle zu hören und nachzuspüren, was ich als Mensch zum Leben brauchen würde; was ich noch verändern könnte, damit es mir besser geht. Natürlich hörte ich dabei sehr auf die Stimme in meinem Herzen, der WUNDERvollen Fernhilfe *meines Engels. Aber waren es nicht genau seine Worte „Spüre und fühle in Dich, um Dich selbst zu erkennen und zu erfahren, was leben bedeutet"? Wenn ich also versuchen würde, mehr im Gefühl zu leben, hätte ich nicht nur eine Chance, endlich mich selbst zu finden, sondern auch meinem Körper zu helfen, damit er mich stark macht, meine Seele zu befreien und dann in meiner wahren Identität zu leben.*

Obwohl ich von dieser Befreiung noch einige Monate entfernt war, erkannte ich immer mehr diesen Schlüssel zu neuem Leben und wollte auch wieder leben. In kleinen Schritten auch für mich selbst.

Doch noch kämpfte ich am meisten MIT meinem Körper, den schlimmen Symptomen, aber immer WENIGER GEGEN ihn.

Ich unternahm weitere Schritte, wie ich meinem Körper helfen konnte, und die Zeit bis zum nächsten Termin bei *meinem Engel* verging, mit kleinen Schritten im Gefühl, für ihn und für mich für mein zukünftiges Leben …

Der Grundstein dabei war, nicht nur gegen meine Schmerzen anzukämpfen, sondern mir zu überlegen, welche Möglichkeiten es noch geben würde, sie zu minimieren. Denn ich konnte nur bewusst fühlen lernen, wenn ich nicht ständig auf der Flucht vor den heftigen Symptomen meiner Krankheit war. Aus diesem Grund musste ich auch erst wieder zu einem Gefühl für Hunger und Durst gelangen. Ich hatte mir diese Empfindungen „abgewöhnt", da nach jeder Nahrungsaufnahme mein Magen-Darm-Trakt mit den heftigsten Attacken reagierte, weil er nicht mehr verdauen konnte. Selbst das Trinken eines Glas Wassers führte häufig zu Übelkeit, weil das Wasser nicht schnell genug resorbiert wurde. Der erste kleine Schritt war, den Versuch zu wagen, von meiner fast ausschließlichen Trinknahrung wegzukommen. Mein erstes Gefühl sagte mir, dass ich für mein Leben wieder

„lebendige" Nahrung benötigen würde. Ich wollte so viel ausprobieren, merkte aber schon bald, dass ich noch lange keine großen Experimente machen durfte, sondern zunächst bei kleinsten Versuchen bleiben musste. Aber es waren erste Erfolge, meine „Grund"-Bedürfnisse wieder wahrzunehmen und vor allem mich selbst, meinen Körper, neu kennenzulernen. Und wenn ich ab und zu einen Blick in den Spiegel wagte, sah ich immer mehr das Bild einer schrecklich abgemagerten Person, deren Körper sich nicht nur nach Nahrung sehnte, sondern auch nach Mitgefühl und nach sanften Berührungen, die die Schmerzen etwas lindern konnten. Es war noch längst nicht „mein Ich". Aber ich musste dieser Person helfen, mit meinem eigenen Handeln.

Das Wichtigste dabei war natürlich meine Therapeutin. Sie erkannte, dass ich wieder auf dem Weg ins Leben war, vor allem auch nicht mehr allein für sie.

Dabei brachte sie mir immer wieder nahe, dass ich zunächst auch dringend nach weiteren medizinischen Möglichkeiten suchen sollte. Denn ich müsste nicht leiden und von dem Gedanken wegkommen, dass mir nicht geholfen werden kann, wenn ich um Hilfe bitten würde!

Und ICH wollte nicht mehr solche Schmerzen ertragen müssen. Also folgte in Absprache mit meinem Hausarzt der Versuch, medizinisches Cannabis zu inhalieren. Natürlich betrat ich damit erneut ein völlig unbekanntes Feld, weil niemand wusste, wie es in meinem extremen Zustand, vor allem in Verbindung mit dem starken Schmerzmittel „Valoron" wirken würde. Aber was hatte ich noch zu verlieren?

30.06.2019

Ich schrieb meiner Therapeutin:

„... Wie versprochen ein erster kleiner Erfahrungsbericht.

Seit zwei Tagen habe ich den ‚Inhalator' und meine vorbereiteten Cannabisblüten. Ich bin erst in der schwierigen Einstellungsphase.

Vor zwei Tagen habe ich die geringste Menge inhaliert und schon einen spürbaren schwachen leichten ‚Fuselrausch' verspürt; mehr angenehm und auch leicht einschläfernd. Gestern sollte ich auf zwei Inhalationen nacheinander erhöhen. Allerdings waren dann meine Schleimhäute zu stark gereizt, auch meine Darmschleimhaut, und der positive Effekt war fast dahin. Das Pulver ist sehr scharf, stechend und schmeckt nach ‚vergorenem' Basilikum oder eher wie ‚Hasenstall'. Das ist schon sehr gewöhnungsbedürftig, und ich muss noch sehr aufpassen, dass es mir nicht übel wird bei der Inhalation. Aber ich bin ja hart im Nehmen und muss auch erst alles in Ruhe einstellen und ausprobieren.

Ich hoffe sehr, dass sich dieser Versuch noch positiv bemerkbar machen wird und ich auch noch besser schlafen kann und ruhiger werde. Meine Verdauung profitiert dann vielleicht auch indirekt über mehr Schlaf!?

Mehr kann ich noch gar nicht schreiben, weil ich viel Kraft und Ausdauer für die Einstellung und den scharfen Geschmack benötige …"

Doch schon drei Tage später musste ich das Experiment abbrechen. Wieder einmal ein misslungenes Wagnis, meine Leiden in den Griff zu bekommen. Meine empfindlichen Schleimhäute brannten stark, und der blutige Stuhl war wesentlich schlimmer als der leicht beruhigende Rausch, den ich verspürte.

Ich sollte nicht betäubt auf dieser Welt existieren, sondern bewusst mit klaren Gedanken zu leben versuchen und mit allen Sinnen auf meinen Körper hören.

Mir wurde immer klarer, dass meine starken Medikamente, vor allem das Schmerzmittel „Valoron", alle Funktionen lähmten und mich in meinem Zustand „festhielten". Ich konnte zwar so überleben, aber nicht ins Leben „ausbrechen".

Aus diesem Grund beschloss ich, die Funktionen meiner inneren Organe, vor allem meines Magen-Darm-Trakts durch hochwertige Nahrungsergänzungsmittel anzuregen. Damit wollte ich genau den anderen Weg einschlagen: Anstatt meine Organe immer nur mit synthetischen Medikamenten zu dämpfen, sie über hoch konzentrierte Wirkstoffe aus der Natur zu stimulieren versuchen.

Meine Therapeutin half mir auch bei diesem Schritt sehr viel, indem sie für mich notwendige Informationen sammelte und die Kontakte zu qualifizierten Anbietern dieser Naturprodukte organisierte.

Das größte Problem bestand darin, dass ich in meinem Zustand nicht zu viel von Nahrungsergänzungsmitteln erwarten und ich nicht ungeduldig sein durfte. Denn aller Anfang ist schwer, und Wunder konnte ich von meinem Körper (noch) nicht erwarten!

Aber mein Drang, „etwas" zu verändern, wurde immer stärker. Vor allem aber lernte ich mehr und mehr zu fühlen. Nicht nur in mein Herz, sondern in meinen Körper. Ich spürte die Ketten, die mich fast erdrückten, und wollte sie sprengen. Aber ich wusste noch nicht, wie. Ich fühlte mich wie eine Stange Dynamit kurz vor der Explosion. Doch was fehlte, waren die Zündschnur und der flammende Impuls, der den Funken zum Laufen bringen konnte.

27.08.2019

Mein immenser innerer Druck entlud sich an diesem Tag bei meiner Therapeutin in einem einzigen verzweifelten Satz, ohne mir dessen bewusst zu sein:

„Ich möchte doch so gern ein Mann sein!"

Ich hatte mit dieser Aussage endlich eine Tür aufgeschlagen, in deren Raum ***mein Engel schon so lange blicken konnte. Nur er allein besaß auch den Schlüssel, der aus meinem tiefen Vertrauen und meiner Empfindung zu ihm geformt war. Doch er konnte nicht aufschließen. Aber er kannte den Zeitpunkt, mir den Schlüssel zu übergeben, wenn ich weitere Hilfe annehmen würde. Denn das Schloss war so schwer, dass ich aus eigener Kraft den Schlüssel nicht umdrehen konnte.***

Er wusste, dass ich mich jetzt dafür entschieden habe, die Tür überhaupt öffnen zu wollen. Denn ich hatte ***meinem Engel in der Vergangenheit schon öfters meine Träume und Wünsche geäußert. Voller Faszination hatte ich ihm schon im Jahr 2016 vom dem Buch über Balian Buschbaums Leben erzählt, das ich verschlungen hatte. Ich erkannte so viele Parallelen aus seiner Vergangenheit zu meinem Leben. Und ich wünschte mir ein solcher Transmann zu sein wie er. Er war schon damals mein absolutes Vorbild. Aber ich dachte, es würde für mich ein ewiger Traum und unerreichbarer Weg bleiben. Und über meine Träume lernte ich zu schweigen in meiner grausamen Realität.***

Doch jetzt würde es für mein weiteres Leben nur diese eine Richtung geben. Hin zur Tür und nicht weg von ihr. Mit der Chance, meine Seele zu befreien, den Weg weiterzugehen und die Tür wieder zu verschließen, damit Vergangenheit Vergangenheit sein könnte.

Und meiner Therapeutin war klar, dass ich jetzt weitere spezialisierte psychotherapeutische Hilfe benötigte. Denn momentan war sie allein alles für mich. Für mich besaß sie auch alle Fähigkeiten. Aber sie war keine ausgebildete Psychotherapeutin. Und jetzt war es an der Zeit, dass sie dieses Gebiet abgeben wollte, um mir eine noch intensivere Therapie zu ermöglichen. Doch bislang war dazu kein Zeitpunkt gegeben, weil sich alles auf mein Überleben konzentrieren musste und ich selbst noch am Abgrund stand. Erst jetzt konnte ich mich durch ein zaghaftes erstes Gefühl selbst von der Tiefe weg in die Richtung drehen, die ich mir wünschte. Doch niemals ohne die notwendigen Impulse *meines Engels.*

Durch ihn bekam ich den nächsten großen Schub, in dem er mir den ersten Kontakt zu einem psychotherapeutischen Ärzteteam einer Gemeinschaftspraxis in München organisierte. Und der Psychotherapeut, der für mich zuständig wurde und bis heute ist, konnte bezüglich seiner Behandlungsschwerpunkte nicht besser passen: Emotionale Instabilität/Borderline/Selbstverletzendes Verhalten, Posttraumatische Belastungsstörungen, Essstörungen, Depressionen, Zwangsstörungen, Angststörungen, Sexuelle Identitätsstörungen. Eigentlich beinhaltete meine Erkrankung von allem etwas mit den schwerwiegenden psychosomatischen Folgen, die mein Körper schon Jahrzehnte durchleiden musste.

Obwohl ich zunächst sehr verängstigt und unsicher reagierte, war dieser Handlungsschritt meiner Therapeutin, für mich spezialisierte Hilfe zu holen, für meinen weiteren Weg revolutionär.

Aus Dankbarkeit schrieb ich am Abend nach dem Termin bei ihr:

„… für mich gibt es jetzt nur eine Richtung, meinen neuen Weg eisern mit Deiner Hilfe, jeden Tag aufs Neue zu gehen und weitere Fortschritte zu machen …

Es gibt nichts mehr, was diesen Weg zu steinig macht; Deine Worte und Dein Beistand sind so riesig, dass ich dankbar bin diese Herausforderung annehmen zu dürfen, zumal ja jetzt noch mal eine wichtige Hilfe winkt! ..."

Und ich bekam tatsächlich schon Anfang September einen ersten Termin bei meinem neuen Psychotherapeuten Herrn K.

Ich war innerlich sehr aufgewühlt. Einerseits spürte ich, wie diese neue Therapie eine riesige Chance für mich sein könnte, endlich angehört und in meiner tiefen Problematik erst genommen zu werden. Andererseits hatte ich große Angst vor der Anamnese. Wie würde er auf mich in meinem Zustand reagieren? Und vor allem, könnte ich ihm auch so viel Vertrauen schenken, um überhaupt erfolgreich zusammenarbeiten zu können?

Aufbruch ins Leben mit unerreichbarem Ziel?

Aber meine Gedanken waren endlich wieder einmal „beflügelt", mein Kopf voller Tatendrang in dem Willen, etwas „bewegen" zu wollen und Neues zu riskieren.

Ich schrieb *meinem Engel* einen weiteren Brief, einen Brief in voller Euphorie:

07.09.2019

„Eigentlich wollte ich Dir diese Worte erst etwas später schreiben ...

Aber der Anlass jetzt passt mir nun viel besser und deshalb möchte ich nicht warten.

Auch weil ich den Eindruck habe, dass wirklich eine krasse Verwandlung bzw. ein wirklich wahrhaftes Wunder mit mir geschieht ...

Meine permanenten Versuche, natürliche, gute und hochwertige Lebensmittel zu essen, sind für meinen Darm und auch meine Psyche eine große Herausforderung, gerade weil es wieder starke Verdauungsprobleme und dementsprechende Tiefs gibt. Aber ich habe besonders heute wieder den Eindruck, dass ich noch nie einen so starken Willen gehabt habe, diese Probleme und die Belastungen in positive Lebensenergie umwandeln zu wollen, ohne einen Tag diesen neuen Weg wieder abzubrechen. Und all die großen und kleinen Erfolge in dieser doch so kurzen Zeit gegenüber Jahrzehnten des puren Überlebenskampfes motivieren mich so sehr. Ich kann dieses neue Gefühl gar nicht richtig in Worte fassen. Vor allem lerne ich nicht nur zu essen, sondern auch ganz neu zu leben, zu fühlen.

Ein Beispiel von heute ist, denke ich, alles sagend:

Eigentlich hatte ich eher einen schwierigen Tag, weil meine Verdauung durch die letzten Tage und den Reis, die Avocados, den Mozzarella (um nur die wichtigsten Lebensmittel zu nennen) wieder ziemlich beleidigt ist und es wirklich wieder gefühlsmäßig hart ist. Aber ich spürte auch, dass ich heute viel Ruhe brauche. Und am Abend gab es auch noch etwas Neues zu essen: einen wunderbaren Eierpfannkuchen mit Biovollmilch-Puddingsoße!

Ich bin heute auch etwas stolz, weil ich spüre, ich werde diesmal meinen Weg schaffen, gerade weil mein Bauch jetzt wieder beleidigt ist, aber die guten Kalorien für Aufbau, Kraft und Leben sorgen. Ein psychisches Hoch trotz Beschwerden!

Und weißt Du, warum ich all das jetzt schaffe, alles viel besser annehmen, ganz tief im Gefühl leben lernen und diesen harten Weg gehen will?

Weil es Dich und Deine Hilfe gibt, ganz tief in meinem Herzen diese unendlich große, unbeschreibliche Kraft … Die wirkt, mich lenkt, führt und über alle Steine, alles Schwere hebt, wie im Flug voll motivierender Freude!

Dir habe ich es zu verdanken, dass ich noch mal mit meiner Mama in den Urlaub fahren und vor allem aber bald meinen 42. Geburtstag feiern darf. Und dieser Geburtstag ist wie ein Neuanfang, ein neues Leben …

Dass ich etwas völlig Neues, Unbekanntes wagen wollte, zeigte sich auch in meinem Vorhaben, zusammen mit meiner Mutter Ende September in den Urlaub nach Südtirol zu fahren. Ich wollte unbedingt wissen, wie es für mich und meinen Körper wäre, wenn dort mein ganzer Tagesablauf, vor allem mein Essen auf den Kopf gestellt würde. Das revolutionäre an meiner festen Buchung war, dass ich fast nichts im Voraus planen konnte.

Aber mein innerer Drang, alles anders zu machen, mich irgendwie treiben zu lassen, sogar Risiken einzugehen, übertraf meine innere Angst vor dem unkontrollierbaren Fremden. Ich wollte ausreißen aus dem ewig gleichen Alltagstrott und mir und meiner Umwelt beweisen, dass ich wieder lebensfähig bin. Lediglich eine Sicherheit hatte ich, indem ich das Hotel schon von früher her kannte und wusste, dass es alles bot und auch in Bezug meiner komplizierten „Nahrungsmittelauswahl" vieles möglich wäre.

Doch noch vor der ersehnten Reise stand der erste Termin bei meinem neuen Psychotherapeuten Herrn K. in München an. Dieser Tag, der 12.09., wurde zu einem mit tiefgreifenden Folgen, die ich damals noch nicht erahnen und in ihrer Wirkung einordnen konnte.

Lediglich aus meiner heutigen Sicht, meinem Blick des „fernen" Betrachters, ergibt sich ein eindeutiges Bild meiner damaligen Reaktion und meines Verhaltens:

Es war ein zweistündiger Termin der Erstanamnese durch meinen Psychotherapeuten Herrn K. Er kannte mich nicht, und ich musste versuchen, ihm meine ganze Lebensgeschichte in dieser kurzen Zeit zu schildern, all meine Ängste überwinden und gleichzeitig Vertrauen aufbauen. Eine riesige Herausforderung für mich. Aber er war sehr nett und bemühte sich sehr, meine Probleme zu erkennen. Vor allem fand ich sofort einen Draht zu ihm und fühlte mich angenommen. Und dennoch war ich ein „Mammutprojekt" für ihn, und meine Lebensgeschichte konnte in diesen zwei Stunden nicht im Geringsten beleuchtet werden. Er musste sich an „Großereignissen" und vor allem meinem extrem unterernährten Zustand für eine erste Aussage und Hilfestellung orientieren. Und ich weiß heute, dass er es gut meinte und am Ende dieser ersten Sitzung nichts anderes sagen konnte: Er halte es nicht für unmöglich, dass ich in Zukunft eine Hormontherapie beginnen könne, wenn ich dafür deutlich an Gewicht zugenommen habe!

Einerseits eine riesige, nie geglaubte Hoffnung für mich. Andererseits bedeuteten diese Worte zunächst

noch einen inneren „Super-GAU". Meine Gedanken und Gefühle fuhren Achterbahn, und ich konnte den Satz, der sich wie ein Monster in meinem Kopf auftürmte, nicht mehr ausschalten: „Warum muss ich zuvor gehasste ‚weibliche Formen' annehmen, um erst dann Mann werden zu dürfen?"

Meine Hoffnung wechselte sich mit völliger Verzweiflung ab. Ich wusste absolut nicht, wie ich das Ziel erreichen konnte, das noch immer nur eine tiefe, kaum geäußerte Wunschvorstellung war. Ich fühlte mich getrieben, voller Tatendrang, meine Wünsche zu verwirklichen. Vor allem aber wie ein Schiff, das in die weite See aufbrach, aber dem Sturm ausgeliefert war und ohne Ziel versuchen musste, den eingeschlagenen Kurs zu halten.

Mein darauffolgender Urlaub wurde zu dieser mutigen Fahrt ins Ungewisse. Ein Erlebnis, das ich nie missen möchte und auch grandios für mich war. Aber ich weiß heute, dass der Zeitpunkt tatsächlich zu früh war und das Wagnis in meiner inneren Zerrissenheit nochmals zu einer Flucht führte. Der Flucht vor dem Glauben, mein Ziel nie erreichen zu können …

Für mich wurde meine Urlaubswoche Ende September zu einem unvergesslichen Abenteuer. Ich spürte damals nicht im Geringsten, dass ich mich und meinen Körper von morgens bis abends komplett überforderte und dabei wieder einmal von mir selbst davonrannte. Besser gesagt vor meinem inneren Zwiespalt. Ich wollte alles ausprobieren, Unmögliches tun und erreichen. Mit aller Kraft wollte ich die Ketten in mir sprengen. Aber mein Werkzeug dafür war ein klares Ziel, das für mich unerreichbar schien.

Mein Verhalten im Urlaub glich einem übermotivierten Hamster im Laufrad, der rannte und rannte, ohne den Grund und das Ende zu kennen.

Die Hinfahrt nach Südtirol, bei der ich selbst am Steuer saß, führte eigentlich ungeplant über das Timmelsjoch. Es war schon ein Höhepunkt am ersten Tag bei klarstem Himmel, strahlendem Sonnenschein und einem unbeschreiblichen Gefühl trotz der insgesamt siebenstündigen Fahrt, die ich mir zumutete. Aber ich zeigte nicht die geringste Müdigkeit. Genau wie in den ganzen darauffolgenden Urlaubstagen. Ich begann wieder längere Strecken zu joggen, unternahm allein und in der Gruppe mehrstündige Wandertouren und führte unter Anleitung eines Trainers planmäßiges Krafttraining aus. Dazwischen versuchte ich noch etwas in der Halle zu klettern und ein paar Bahnen zu schwimmen. Meine Energie war unbeschreiblich und unglaublich. Aber die „erstaunten" Blicke meiner Umwelt störten mich nicht. **Denn das Bild, das sie von mir sahen, gehörte nicht zu mir. Ich sah mich als eine andere Person im Spiegel meiner gefesselten Seele.**

In meiner riesigen Euphorie erkannte ich keine Grenzen, und das Adrenalin „erdrückte" meine Schmerzen bis auf ein Minimum.

Aber nicht nur meine Aktivitäten, auch mein Versuch, jeden Tag neue Lebensmittel und Gerichte auszuprobieren, war eine enorme Herausforderung für mich, der ich mich mit aller Kraft stellen wollte. Auch wenn nicht alles so „spurlos" an meinem Gefühl und meinem Körper vorbeiging. Ich biss die Zähne zusammen und wollte auch meine Niederlagen meistern.

Mein Körper schlägt zurück

Doch meine Freude und ungebremste Energie hielten nicht viel länger als diese eine Woche in der Fremde an. Wieder zu Hause wurde ich schnell von der bitteren Realität und den Folgen meines „ziellosen Übermuts" eingeholt.

Schon wenige Tage nach dem Urlaub spürte ich deutlich, dass etwas nicht mehr stimmen konnte, weil sich mein körperlicher Zustand erneut stark verschlechterte. Mein einziger Trost war der weitere Termin bei meiner Therapeutin. Sie freute sich zwar sehr über meinen Mut, das Leben neu anzupacken. Allerdings stand sie meinen ausufernden Aktivitäten und unüberlegten, impulsiven

Versuchen, „alles“ essen zu wollen, mit Recht sehr kritisch gegenüber:

14.10.2019

… Wie Du ja inzwischen weißt, bin ich immer sehr offen und ehrlich zu Dir … Und auch sehr klar – denn alles andere hilft Dir nix … Und deswegen muss ich Dir leider immer wieder ein bisschen „auf die Füße“ treten … in der besten Absicht …

Und ihr Gefühl lag richtig. Ich wollte noch zu viel auf einmal. Und mein Körper verpasste mir gnadenlos seine Antwort.

Nach dem bitteren Ergebnis der Blutuntersuchung durch meinen Hausarzt und dem darauffolgenden Tag meines zweiten (getrübten) Termins bei meinem Psychotherapeuten Herrn K. schrieb ich *meinem Engel*:

16.10.2019

„… Es fällt mir sehr schwer, diese Zeilen zu schreiben, und doch bin ich erleichtert Dir schreiben zu dürfen …

Der Grund meiner plötzlich aufgetretenen „schweren“ Symptome wurde heute durch meinen Hausarzt und meine Untersuchungsergebnisse aufgeklärt. Obwohl der Besuch gestern in München bei Herrn K. trotz extremer Müdigkeit so gut verlief, dazu aber noch weiter unten …

Ich habe eine schwere EISENMANGELANÄMIE.

Dass ich mich noch so gut auf den Füßen halten kann, ist schon das nächste körperliche Wunder. Aber so tief waren die Werte noch nie. Sowohl die Speicher als auch das Hämoglobin sind nahezu aufgebraucht. Mein Körper wird kaum noch richtig mit Sauerstoff versorgt. Natürlich auch mein Darm, was total gegen meine Bemühungen zu essen geht, weil ich dadurch schon kaum verdauen kann. Ich konnte in der letzten Zeit auch kein hochwertiges tierisches Eisen zuführen und keine Tabletten einnehmen!

Jedenfalls geht es mir wieder sehr schlecht, weil zudem ein Infekt dazukommt, der nicht richtig rauskommt. Wahrscheinlich liegt es an meinen Leukozyten, die so hoch wie noch nie sind, als positives Ergebnis am Rande bemerkt.

Jedenfalls sind schon ab morgen dringend Eiseninfusionen angesagt, mindestens jede zweite Woche eine. Wie lange, wird sich rausstellen.

Ab morgen wird es dann bestimmt zunächst noch schlimmer für meinen Darm mit erneut starker Übelkeit. Ich habe die Prozedur in der Vergangenheit ja schon öfters durchgemacht! Aber ich weiß, ich habe diesmal keine Wahl, weil es sonst wirklich ans Herz geht und meine Verdauung für ihre weitere Funktion auch dringend Eisen benötigt; also Nebenwirkungen als kleineres Übel …

Über meine Essensauswahl werde ich mir nicht mehr so viel Gedanken machen können. Denn ich MUSS jetzt essen, was mir gerade noch bekommt und drinbleibt.

Aber trotz meiner Niedergeschlagenheit gibt es auch noch was Positives zu berichten. Die Fahrt zu meinem Psychotherapeuten gestern war sehr anstrengend, aber auch sehr wichtig!

Er ist mit meinem Verlauf bis jetzt ausgesprochen zufrieden, auch über die leichte Gewichtszunahme (von 26 auf 27 kg!). Weil er meint, dass bei meinem Untergewicht gerade ein jedes Kilo wertvolle Kraftsubstanz für meine Organe sei. Wichtig sei für mich weiter zuzunehmen, damit es mir besser gehen kann … Natürlich ist das jetzt gerade noch schwieriger!

Herr K. wisse auch aus klinischer Erfahrung mit Patienten, dass ich für meinen Darm gerade ALLES essen soll. Insbesondere nichts ausschließen, dazu viele tierische Produkte, ‚Ungesundes'; alles von allem in stetiger Routine und in großen Mengen …

Er kenne die extreme Darmproblematik in der Umstellungsphase. Das sei normal. Nur bräuchte ich für eine vollständige Heilung in meinem Extremfall eine sehr lange Zeit. Dennoch ist er bei meinem Willen von einer deutlichen Besserung überzeugt …!

Ich stehe jetzt da, und ich versuche den Spagat, zwischen viel, alles und natürlich auch Deinem guten Ratschlag möglichst darmschonend zu essen. Dazu kommen die neuen Schmerzen, Infusionen, Nebenwirkungen … der Versuch, auch noch tierische eisenhaltige Lebensmittel zu essen.

Heute ist mir alles zu viel. Ich bin echt verzweifelt, traurig und denke, ich sollte nur noch auf mein Bauchgefühl hören, was mein Darm jetzt überhaupt noch will!

An sportliche Aktivitäten ist nicht mehr zu denken. Ich bin froh, dass ich mich heute noch auf den Beinen halten und in

Zukunft wieder spazieren gehen kann. Und natürlich Deine Hilfe habe und Dich im Herzen spüren darf …

Mein letzter Trost für heute!

Bitte bleibe bei mir und begleite mich weiter in der Ferne durch Deine wunderbaren Zeichen, vor allem ab morgen, wenn der nächste schwierige Weg mit den Infusionen beginnt! …“

Und ich bekam ihre treue Unterstützung. Sie machte mir Mut, indem sie auch auf die kommenden Infusionen hinwies, die mir bestimmt eine große Hilfe wären. Zudem war ihre feste Meinung, dass ich jetzt alles essen dürfe. Hauptsache, es bliebe drin und ich käme wieder zu Kräften.

Denn sie wusste besser als ich, dass ich noch eine große Aufgabe zu erfüllen und mein neues Leben noch lange nicht begonnen hatte!

Und mein Körper gab mir diesmal noch deutlichere Zeichen, dass er so nicht mehr länger mitmachen würde. Denn seine Hilfe, die er wieder nur über künstliche Schläuche bekommen konnte, lehnte er diesmal ab. Die Attacke folgte schon nach der ersten Eiseninfusion. Ich musste noch einmal tief fallen, um endlich richtig und mit „vereinten“ Kräften aufstehen zu lernen.

22.10.2019

„… für heute ein aufmunternder Bildergruß, damit Du siehst, dass ich nicht aufgebe und noch immer ein kleines Lächeln übrig habe …

Dabei geht es mir gerade schlecht, auch psychisch, weil ich wirklich den Eindruck habe, ich kann wieder bei null anfangen und die Welt möchte einfach nicht, dass es mir besser geht.

Die Eiseninfusion und der Mangel wären wirklich nicht so ein Drama, da hast Du recht, wenn ich nicht mit einer Eisenvergiftung reagiert hätte! Selbst in meiner Hausarztpraxis sind alle sprachlos.

Weitere Eiseninfusionen sind jedenfalls unmöglich. Wenn es mir wieder besser geht, bleibt nur der Weg über eisenhaltige Lebensmittel …

Aber ein Mangel ist wirklich lächerlich gegen meine Symptome momentan!

Alles Weitere habe ich in meinem Erfahrungsbericht geschrieben, und schon das Schreiben hat mir sehr gutgetan. Zum Trost gehe ich, sofern meine Beine mitmachen, viel an die frische Luft und denke vor allem an Dich! Du schenkst mir Mut und Lebensenergie, die gerade wieder gefühlsmäßig auszugehen scheint …“

Erfahrungsbericht nach Eiseninfusion im Oktober 2019

„Ich weiß, Rückschläge muss ich in Kauf nehmen.

Doch dass es so gekommen ist, daran habe ich wirklich mehr als zu knabbern!

Natürlich habe ich aufgrund meiner Symptome der Eiseninfusion zugestimmt. Aber mein Hausarzt hat es wohl doch zu gut gemeint mit der höheren Dosis im Vergleich zum letzten Jahr. Schon damals hatte ich tagelang Nebenwirkungen. Aber diesmal fühle ich mich wie im falschen Film:

Geschockt und psychisch fertig von der Summation aller nur möglichen Nebenwirkungen und Unverträglichkeiten als Folge dieser ‚Hammer-Infusion‘. Mein Körper scheint völlig aus der Bahn geworfen zu sein.

Manchmal denke ich, ich bin verrückt, aber die zahlreichen Erfahrungsberichte bestätigen, was alles nach einer Eiseninfusion schieflaufen bzw. noch schlimmer enden kann. Tatsächlich bin ich also trotz meines starken Untergewichts und geschwächten Zustands kein Einzelfall der extremen Symptome, die mich geradezu niederstrecken.

Obwohl ich das Wort ‚extrem‘ nicht mehr so gerne in den Mund nehmen möchte, weil ich ja hart im Nehmen bin, weiter positiv zu denken versuche und natürlich auch ungern Schwäche und Leiden zeigen möchte. Aber bei diesen Symptomen fällt mir kein besseres Wort mehr ein als ‚extrem‘: schwerste Kopfschmerzen im Wechsel mit bleierner Übelkeit, Müdigkeit, alles schmerzt – sämtliche Muskeln und Glieder. Ein Gefühl, im eigenen Körper zu ertrinken, aufgebläht, mein Körper scheint förmlich innerlich zu vergiften. Alles brennt, vor allem Magen und Darm, weil einfach nicht genügend Gift und Abfall eliminiert werden kann. Manchmal meine ich, mein Darm drückt durch die Bauchwand.

Dann wieder starkes Schwindelgefühl und Lähmungen am ganzen Körper, vor allem in den unteren Beinen. Atemnot und häufig das Gefühl zu ersticken.

Zusätzlich immer wieder einen Kopf wie mit glühendem Fieber.

Ein Gefühl, wie wenn die Beine ihren Dienst versagen und ich stürze.

Ich weiß, es gibt Schlimmeres, ja! Aber gerade bin ich mit meiner mühevoll gewonnenen Motivation tief im Keller, physisch wie psychisch wieder ganz tief unten. Weil der harte Weg gerade wieder unbesiegbar steil scheint …

Ich gehe weiter, aber die Schmerzen sind diesmal enorm. Da bin ich ehrlich! Und einfach ist es wirklich nicht. Doch ich werde nicht verzweifeln, sondern mir meinen Weg bahnen, weil ich noch liebende Eltern habe und einen so motivierenden Engel tief in meinem Herzen spüren darf.

Zu schade, um jetzt aufzugeben!"

Aus der Krise folgt die Wende

„Der Einzige, der deinem Ziel im Weg steht, bist du selbst."
(Berühmtes Zitat)

Was konnte ich noch tun, um meinen Körper zu retten? Hatte ich nicht schon alles versucht?

Auch mein neuer Psychotherapeut Herr K. konnte mir medizinisch bezüglich meiner manifesten Eisenmangelanämie nicht weiterhelfen und empfahl mir, weitere Spezialisten aufzusuchen. Zum Glück fiel mir wieder mein Immunologe aus München ein, und ich bekam noch Ende November bei ihm in der immunologischen Praxis einen Termin.

Aber bis dahin musste ich durchhalten … Vor allem aber bis zum nächsten Termin Anfang Dezember bei meiner Therapeutin, die mich weiter aus der Ferne zu unterstützen versuchte:

09.11.2019

... Schön, dass Du einen Termin in der immunologischen Praxis bei Dr. S. bekommen hast ... ich werde mit ihm deinetwegen kurz Kontakt aufnehmen – er wird bestimmt sein Bestes geben! Aber – wie schon gesagt – es ist in Deinem Fall einfach sehr, sehr schwer, die richtige Entscheidung zu treffen ...

Ich selbst erwartete zu diesem Zeitpunkt auch keine Entscheidungen mehr, denn alles erschien so hoffnungslos. Mein Kopf war leer. Mein Körper dagegen voller Leid, und meine Psyche stand kurz vor der erneuten Resignation. War mein kurzer Aufbruch ins Leben nur ein Griff ins Leere, weil ich noch gar nicht richtig lebte, sondern mir nur wünschte, jetzt endlich leben zu dürfen? Hunderte Fragen quälten meine müden Gedanken, ohne auch nur auf eine einzige eine Antwort zu wissen.

Ich schrieb *meinem Engel*:

20.11.2019

„... aber ich möchte nicht mehr klagen.

Ich habe gelernt, über meinen Zustand anders zu denken. Ich bin dankbar, dass ich lebe und noch vieles tun und erleben kann. Auch wenn gerade ein großes Tief ist, ich nur sehr wenig vertrage und verdaue. Aber ich nehme trotzdem nicht ab und verlange von meinem schwer geschädigten Körper auch keine Wunder mehr. Meine Psyche ist geduldiger; ich bekomme viel Hilfe, und wenn es noch besser wird, dann mit viel Zeit. Ich möchte alles annehmen, um immer noch ein kleines Stück weiterzukommen. Meine bisherigen Wünsche waren zu vermessen, unrealistisch; meine Schritte zu groß, und jetzt bin ich wieder hingefallen, auf den wahren Boden. Aber froh, wieder dankbar sein zu können und Leid zu akzeptieren.

Und ich bekomme Hilfe. Seit heute noch mehr Hoffnung und vor allem die Kraft durch Dich. Ich muss nicht ‚Mann sein', um zu leben, sondern wünsche mir die Annahme so wie ich bin mit allen Schwächen, von mir selber als auch von außen. Mehr geht nicht, zumindest im Moment, und das ist okay ..."

02.12.2019

Ich denke, dass dieses Schreiben die Grundlage für den alles entscheidenden letzten Termin in diesem Jahr bei meiner

Therapeutin war. Denn jetzt konnte sie den wichtigsten Impuls für mein weiteres Leben setzen, indem sie mir mit klaren Worten in mein Gewissen redete und mich aus meiner vermeintlichen „Lähmung“ wachrüttelte. Sie wusste, dass der Zeitpunkt gekommen war, mich mit „fürsorglicher“ Härte aus meiner Reserve zu locken.

Denn aus meiner heutigen Sicht ergibt sich ein klares Bild meiner eigenen kompletten Fehleinschätzung, die ich in meinem Schreiben vor dem Termin mit eigenen Worten verriet. Es war wieder ein Versuch, mich in meiner Hilflosigkeit selbst zu verleugnen und vor meinem wirklichen Wunsch zu flüchten. Vor allem davor, endlich die Wahrheit zu sagen. Aber meine Therapeutin durchschaute mich. Sie verdeutlichte mir, dass ich mich wieder nur um die eigene Achse drehte, anstatt mich für eine Richtung zu entscheiden. Ich sollte auch nicht mehr von meinem Körper verlangen. Denn er hat sein Limit schon längst erreicht. Ich selbst aber sei nun am Zug zu handeln, nicht nur zu erwarten. Und sie traf auch mit ihren weiteren Worten genau den wunden Punkt in mir. Ich weiß heute, dass ich meinen Zustand nicht nur annehmen wollte und musste. Denn ich hatte im Urlaub gezeigt, wie viel Energie ich besaß, sie aber immer noch in die falschen Bahnen leitete und vergeudete. Meine Wünsche waren weder zu groß noch zu unrealistisch und vermessen. Und der Boden, auf den ich jetzt erneut heftig hinfiel, war nicht der wahre Boden, sondern das harte Gitter meiner eingesperrten Seele.

Die wichtigsten und entscheidendsten Aussagen *meines Engels waren dann „in der Form eines Bildes“:*

Deine Energie ist der Schlüssel, jetzt endlich deine schreiende Seele zu befreien. Ihr, deiner wahren Identität, sowie deinen Wünschen die endgültige Freiheit und damit das Leben zu ermöglichen. Deine eigene Befreiung wird dann auch deinen Körper heilen. Denn es ist dann dein Körper, für den es sich zu kämpfen lohnt. Steh endlich auf, gehe diesen Weg. Öffne dich und OUTE DICH!

Ansonsten wirst du alles verlieren, dich, dein Leben und auch mich als Therapeutin. Denn ich habe alles versucht. Und ich kann dich auf deinem Weg nur dann weiter begleiten, wenn du ihn selbst weitergehst und nicht stehen bleibst. Ich habe dir jetzt den Schlüssel gegeben. Steh endlich auf, lebe und geh deinen Weg als und für deine Entwicklung zum Mann. Ich glaube an dich!

Am Abend nach der Heimfahrt schrieb ich meiner Therapeutin:

„… Ich danke Dir von ganzem Herzen für unsere heutige wertvolle Zeit, Deine so wohltuende Behandlung, Deine Worte und natürlich Deine riesengroße Hilfe …

Mein Dank kann nie genug ausgesprochen werden, auch wenn es manchmal so scheint, als stände ich still und käme nicht voran …

Aber der Schein trügt, weil ich Dir jeden Tag aufs Neue mein Leben zu verdanken habe und leben darf … Und das schaffen nur wenige Menschen für andere in Deiner Form …

Heute bin ich sehr müde, aber auch unendlich froh und voller Hoffnung …"

Nach diesem sehr einprägsamen Termin musste ich, zu Hause angekommen, erst einmal tief durchatmen. Ich hatte sehr viel „zu verdauen" und war für den Moment komplett überfordert. Aber ich spürte, wie wichtig ihre ehrlichen Worte für mich waren. Und mein Schreiben am Abend konnte meine wahren Gefühle und Empfindungen nur hinter den Zeilen wiedergeben.

Ein erneuter Gedankensturm brach los. Hoffnung, Angst, aber auch eine nie da gewesene Motivation wechselten sich ab. Vor allem aber zeigte sich meine tiefe Dankbarkeit ***meinem Engel gegenüber als deutlichstes Gefühl in meinem Herzen. Denn in meinem Unterbewusstsein breitete sich eine unbeschreibliche Freiheit und Erleichterung aus, ohne gedanklich bewusst folgen zu können. Und mir war klar, dass ich diesen Weg gehen wollte und jetzt auch konnte. Ich hatte den Schlüssel in der Hand, um mich selbst damit zu befreien. Aber ich war noch zu gelähmt und gehemmt, aufzuschließen. Das Gespräch und vor allem meine neue riesige Aufgabe mussten erst verarbeitet werden.***

Die Lösung schien so greifbar nahe, aber der Weg bis zum Ziel war noch gespickt von Fragen und großen Hindernissen.

Doch gerade die Advents- und Weihnachtszeit ermöglichte mir mein inneres Chaos zu ordnen. Vor allem hatte ich die Zeit, mich zu besinnen und „alles“ in mir reifen zu lassen. Ich benutze an dieser Stelle bewusst das Wort „alles“.

Denn was genau in mir vorging, kann ich nicht beschreiben. Es wird für immer im Dunkel verborgen bleiben und ist das Geheimnis der Stimme meines Herzens, die immer lauter wurde. Aber vor allem war es ein WUNDER.

Mir war damals schon sehr bewusst, dass ich nur noch einen Auftrag zu erfüllen hatte: mein eigenes Ich zu befreien und mich endlich vor meiner ganzen Umwelt als Transmann zu outen. Den ersten Schritt meines neuen Weges wagen, für mich und *meinen Engel, den ich niemals verlieren wollte!*

Allerdings war mir bis zum Ende des Jahres noch völlig unklar, WIE ich mich outen und mein weiterer Weg aussehen konnte.

Zumal meine Entscheidung immer wieder durch mein großes körperliches Leid unterbrochen wurde. Meine Eisenmangelanämie mit all ihren Folgen war nur sehr schwer in den Griff zu bekommen und zehrte an meinen Kräften, sowohl physisch als auch psychisch. Aufgrund dessen musste ich im Dezember sogar weitere Termine bei meinem neuen Psychotherapeuten Herrn K. absagen, der selbst der Meinung war, dass meine körperliche „Genesung“ Vorrang haben müsste. Dafür bekam ich große Hilfe durch meinen Immunologen, der mich intensiv unterstützte. Nach einer umfassenden Blutuntersuchung sorgte er für ein besser verträgliches Eisenpräparat samt Lösungsmittel, und ich erhielt von ihm auch noch weitere Infusionen, die meinen Darm samt Immunsystem stärken und stabilisieren sollten. Allerdings musste ich bis ins neue Jahr durchhalten, bis sich mein Zustand langsam wieder verbessert hatte.

Aber ganz tief in meinem Innern trieb mich bis Ende des Jahres die größte Frage meines Lebens um, die alle körperlichen Qualen bei Weitem in den Schatten stellte. Und eines stand fest. Niemand konnte mir diese Entscheidung abnehmen. Kein anderer Mensch konnte sich für mich outen und den ersten Schritt ins neue Leben wagen. Auch nicht *mein Engel. Aber ich konnte mir sicher sein, dass er mich weiterleiten und auf meinem Weg begleiten würde, wenn ich die Richtung meines Lebens gefunden hätte!*

Das Ende dieses fast unendlichen Jahres möchte ich nicht mit einem Weihnachtsbrief abschließen. Denn es wäre kein großer Unterschied zu meinen Schreiben der vergangenen Jahre.

Ich möchte als besonderen Abschluss einen Text aus dem Jahr 1997 veröffentlichen, den ich damals geschrieben habe und dessen Inhalt auch für den Übergang 2019/2020 nicht besser zutreffen könnte:

Wendezeit

1996 – Wieder ist ein Jahr vorbei –

Wie jedes Jahr gab es viele schöne Momente.

Momente, die nicht wiederkehren, die in der Hektik des Alltags nicht ausreichend wahrgenommen wurden. Andere dagegen, die schweren, ungeliebten, sie setzen sich fest.

Hier sprichst nicht du, Martina; hier spreche ICH, dein ICH, welches dir immer versucht zu widersprechen. Welches dich um Taten bittet, die du nicht tun möchtest. Dein ICH, das zu dir sprechen möchte, aber niemals zu Wort kommt. Vergessen und verdrängt irgendwo ganz tief in dir.

ICH habe dich auch im letzten Jahr wieder umklammert, dich nahe dem Abgrund gebracht. Denn ich weiß, dass du diesen Grat liebst und doch hasst.

Du möchtest verändern und gleichzeitig bleiben; du möchtest lieben und gleichzeitig im selben Körper geliebt werden. Du möchtest heute und eigentlich schon morgen. Du erkennst Grenzen, um sie gleichzeitig blind zu sprengen, damit du diese bittersüße Qual nicht vergisst, die du dir selbst nicht erklären kannst.

Ich frage dich – verlierst du, oder verlierst du MICH?

1997 – Das Jahr der Wende –

Ich sitze da und weiß nicht, wie ich die Zukunft erfassen kann. Meine letzte Chance steht mir bevor. Sie steht mir bevor, weil die Chance den Abschied, die schmerzliche Trennung bedeutet.

Ein Abschied. Wie lange muss er auf die Wiederkehr warten? Verzweiflung und Hoffnung, so nah beieinander.

Jetzt muss die Hetze endlich aufhören.

Die Momente gefasst werden, um sie im Inneren festzuhalten. Um von ihnen zu zehren, an Tagen, an denen die Sonne von dunklen Wolken verdeckt wird.

Erkenne MICH. Befreie MICH, solange die Zeit noch für dich läuft …

(geschrieben von Martina Steinert im Jahr 1997)

2020 – Das Jahr meines „Coming-outs“ als Transmann und meiner Heilung

Maske

Halb weiß, halb schwarz und
unter der Dicke der Farben verborgen
liegt dein eigenes blasses Ich,
sich sehnend nach frischem Atem, nach Leben.
Auf der einen Seite ein lachendes Auge,
auf der anderen die Träne,
die unaufhaltsam zu kullern scheint,
um das strahlende Weiß zu durchschneiden.
Schafft es dein wahres Gesicht,
die Gegensätze zu vereinen, aufzulösen
die scharfe Kontur dazwischen?
Oder ziehst du den spitzen Hut weiter
über die zweifelnde Stirn?
Verwische die Träne,
bis nur noch ihr grauer Schleier
einen letzten, schwachen Schatten hinterlässt.
Lege sie dann ab,
deine Maske,
bevor sie Dich zu ersticken droht.

(geschrieben von Martina Steinert im Jahr 1997)

Volle Kraft voraus!

Meine ganze über die Jahreswende gesammelte Energie entlud sich innerhalb einer einzigen Woche in einer geballten Organisation. Ich hatte mir ganz konkrete Pläne gemacht, wie ich mich outen wollte und was ich für meinen weiteren Weg an Fragen zu klären hatte.

Denn ich wusste noch immer nicht, ob ich überhaupt die Chance einer Hormonbehandlung bekam, vor allem möglichst schnell. Denn ohne diesen ersten Schritt wäre mein geplantes Coming-out völlig ziellos, und mein neues Leben würde enden, bevor es überhaupt beginnen dürfte!

Aber meine befreite Seele trieb mich voran. Ich konnte an nichts anderes mehr denken, als daran, alles dafür zu tun, meine Identität als „Mann" endlich aussprechen und ausleben zu dürfen. Ich recherchierte und suchte stundenlang nach Informationen und Quellen, die mich in meinem eisernen Vorhaben weiterbringen konnten. Und der Dschungel lichtete sich immer mehr.

Mir war auch klar, dass es ein weiterer langer, bestimmt auch steiniger Weg werden würde. Aber ich hatte nichts mehr zu verlieren. Ich konnte nur gewinnen, nach all den schrecklichen Jahren und Ereignissen, die ich hinter mich gebracht hatte.

Mein Blick ging in eine Richtung nach vorn, in die Zukunft. Und ich wollte versuchen, die Vergangenheit hinter mir zu lassen, auch meine großen Ängste, die immer noch wie ein Stachel in mir steckten.

Und ich hatte ja eine große Unterstützung. In erster Linie durch die Stimme *meines Engels*, dessen Worte aus der letzten Behandlung zu einer unversiegbaren Kraftquelle in mir wuchsen. Aber auch durch meine eigene, die Stimme meines wahren Ichs, die jetzt frei in mir immer lauter wurde und mir so viel zu sagen hatte!

Gegenüber meinen Eltern outete ich mich in einem langen, emotionalen Gespräch, in dem ich ihnen meinen großen Leidensdruck und meine weiteren Vorhaben versuchte zu erklären. Vieles war ihnen nicht ganz neu. Aber meine schwere Erkrankung rückte seither alles in den Hintergrund, was mich innerlich zutiefst umwälzte und daher nie offen in der Familie ausgesprochen und besprochen werden konnte. Die Reaktion meiner Mutter war unbeschreiblich herzlich und voller Verständnis. Sie konnte mich sofort ganz als „ihren Sohn" annehmen, voll akzeptieren, und bis heute besteht zwischen uns eine tiefe Verbundenheit. Dabei war und ist ihre Hilfe großartig. Mein Vater dagegen hatte und hat bis heute

große Probleme damit, mich als seinen Sohn zu sehen. Das Verhältnis zu ihm ist abgekühlt und von „Auseinandersetzungen“ geprägt. Aber letztendlich wollte ich ja erwachsen werden und lernen, endlich mehr Abstand zu gewinnen. Ein längst überfälliger natürlicher Prozess, der für meinen weiteren Weg sehr wichtig war und noch immer ist.

Meine endgültige „Öffnung“ vor meinen Eltern gab mir viel Selbstvertrauen und eine große Sicherheit, meine weiteren Pläne anzupacken:

Mir wurde immer klarer, dass es für mein neues Leben nur eine Reihenfolge gab. Ich konnte nur in Folge gesund werden, wenn ich erst mit der Hormonbehandlung beginnen durfte. Der Wille in mir wurde immer stärker, es allen, vor allem mir selbst, zu beweisen, dass ich es schaffen kann, MIT der Gabe von Testosteron kontinuierlich zuzunehmen. Auch wenn der Startpunkt wegen meines nach wie vor extremen Untergewichts zu einem Experiment würde. Einen anderen Weg gab es in meinem Kopf nicht mehr. Wenn ich ein Mann werden durfte, wollte ich dafür auch an Körpergewicht zulegen. Und nichts stand meinem Vorhaben mehr im Wege, weil die Blockade in mir durch mein „Outing“ gesprengt wurde. Lediglich meine Organe, vor allem die Funktion meines Darms, stellten momentan noch das größte Hindernis dar. Aber ich spürte eine immer größere Hoffnung erwachen, dass sich auch mein Körper mit der Zeit durch meine Zunahme erholen könnte. Vor allem auch dadurch, indem ich meine Organe nicht mehr selbst durch meine Psyche blockierte!

Mein Tatendrang war nicht mehr zu bremsen, auch nicht durch die Schmerzen, die ich voller Lebensenergie für mein Vorhaben ausblenden konnte!

Ich schrieb meiner Therapeutin voller Euphorie:

20.01.2020

„… In der letzten halben Woche habe ich einiges ins Rollen gebracht …

Mit ungeahnten inneren Kräften, auch von Dir, und alles auf ein Ziel, mein ‚neues Leben‘ fokussiert!

Zwei spezialisierte Zentren für Endokrinologie in Ulm habe ich angeschrieben und meinen Hausarzt auch ohne regulären Termin aufgeklärt, alles schriftlich in Briefform, für eine möglichst schnelle Überweisung.

Mein Hausarzt war fast erleichtert trotz ‚Überraschung', und vor allem unterstützt er mich in meinem Vorhaben und erachtet eine Hormontherapie als den richtigen Weg für mich …

Auch die ganze Praxis ist schon informiert, aber ich habe das Gefühl, sie akzeptieren meinen Transmann-Fall, nein, im Gegenteil, sie warten fast darauf, dass bald etwas mit mir ‚passiert'. Also absolutes Coming-out!

Aber das Beste: Heute hat sich schon das Endokrinologie-Zentrum gemeldet und auch ohne Hausarzt-Bericht habe ich bereits am kommenden Donnerstag, den 23.01. meinen ersten Termin! Ein Gespräch mit einem Spezialisten und dann gleich noch alle notwendigen Blutuntersuchungen. Wenn alles funktioniert, kann ich bis in gut zwei Wochen mit der Hormontherapie beginnen! Natürlich bin ich wahnsinnig nervös und auch etwas ängstlich, wegen des Gesprächs und ob er die Therapie zulässt und genehmigt …

Bitte denke am Donnerstag fest an mich. Drück mir bitte die Daumen und übermittle mir weiter diese unglaubliche Energie, Zuversicht und Motivation … Dann wird es bestimmt viel einfacher! …"

Die ersten Schritte hatte ich gemacht, und meine Therapeutin freute sich sehr mit mir. Geteilte Freude war die doppelte Freude, vor allem eine besondere und ganz neue „als Mann".

Und dann ging alles Schlag auf Schlag:

23.01.2020

„… Mit riesiger (Vor-)Freude möchte ich Dir heute kurz schreiben, dass prinzipiell meine Hormontherapie schon genehmigt und durch ist. Das Gespräch mit dem Chefarzt der Endokrinologie in Ulm verlief sehr gut. Er war vollständig überzeugt, dass es keinen besseren Zeitpunkt für den Beginn der Hormontherapie zum ‚Mann' und vor allem für mein Leben geben würde!

Am liebsten hätte er mir gleich das Rezept gegeben, aber er muss natürlich, dem organisatorischen Ablauf entsprechend, die Blutuntersuchungsergebnisse von heute abwarten, und mein Psychotherapeut muss noch ein Gutachten faxen.

Aber dann, in genau zwei Wochen habe ich einen Telefontermin mit dem Chefarzt, um die Ergebnisse zu besprechen. Und das Rezept bekomme ich dann sogar zugeschickt und per Fax ohne weitere Anwendungsbesprechung, die schon heute vorgezogen wurde!

Also Anfang Februar kann ich dann mit den TESTO-Gels beginnen!

Keine Spritzen wegen der zu hohen und unregelmäßigen Dosis für mich …

Jetzt bin ich aber echt überglücklich und platt. Das war in den letzten Tagen viel und heftig! Und ich bin sehr aufgeregt und voller Erwartung …"

Ein jeder Tag bis zum ersehnten Beginn der Hormontherapie wurde in meinem Kalender abgehakt. Die Anspannung war kaum auszuhalten. Aber sie bezwang alles Leid, und meine Vorfreude übertraf alle bislang gekannten Gefühle und Empfindungen mir selbst gegenüber.

Und dann war er da, der Tag meiner Wiedergeburt!"

Mein neues Leben beginnt

Ich konnte es selbst nicht fassen, was in den letzten vier Wochen geschah, und ich hatte nur noch einen Wunsch, *meinem Engel* zu schreiben. Ihm nach all den traurigen, quälenden Nachrichten das „Wunder" zu verkünden:

08.02.2020

„Heute ist mein neuer Geburtstag!

… Seit heute ‚stehe' ich auf Testosteron!

Heute Morgen habe ich zum ersten Mal das Testo-Gel auftragen dürfen …

Ich bin psychisch wie geflasht, meine Gefühle kann ich gar nicht in Worte fassen. Vor allem nach den letzten vier Wochen und dem endlich erlösenden großartigen Gespräch mit dem Chefarzt aus Ulm erst gestern, dann das Rezept per Fax und schon heute der Beginn meines neuen Lebens!

Aber alles andere möchte ich Dir nächsten Donnerstag erzählen, sonst müsste ich viele Seiten schreiben …

Jedenfalls ist es unbeschreiblich viel Euphorie, Selbstbewusstsein, Befreiung. Ich fühle mich großartig, nach 30 Jahren!

Deshalb feiere ich heute mit Mama und Papa meinen neuen Geburtstag. Meine Mama freut sich auch schon richtig mit mir. Lediglich Papa hat schwer zu knabbern. Aber ich weiß, ich muss ihm Zeit lassen, mich als MARTIN ANDRÉ anzunehmen …

Ich möchte auch mit Dir in Gedanken feiern, denn ich habe mein neues Leben NUR DIR zu verdanken! Ich weiß gar nicht, wie ich diesen Dank ausdrücken kann, genauso wenig wie meine Freude und Gefühle jetzt. Es ist noch gar nicht so glaubhaft für mich und sehr viel zu verdauen! Ich hoffe vor allem, dass mein Darm mitmacht.

Mehr kann ich heute nicht schreiben, ich bin zu ‚diffus' vor lauter Neuem.

Ich freue mich aber riesig auf unseren nächsten Termin am Donnerstag, um Dir alles in Ruhe zu erzählen. Und um Dir von Herzen zu danken …"

Meine Therapeutin schrieb mir zurück:

… Ich freue mich natürlich sehr mit Dir und auch FÜR Dich! Toll, dass Du nun wieder einen weiteren Schritt machen konntest! Super! Ich bin sehr stolz auf Dich …

Du wirst Schritt für Schritt weitergehen … Bitte zwischendurch auch mal stehen bleiben, verweilen … atmen und Dir bewusst machen, dass es ein WEG ist … der beginnt auch mit dem ersten Schritt …

Alles, alles Gute weiterhin …

Meine Gefühle waren unbeschreiblich. Sie lassen sich aber am besten wieder in einem Gedicht in Worte fassen. Meinem letzten Gedicht in diesem Buch und einzig „positiven" aus dem Jahr 1997, in dem ich es geschrieben habe:

Erwachen

Nach endlos erscheinenden, eisigen Tagen
in finsteren, stickigen Räumen
verkündigen mir seine ersten, noch zögernden Signale
den Durchbruch.
Ich verspüre ein Drängen in meinen Gliedern;
eine sonderbare Unruhe treibt mich nach draußen,
wo befreite Atemzüge auf die morgendliche Frische treffen
und noch einen sanften Hauch in der Kühle hinterlassen.
Mit allen Sinnen vernehme ich seine veränderte Natur,
beobachte losgelöst von den Sorgen des Alltags
ein Erwachen, in dem sich seine unwiderstehlichen
Kräfte widerspiegeln.
Die Morgenröte glänzt in tiefem Orange am Horizont.
Davor ziehen wollweiße, lockere Wolken
über das Blau des Himmels.
Erste, vorsichtige Sonnenstrahlen glitzern im Tau
und lösen das Leben aus der Starre der Nacht.
Ich lausche Vogelstimmen;
nur ihr leises, zaghaftes Zwitschern durchbricht die Stille.
Laue Winde verwehen die letzten von Reif umrandeten Blätter,
und mein Blick fällt auf die vielen Knospen,
die sich aus ihren schützenden, winterlichen Schalen zwängen.
Ich bin umgeben von neuem Leben,
von seinen unzähligen Formen und Farben.
Er ist wirklich da,
der Frühling.
(geschrieben von Martina Steinert am 28.02.1997)

Ich fühlte mich wie ein freier Vogel, der zu seinem Jungfernflug ansetzt und dabei alle Ängste überwinden konnte. Ich hatte keine andere Wahl, ich musste fliegen, meine Vergangenheit hinter mir lassen. Auch wenn das Ziel noch immer so weit entfernt scheint. Wenn ich meine Flügel nicht ausgebreitet und den Sprung ins Ungewisse gewagt hätte, wäre ich in den Abgrund gestürzt, dem

sicheren Tod entgegen. Aber ich bündelte meine ganze Energie, um den Abflug zu starten, und orientierte mich nur an dem strahlenden Punkt des Horizonts, meinem fernen, noch unbekannten Ziel entgegen.

Es ist noch ein weiter Weg, bestimmt mit vielen Höhen und Tiefen. Aber ich weiß, dass sich ein jeder Flügelschlag schon heute gelohnt hat und sich weiter lohnen wird.

Mit aller Kraft und Dankbarkeit für den weiteren Weg zu mir als Transmann in ein lebenswertes Leben!

An dieser Stelle, mit Beginn meines neuen Lebens im Februar 2020, möchte ich meine Zeitreise beenden und als „neuer Mensch" hoffnungsvoll in die Zukunft blicken.

Die letzten Worte dieses Kapitels sollen allein meiner Therapeutin gehören.

In Form eines Briefes, den ich im Februar 2020 geschrieben habe und dessen Inhalt für immer gelten soll:

Lieber *Engel*,

seit nun schon fünf Jahren hast Du Unmenschliches für mich geleistet …

Du hast mich aufgenommen, hast mich befreit von großen Schmerzen und hast den größten psychischen ‚Klammergriff' gelöst. Du bist mit mir durch alle tiefen Täler und kurzen Aufstiege gegangen, hast mich getröstet, meine Schmerzen gelindert und noch viel mehr für mich geleistet, was unglaublich ist und nur von unserem lieben Gott als Geschenk zu deuten ist …

Und den Schritt, den ich jetzt für mein LEBEN gehen darf, kann ich selbst noch gar nicht beschreiben. Eine ungeahnte neue Dimension, Erlösung, Befreiung, Selbstbewusstsein, eine riesige Freude und vor allem endlich ein Gefühl für meinen eigenen Körper!

Ich kann wieder in den Spiegel sehen und kann meine weitere Entwicklung kaum erwarten …

Mein neues Leben habe ich nur Dir zu verdanken und weiß gar nicht, wie ich Dir diesen Dank übermitteln kann. Vielleicht einfach ganz ohne Worte, nur ganz fest in meinem Herzen, in tiefem Gefühl und unendlicher Hochachtung.

Aber mein Weg ist noch nicht zu Ende.

Deine weitere Begleitung ist mein größter Wunsch … Gerade auch wenn es mir immer besser geht und ich Dir endlich auch ein Erfolgsgefühl übermitteln darf und Du meine Verwandlung mit begleiten kannst.

Denn Deine Hilfe und die Motivation, die Du mir schenkst, sind durch nichts auf dieser Welt zu ersetzen!

Genauso, wie Du immerfort in meinem Herzen wohnst …

Meine Dankbarkeit wird nie enden. Deshalb habe ich meiner Therapeutin, *meinem Engel, dieses Buch gewidmet.*

Mein Kommentar aus heutiger Sicht zu den Jahren 2016 bis 2020

Ganz tief in meinem Innern war mir schon immer bewusst, dass es eine Gratwanderung für mich werden würde. Wahrscheinlich versuchte ich aufgrund meiner tiefen Ängste diesen „Gefühlsspagat“ auch immer wieder in meinen Briefen zu formulieren und mich zu entschuldigen.

Ich sehe heute deutlich, dass ich *meinen Engel* mehr als überforderte bzw. vielmehr ich von ihm viel zu viel abverlangte. Ich suchte verzweifelt nach Lösungen für meine großen medizinischen Fragen und psychischen Probleme. Ich sehnte mich nach Verständnis ohne viel Worte. Nach einer Freundschaft, vor allem aber auch nach „Balsam“ für mein Herz, das meinem Verstand einfach nicht folgen konnte. Das alles suchte ich in einer Person, *meinem Engel.* Und seine Fähigkeiten waren zu einzigartig. Alle Probleme und die meisten meiner Wünsche wurden erhört und erfüllt, sodass die Grenzen immer mehr verflossen und ich mir niemand anderen mehr als Hilfe vorstellen konnte. Obwohl viele meiner „Probleme“ außerhalb seines „Berufs- und Erfahrungsbereichs“ lagen, war es die unbeschreibliche Art *meines Engels,* menschliche Handlungen und Worte in „göttlicher Fürsorge“ erscheinen zu lassen. Für alles hatte er Lösungen und Ideen. Und falls er keine Worte fand, dann wusste ich trotzdem, was er damit meinte, um weitere Schritte zu machen. Zudem nahm er sich immer Zeit; wenn nicht in Gesprächen und Behandlungen, dann in Form von E-Mail-Antworten.

Von Anfang an aber machte mir *mein Engel* klar, dass es zwischen uns nie mehr würde als eine therapeutische Beziehung. Als ich noch eine „Frau“ war, stellte diese „Grenze“ für mich noch kein Problem dar. Denn zu diesem Zeitpunkt (was ich erst nach meinem Coming-out erfuhr) hatte ich überhaupt keine Geschlechtshormone in meinem Körper. Fast kein Testosteron, vor allem aber null Östrogen! Über viele Jahre lebte ich ohne diese so wichtigen Hormone, was wieder einem medizinischen

Wunder glich. Aus diesem Grund war mein Herz erfüllt von unbeschreiblicher Liebe, ohne dabei körperliche Bedürfnisse zu verspüren. Ich war mehr als glücklich, weil die regelmäßigen Termine bei *meinem Engel* und sein zusätzlicher schriftlicher Kontakt mein Leben lenkten. Zu diesem Zeitpunkt lebte ich mehr für diese Frau als für mich selbst. Aber mit mir selbst und vor allem meinem Körper konnte ich nichts anfangen. Es war eine Flucht vor „meiner Hülle" in mein Herz, um dieses einzigartige Gefühl der Liebe, Dankbarkeit und Achtung gegenüber *meinem Engel* zu spüren. Obwohl ich körperlich am Ende war, konnte ich nicht sterben, weil sich in meinem liebenden Herz noch ein Auftrag verbarg, dessen Inhalt ich erst viel später erkennen und lösen konnte, ebenfalls durch die Hilfe dieser Frau.

Aus meiner heutigen Sicht als „geheilter" Transmann war mein damaliges Verhalten *meinem Engel* gegenüber meine „lebensrettende", von meinem Verstand nicht mehr steuerbare, Reaktion auf meine eigene Verzweiflung und die Unfähigkeit, Verantwortung für mich selbst zu übernehmen. Alle Entscheidungen für mein weiteres „Überleben" sollten von *meinen Engel* übernommen werden. Immer und immer wieder versuchte er mir zu erklären, dass „er mir das zutraut, Entscheidungen zu fällen und für mich selbst zu sorgen, Verantwortung zu übernehmen"! Seine absolut richtigen Worte führten mich Schritt für Schritt weiter, und dennoch befand ich mich noch sehr lange in einem „Labyrinth", ohne den Ausgang zu finden, weil ich noch keinen Zugang und vor allem kein Vertrauen in meinen „falschen Körper" hatte.

Nur mein Gefühl trieb mich voran. Fatalerweise führte dies zu einem *meinem Engel* gegenüber erdrückenden Verhalten. Einem regelrechten „Klammergriff", der aus meiner heutigen Sicht mit nichts zu entschuldigen ist. Bis auf die Tatsache, dass es mein Leben rettete. Aber ich bin darüber heute zutiefst traurig und betroffen, weil ich weiß, dass es ein großes „Fehlverhalten" von mir war.

Mein Engel aber erkannte meine Unfähigkeit, „anders" zu handeln. Und ich bekam tiefes Verständnis, großes Mitgefühl (kein Mitleid!) und eine unbeschreibliche Fürsorge als Antwort.

Es wurden mir von ihm aber auch immer wieder klare Grenzen gesetzt, und ich bekam deutliche Denkanstöße, endlich die Verantwortung für mein Leben zu übernehmen, Entscheidungen zu treffen, in eine Richtung zu gehen („gehe links oder rechts"), letztendlich „leben zu lernen", nicht nur zu überleben.

Deshalb war für mich der Kontakt nicht immer nur eine „verklärte Gefühlswelt" und heiterer Sonnenschein. Sondern vielfach auch harte Arbeit an und in der Realität.

Aber gerade diese unbeschreibliche Art und Weise, das Verhalten und die Worte *meines Engels,* vielfach auch „wortlose" Aufforderungen und ein „Wachrütteln" führten mich letztendlich zu wundervollem Heil, neuem Leben, zu mir selbst durch die unumkehrbare Reise zu meinem „wahren Ich", meinem Weg zum Mann! (geschrieben nach einem Jahr meines Weges als Transmann im Februar 2021)

Auch wenn nicht immer alles nur hell und strahlend sein kann, der Weg oft hart und steinig ist. Die Zukunft voller Herausforderungen und Hürden. Ich habe noch keinen Tag bereut und blicke geduldig meinen Zielen entgegen, für mein neues Leben als Mann.

Epilog

Ich wage noch einen letzten Blick zurück ...

durch den engen Türspalt in den Raum, den Kerker meiner Vergangenheit.

Im fahlen Licht erkenne ich eine Person, am Boden zerstört, elend ausgezehrt, mit ängstlichen Augen, deren Blick verzweifelt umherirrt auf der Suche nach sich selbst. Ein kraftloser Schrei der verlorenen Seele verstummt in der Einsamkeit des Ortes, dessen Dimension im gefühlten Leid zu absoluter Leere verschwimmt.

Der Sturm der Zeit scheint diese Person zu erdrücken.

Die Gedanken wollen flüchten aus der Fessel des Daseins; ihr gehasster weiblicher Körper kann nicht ihr Leben sein.

Doch ein letztes unbeschreibliches Gefühl in ihrem Herzen hält sie am Leben.

Die Stimme ihres Engels ruft ihr zu, wird immer lauter:

Steh auf und öffne dich, dann durchbrichst du die eiserne Tür.

Trete ein aus der Finsternis in das Licht eines neuen Raums von ungeahnter Größe.

Es ist deine neue Welt, erbaut aus Hoffnung und Vertrauen, ohne Angst und Scham. Dein Schicksal liegt in deiner Hand.

Mach dich auf den Weg in dieser neuen Welt, blicke nicht zurück.

Der Weg ist dein Ziel, so zu werden, wie du dich schon immer gefühlt hast.

In deinem wahren Ich wird die Zukunft zu einem offenen Tor.

Mit neuer Kraft kannst du alle Hürden meistern, so frei und ohne Zweifel.

Du wirst tiefe Täler durchschreiten, Berge bis in große Höhen erklimmen, um diesen Weg, deinen neuen Weg zu gehen.

Juni 2021

Danksagung

Ich möchte mich an dieser Stelle zunächst bei allen Leser/-innen meines Buches bedanken, die meine lange Reise verfolgen wollten.

Ein besonderer Dank gilt natürlich meinen Eltern. Ihre Liebe, Hilfe und Fürsorge waren und sind für mich nur schwer in Worte zu fassen. Sie durchlitten meine Vergangenheit mit mir, kämpften für mich und standen nicht nur einmal neben mir am Abgrund, ohne mir damals richtig helfen zu können. Jetzt aber darf ich ihr Sohn sein. Mit allen Kräften unterstützen sie mich auch in meinem neuen Leben, nehmen mich an und lieben ihren Sohn. Ein solches Geschenk ist für mich wunderbar und keine Selbstverständlichkeit. Ohne sie würde ich in meinem Leben niemals dort stehen, wo ich jetzt bin.

Ich danke auch allen Ärzten und Therapeuten, die mich begleitet und nicht aufgegeben haben. Vor allem auch denen, die mir bis heute viele Steine aus dem Weg räumen, um den vielfach schwierigen Kurs als Transmann glücklich beizubehalten.

Ein weiterer Dank gilt all meinen Verwandten und Bekannten, die mich so annehmen, wie ich bin, und mich durch ihre Freundschaft und motivierenden Worte weitertragen.

Nicht zuletzt möchte ich dem Novum-Verlag meinen herzlichen Dank aussprechen. Als Neuautor fühlte ich mich bei ihm von Anfang an hervorragend aufgehoben. Der Sprung ins „kalte Wasser“ hat sich gelohnt, indem ich als unerfahrener Neuling sofort die bestmögliche Unterstützung erhielt, mich durch ein sehr umfangreiches Lektorat weiterzuentwickeln und an meinen Schwächen zu arbeiten. Ich bekam die große Chance, in die Autorenwelt einzusteigen, und erkannte sehr schnell, dass zwischen dem Verfassen meines Manuskripts und der Veröffentlichung dieser Biografie Welten liegen. Doch durch die intensive und auch sehr persönliche Betreuung konnte ich mich ganz auf das Schreiben konzentrieren und mich bei allen Schritten auf den professionellen Produktionsplan des Verlags verlassen. Ein großes Dankeschön geht dabei vor allem an meine Autorenbetreuerin, die mir sehr viel Verständnis als Neuling entgegenbrachte und auch stets ein offenes Ohr für viele Fragen hatte!

Mai 2021

Mai 2021

Der Autor

Martin André Steinert wurde 1977 als Martina in Göppingen/Baden-Württemberg geboren. Auf die Allgemeine Hochschulreife am Ernährungswissenschaftlichen Gymnasium folgten ein mit Diplom abgeschlossenes Studium der Agrarbiologie an der Universität Hohenheim sowie ergänzend eine Ausbildung zur staatlich anerkannten Lehrerin für Fitness.

Zu André Steinerts Lieblingsaktivitäten zählen Kraft- und Ausdauersport, Crosstraining sowie Gartenarbeit.

Der Leidensdruck, im falschen Körper leben zu müssen, führte mit Beginn der Pubertät im Alter von 12 Jahren zu einer schweren chronischen Erkrankung. Das Leben von Martina wurde zu einem „Über"leben, geprägt von Extremen. Erst mit 42 Jahren kam es zum erlösenden Coming-out als Transmann und zur wundervollen Heilung.

Der Autor wohnt heute, ledig und kinderlos, in Hattenhofen. Steinerts Autobiografie ist seine erste schriftstellerische Veröffentlichung.

novum VERLAG FÜR NEUAUTOREN

Der Verlag

*Wer aufhört
besser zu werden,
hat aufgehört
gut zu sein!*

Basierend auf diesem Motto ist es dem novum Verlag ein Anliegen neue Manuskripte aufzuspüren, zu veröffentlichen und deren Autoren langfristig zu fördern. Mittlerweile gilt der 1997 gegründete und mehrfach prämierte Verlag als Spezialist für Neuautoren in Deutschland, Österreich und der Schweiz.

Für jedes neue Manuskript wird innerhalb weniger Wochen eine kostenfreie, unverbindliche Lektorats-Prüfung erstellt.

Weitere Informationen zum Verlag und
seinen Büchern finden Sie im Internet unter:

www.novumverlag.com

novum VERLAG FÜR NEUAUTOREN

Bewerten Sie dieses Buch auf unserer Homepage!

www.novumverlag.com